Michael Häupl
Hannes Swoboda (Hg.)

Bleibt Wien Wien ?

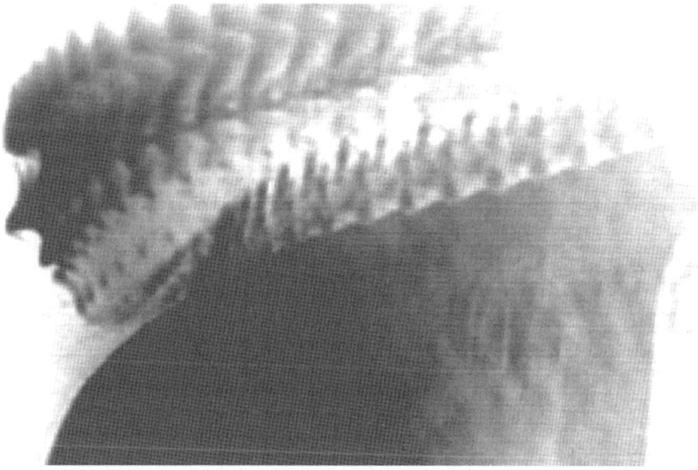

Spielräume 2020

Falter Verlag 1995

Inhalt

Bleibt Wien Wien? 4
Spielräume 2020
Michael Häupl, Hannes Swoboda (Wien)

Wie lesbar ist Wien? 8
Neue Fragen zu einem alten Thema
Luigi Reitani (Udine)

Wien im Jahre 2020 – Die digitale Stadt 14
Josef Schweinzer (Wien)

Kommunikative Demokratie 20
Rolf Schwendter (Kassel/Wien)

Money City? 26
Wien als Standort für Finanzdienstleistungen
Johannes Attems (Wien)

Städte können nicht geplant werden. 30
Städte müssen geplant werden.
Peter Rosner (Wien)

Die Informatisierung der Stadt 40
Konsequenzen für urbanes Leben
Manfred Wagner (Wien)

Viennaline 46
Werner Rosinak (Wien)

Die Ringstrafe ist eine Einbahnstrafe 54
Anton Schütz (London)

Der fremde Blick von innen 60
Redakteurinnen und Redakteure
von Blue Danube Radio (Wien)

In zweiter und dritter Generation 60
Redakteurinnen und Redakteure
der Zeitschrift ECHO (Wien)

Auf dem Weg ins nächste Jahrhundert 68
Wiens Antwort auf Fragmentierung,
Individualisierung und Globalisierung
Hannes Swoboda (Wien)

Höhepunkt Wien und der Dritte Ring 82
Michael Sorkin (New York/Wien)

Attraktivität durch Liberalisierung 86
Wien als Standort für internationale Investoren
Kurt Dalmata (Zürich)

Die versteckten Prinzessinnen 92
Michael Frank (Prag)

Das Comeback der Metropole? 96
Wien im Wettstreit mit den Reformländern
Elisabeth Hagen (Wien)

Stadtfigur und Donauregion 104
Stadtfortschreibung
Dieter Hoffmann-Axthelm (Berlin)

Die Wien-Sache 110
Kurt Puchinger (Wien)

Die Produktion der Zukunft 118
Wiener Stadtplanung in der Zivilgesellschaft
Helga Fassbinder (Hamburg/Eindhoven)

Kindheit 2020 128
Thesen zur Entwicklung des
Generationsverhältnisses in Wien
Helmut Wintersberger (Wien)

Fanny, Science & the City 132
Wolfgang L. Reiter (Wien)

Mythen der Globalisierung und Regionalisierung 138
Klaus Ronneberger (Frankfurt a. M.)

Autorinnen und Autoren 148

Impressum 151

Bleibt Wien Wien?

Spielräume 2020

Michael Häupl, Hannes Swoboda (Wien)

Es gibt viele Möglichkeiten, sich mit Wien zu beschäftigen. Als Insider reizt es einen immer wieder zu überprüfen, wie facettenreich und damit entwicklungs- und konkurrenzfähig denn die Stadt wirklich ist. Wiens Affinität zur Gemütlichkeit zum Beispiel, die auch ein gewisses Maß an Wurschtigkeit und Schlampigkeit impliziert, ist bekannt, in Wiener Liedern besungen, im Wirtschaftsleben wohl aber nicht als Qualitätsmerkmal geschätzt. Der Hang der Wienerinnen und Wiener zur Überhöhung und damit zur Selbstüberschätzung ist in der Geburtsstadt der Psychoanalyse legendär, aber nicht unbedingt konstruktiv und verstellt oftmals den Blick auf naheliegend Originelleres. Wien ist punktuell spektakulär, nicht gerade ein Eldorado der Innovation, in der Summe aber gediegen und europäisch modern: ein Donauwalzer zwischen „muddling through" und „lean management"?

„Super.visn.vienna 2020" lautete daher die Chiffre für die Arbeit an diesem Buchprojekt, die sowohl die inhaltliche Orientierung als auch die Ambivalenzen zu kennzeichnen sowie die Koketterie durchscheinen zu lassen schien, die die Wienerinnen und Wiener sich selbst, ihrer Stadt und der Zukunft entgegenbringen.

Wien, Stadt in einer neuen und dynamischen zentraleuropäischen Region, befindet sich wie viele andere europäische Metropolen unter dem Druck, sich verändern zu müssen, unter anderem weil sich geopolitische und ökonomische Bedingungen in den letzten Jahren gravierend gewandelt haben. Wien muß seine künftige Position im europäischen Städtenetzwerk strategisch vorbereiten, was die Suche nach Leitbildern notwendig macht, zugleich aber auch „Visionen" begünstigt. Dabei das Jahr 2020 als Blickpunkt zu wählen war insoferne zielführend, als es nahe genug und gleichzeitig weit genug entfernt liegt, um eine gewisse Balance zwischen Realismus und Utopie zu gewährleisten. Um „Visionen" entwickeln zu können, sie nicht als unerreichbare Utopien zu überzeichnen und damit ihr mobilisierendes Potential gleich wieder zu schmälern, bedarf es der genauen Kenntnis der Stärken und Schwächen im aktuellen Befinden der Stadt. Um Entwicklungsmöglichkeiten auszuloten und „Visionen" zu ersinnen erschien eine „Supervision" im engeren Sinn einer kritischen Reflexion durchaus angebracht.

„Notwendige wirtschaftliche und instrumentelle Anpassungen" einerseits und „überbordende, nicht unmittelbar kommerziell verwertbare Phantasien und Experimente" andererseits kennzeichnen das Spannungsfeld, in dem innovative Stadtentwicklung und Stadtpolitik entstehen. Im Verhältnis der Städte wird entscheidend sein, ob eine Synthese gelingt, mit der einander konkurrierende Ideen und Interessen zu einer Perspektive der Vielfalt verdichtet werden können. Konflikte in ein gemeinsames Engagement für die Stadt zu transformieren, also Gegensätzlichkeiten für Integration zu nutzen, wird eine zentrale Aufgabe künftiger Stadtpolitik werden.

Welche Antworten gibt Wien darauf? Wie sehen Wienerinnen und Wiener ihre Stadt und deren Entwicklungschancen? Was denken andere über uns? Woran soll Wien sich orientieren, welche Trends aufgreifen und für Erneuerung, Modernität, Konkurrenzfähigkeit und Urbanität nutzen? Welche Geschwindigkeit einschlagen? Ist Karl Kraus' berühmte Spitze „Wien bleibt Wien, das ist die schlimmste aller Drohungen" schon längst nicht mehr gültig, weil Wien an seinen Einfahrtsstraßen und in den Tourismusprospekten sein neues Image „Wien ist anders ..." nicht nur verkündet, sondern tatsächlich auf eine Reihe von – manchmal nur vermeintlichen – Veränderungen hinweisen kann? Oder wäre es nicht angesichts rascher und globaler Angleichungsprozesse geradezu notwendig, Kraus' Spruch zu wenden in „Wien bleibt Wien, das ist seine Chance", um von anderen Metropolen noch unterscheidbar zu bleiben? Wie geht Wien mit diesen widersprüchlichen Anforderungen und möglichen Zielsetzungen um?

Es sind dies Fragen, die nicht zum erstenmal gestellt werden. Wien blickt auf eine ausgeprägte Tradition einer manchmal besser, manchmal schlechter gelungenen Reflexion zurück, die gelegentlich nur mehr als selbstgefällige Nabelschau bewertet wird. Wozu also dieses Buch, warum im Jahr 1995? Sind es nicht Unsicherheit und Zweifel, die uns weiterbringen, oder – um das Prinzip der Supervision noch einmal aufzugreifen – Kontinuität und Vertiefung der Analyse unter stets anderen Gesichtspunkten. Dieser Prozeß, der wie die Entwicklung einer Stadt nie zu Ende gebracht sein kann, ist zwingende Voraussetzung für eine gute oder bessere Qualität des Denkens und Handelns – auch wenn dieses Denken und Handeln manchmal fast unmerklich bleibt im Vergleich zum Einsatz der Mittel. Wesentlich und daher bewußt zu suchen ist dabei die Auseinandersetzung mit „Außenstehenden", also mit Personen, die nicht unmittelbar in das stadtpolitische Geschehen involviert sind – eine Vorgabe, an der sich auch die gegenwärtige Publikation orientiert.

Warum 1995? 1995 ist zwar kein Jahr des spektakulären Einzelereignisses, aber ein Jahr, in dem mehrere Projekte, Phasen, Trends und Vorgänge zusammengetroffen sind, die in Summe den Beginn einer Periode weiterer Veränderungen markieren.

Mit Österreichs Schritt in die EU ist nun auch Wien in eine gesamteuropäische Konstellation eingebunden, die für die Stadt und das Bundesland neue Chancen und Aufgaben mit sich bringt. Es verändert sich dadurch nicht nur Wiens Westorientierung, sondern auch sein Verhältnis zu den osteuropäischen Nachbarstädten und Nachbarregionen, insbesondere zu Budapest und Bratislava. Nach einer rund fünfjährigen Phase ohne Eisernen Vorhang liegt es nun an der Gestaltungsfähigkeit und Offensive der Metropolregion Wien, die trennende Wirkung der EU-Außengrenze zu minimieren und die künftige grenzüberschreitende Europaregion über Maßnahmen wie „Interreg II" hinaus vorzubereiten. Der Einfluß Wiens auf die Gemeinschaftspolitik über den „Ausschuß der Regionen", die Teilnahme an Netzwerken wie „Eurocities" und die Nutzung von EU-Förderungsprogrammen wie „Urban" eröffnen weitere Aktionsfelder der Stadt nach innen und außen.

Die Jahre 1989 bis 1995 stellten sich gerade aus Wiener Sicht als eine außergewöhnliche und sehr bewegte Periode dar, in der die Stadt in einer völlig neuen Situation rasch und innovativ gestaltend agierte und agieren mußte.

- Ende der achtziger Jahre begannen Budapest und Wien eine gemeinsame Weltausstellung EXPO '95 unter dem damals richtungsweisenden Titel „Brücken in die Zukunft" zu planen.
- 1989, knapp vor dem Fall des Eisernen Vorhangs, initiierte die Wiener Stadtplanung das mehrjährige und mehrgliedrige Projekt „Wien 2010 – Wien wächst", das eine intensive Diskussion über Perspektiven und Strategien hinsichtlich grundsätzlicher sowie ganz konkreter Fragen der Stadtentwicklung und der bipolaren Stadt aufnahm. Fachleute, Interessenvertretungen und die in das Projekt einbezogene Wiener Bevölkerung setzten sich mit Stärken und Schwächen der Stadt auseinander.
- Nach Jahren des Bevölkerungsrückgangs verzeichnete Wien in diesen Jahren einen deutlichen Bevölkerungszuwachs, dem die Stadt mit einer Wohn- und Schulbauoffensive in Stadterweiterungsgebieten begegnete; Stadterweiterung wurde als ergänzende Strategie zur Stadterneuerung entwickelt und etabliert.
- Parallel dazu wurden große Infrastrukturmaßnahmen wie etwa der U-Bahn-Ausbau eingeleitet sowie wirtschaftspolitische und die Qualität Wiens als Standort für internationale Investoren steigernde Aktivitäten ausgebaut.
- Wiens Verkehrspolitik wurde neu orientiert, der Stadtentwicklungsplan an die veränderten Gegebenheiten angepaßt.
- Mit der Öffnung des Eisernen Vorhangs und mit der Krise im ehemaligen Jugoslawien erreichte die Zuwanderung eine neue Dimension; die Zuwanderungsfrage rückte verstärkt ins Zentrum politischer Auseinandersetzungen.

Mit dem Jahr 1995 sind diese Entwicklungen weder gestoppt, noch die Probleme endgültig gelöst, noch die Perspektiven klar und vollkommen eindeutig geworden. Doch ist in einzelnen Bereichen ein gewisses Innehalten zu bemerken: Die Eigendynamik der Umbruchsphase scheint verlangsamt und teilweise gebrochen; neue, noch nicht klar erkennbare Entwicklungspfade bilden sich heraus; die Nachwehen der Absage der EXPO '95 sind noch nicht überwunden; die Realisierung einer zweiten City an der Donau gerät wegen des schleppenden Interesses internationaler Investoren ins Stocken; die vielfältigen Probleme im Bereich der Ausländerintegration bleiben trotz der engagierten Arbeit des Wiener Integrationsfonds seit mittlerweile drei Jahren eine permanente Harausforderung, auch wenn die Zuwanderung nach Wien im Moment fast stagniert; die Geschwindigkeit der Stadterweiterung wird zugunsten einer intensivierten inneren Stadtentwicklung gebremst; die anfängliche Euphorie über den Beitritt zur EU hat nicht lange überdauert.

Vorübergehend scheint eine gewisse Ernüchterung – oder positiv formuliert – eine „Normalisierung" eingetreten zu sein, die allerdings auch Raum für ein Nachdenken und eine Phase der Neuorientierung gibt. Andererseits werden nun – beinahe antizyklisch – schon lange diskutierte und vorbereitete Initiativen umgesetzt, wie etwa ein gemeinsames Marketing der Wirtschaftsfonds der drei Bundesländer Wien, Niederösterreich und Burgenland für den „Wirtschaftsstandort Region Wien". Gleichzeitig weiß man auch in Wien, daß dies nur kleine Schritte sind, weil Städte in den nächsten Jahren mit vielen neuen Fragen und Problemen konfrontiert sein werden und Politiker, Planer, Investoren und die Bevölkerung sich auf diese Veränderungen aktiv einstellen werden müssen – Stichwort: kommunale/regionale Infrastrukturfinanzierung, transeuropäische Vernetzungen, strukturelle Folgen der Globalisierung der Ökonomie und der Internationalisierung regionaler Politik für Städte und Regionen.

In einer solchen Situation schien es sinnvoll, eine Zäsur zu setzen, „Wien 2010" hinter sich zu lassen und das Augenmerk auf „Wien 2020" zu richten. Nach der verdichteten Phase von 1988/89 bis 1994/95 braucht es einen neuerlichen Anstoß für einen Diskurs über die Adaptierung und Weiterentwicklung von Orientierungen und Strategien Wiens im neuen Europa. In der Reflexion der letzten Jahre sind auf dem Hintergrund der sich abzeichnenden internationalen und globalen Trends zwei zentrale Themen erkennbar, die in der Diskussion von Bedeutung sein werden und den Rahmen für diese Publikation bilden:

Die Stärkung der Integrationsfähigkeit der Stadt: Unbestritten konzentrieren sich in Stadtregionen die Wirkungen gesellschaftlicher und ökonomischer Entwicklungen und Probleme: Die Verflechtungen von Städten und Regionen werden intensiver und komplexer, die Lebensstile und -entwürfe der Stadtbewohner (vordergründig) vielfältiger, sicher aber vereinzelter und auch egoistischer, die Produktions-, Arbeits- und Einkommensverhältnisse flexibler und unsicherer, die Stadtgesellschaften ethnisch und politisch heterogener und pluralistischer. Städte stehen somit vor der Aufgabe, ihre Planungs- und Entscheidungsstrukturen sowie ihre Leistungsangebote und Maßnahmen auf sich rasch ändernde, konkurrierende und damit labile Anforderungen auszurichten, gleichzeitig aber für Stabilität zu sorgen. Die Kunst städtischer Integrationspolitik wird also vor allem darin bestehen, Funktionsfähigkeit zu garantieren, Mitgestaltung und Partizipation als Produktivkraft zu nutzen und neue Identität zu stiften. Wie der immer notwendiger werdende Interessenausgleich zwischen den Generationen, zwischen Inländern und Ausländern, zwischen Ökonomie und Ökologie mit Regulationen und Interventionen der öffentlichen Hand und/oder durch vermehrtes „ziviles Engagement" und Eigenverantwortung organisiert und erreicht werden kann, wird ein zentrales Thema der Auseinandersetzung um Perspektiven sein.

Die Profilierung des wirtschaftlichen Fundaments der Stadt: Megatrends wie Globalisierung der Ökonomie, Informatisierung aller Produktions- und Lebensbereiche sowie Internationalisierung der Konkurrenz von städtischen/regionalen Subsystemen stecken den Rahmen für die Entwicklung städtischer und regionaler Wirtschaften ab. Der durchaus notwendige Blick auf diese Entwicklungen verleitet dazu, die eigenen lokalen und regionalen Gestaltungsmöglichkeiten geringzuschätzen oder zu vernachlässigen und sich nicht offensiv genug mit den endogenen städtischen Wirtschafts- und Steuerungspotentialen zu beschäftigen. So hat Wien beispielsweise trotz des Falls des Eisernen Vorhangs, trotz des EU-Beitritts und trotz einer Vielzahl von Joint Ventures mit osteuropäischen Unternehmen seine Position als „Stadt der Peripherie" Westeuropas noch nicht überwunden und seine gewünschte neue Rolle als wirtschaftliche und informationelle „Drehscheibe" im Zentrum zwischen Ost und West nicht erreicht. Vielmehr sind Berlin, München, Prag, Budapest und andere Städte zu heftigen Konkurrentinnen geworden. Sieht man die Prosperität der Wirtschaft innerhalb einer Metropolregion als wesentliches Kriterium für die Integrationsfähigkeit und Stabilität einer Stadtgesellschaft, dann muß der perspektivischen Orientierung städtischer Wirtschaftspolitik und Wissensproduktion vermehrte Aufmerksamkeit geschenkt werden.

Welches Wien des nächsten Jahrhunderts haben wir nun vor diesem Hintergrund vor Augen, wie soll sich Wien den zentralen Aufgaben stellen? Wir sehen ein Wien vor uns, das

- so attraktiv ist, daß es weitere Zuwanderer anzieht, aber dem es gelingt, die Zuwanderung und die Integration erfolgreich zu steuern;
- trotz weiterer Zuwanderung und zunehmender Differenzierung der Lebensstile den gesellschaftlichen Zusammenhang bewahrt und die in vielen Städten periodisch auftauchenden Jugendunruhen und Konfrontationen vermeidet;
- zu diesem Zweck die Begegnung und die Kommunikation der Bürger fördert, unter anderem durch Ordnung und Gestaltung der öffentlichen Räume für diese Ansprüche modernen, vielfältigen städtischen Lebens;
- durch die Unterstützung, Förderung und eigene Anwendung neuer Kommunikationstechnologien zusätzliche Kommunikationschancen und Mitwirkungsmöglichkeiten vor allem für die jüngeren Mitglieder der Gesellschaft eröffnet;
- die Kommunikationsfreude und -begabung seiner Bewohner nicht nur – in bewährter Weise – beim Heurigen und im Kaffeehaus goutiert, sondern auch einsetzt, um ein europäisch beachtetes regionales Wirtschafts- und Dienstleistungszentrum zu werden;
- die neuen Kommunikationstechnologien

auch dazu verwendet, den Autoverkehr innerhalb der Stadt und in die Stadt zu reduzieren, jedoch nicht durch die Verbannung der Bürgerinnen und Bürger zurück ins Haus bzw. in die Wohnung, sondern durch die Schaffung dezentraler Telework-Stationen als neuer Arbeits- und Kommunikationsorte;

- den Starken und Anpassungsfähigen Chancen und Möglichkeiten im Zusammenhang mit neuen Technologien und neuen wirtschaftlichen Verhältnissen eröffnet, aber die Modernisierungsverlierer nicht ihrem Schicksal überläßt, sondern Hilfe und Unterstützung insbesondere zur Anpassung an neue Situationen und Verhältnisse bietet;
- daher durch eine Politik gekennzeichnet ist, die sich insbesondere für den sozialen Wohnungsbau und die materielle Sicherheit der Bürgerinnen und Bürger verantwortlich fühlt;
- trotz lokaler Einwände am Konzept der dichten Siedlungsstrukturen festhält und dadurch einen wesentlichen Beitrag zur nachhaltigen Stadtentwicklung und zur Freihaltung von Grünräumen leistet;
- die umfassende aber dabei sanfte, d. h. bevölkerungsorientierte bauliche und soziale Erneuerung alter Stadtviertel vervollkommnet, was auch für die Wohnhausanlagen der Zeit nach dem zweiten Weltkrieg gilt;
- weiterhin nur nach heftigem Streit und intensiv geführter Diskussion wichtige alte Gebäude bzw. Gebäudekomplexe durch neue ersetzt bzw. ergänzt, aber der anpassenden historisierenden Architektur eine klare Absage erteilt und sich auf die Phantasie und Kreativität unserer Architektinnen und Architekten stützt;
- im Sinne der Festigung des gesellschaftlichen Zusammenhalts starke Strukturen einer zivilen Gesellschaft aufbaut, d. h. die Bürgerinnen und Bürger im Suchen nach Selbständigkeit und Selbstorganisation unterstützt und bestärkt, ohne die Wahrung der Solidarität mit den Schwachen aus dem Auge zu verlieren;
- durch periodische Überprüfung der Verwaltungseffizienz und Auslastung der Regelungskapazität die Verwaltung schlank und leistungsfähig, transparent und interaktiv macht bzw. hält;
- zunehmend stadtübergreifende, regionale und vor allem europaweite Verantwortung übernimmt, um etwa mit den Hauptstädten unserer „östlichen" und „westlichen" Nachbarn ein modernes Europa auch von unten zu bauen;
- durch Städtekooperationen im gesamten europäischen Interessengebiet hilft, Toleranz und den Schutz von Menschenrechten, insbesondere von ethnischen und religiösen Minderheiten, nicht nur in Europa selbst, sondern auch in den benachbarten Regionen zum selbstverständlichen Standard zu machen.

Konzept, Koordination und Mitwirkende

Das inhaltliche Konzept für dieses Buch baut auf den eingangs dargestellten Einschätzungen und Grundthemen auf. Die Autorinnen und Autoren wurden zu einer „Supervision" mit „Visionen" über Wien eingeladen. Bewußt sprachen wir Fachleute verschiedener Professionen aus dem In- und Ausland an, um nach dem Prinzip „interne Ansätze" und „externe Aufsätze" sowohl Innenansichten als auch Außenansichten in einen Dialog zu bringen. Der Intention einer Verbindung von Nähe und Distanz entspricht auch, daß die Zahl klassischer Planungsfachleute gering gehalten und statt dessen die Einbindung von Personen gesucht wurde, die zwar in Wien leben oder Wien kennen, jedoch zur konkreten Stadt(entwicklungs)politik nur einen peripheren oder gar keinen unmittelbaren Bezug haben.

Sich mit einem „supervidierenden" und einem „visionären" Blick Wien zu nähern, Wien zu kommentieren, Wiens Entwicklungschancen abzuschätzen, und zwar nicht in Form von wissenschaftlichen Abhandlungen, sondern in Form von Essays, Impressionen, Thesen, Kommentaren, Vermutungen und Irritationen, erschien uns als Möglichkeit, ungewohnte Blicke auf das jetzige und das zukünftige Wien zu werfen, die zum Weiterdenken anregen und auch Menschen für dieses Thema interessieren, die bislang mit Stadtentwicklung wenig zu tun hatten.

In diesem Sinn wurde die Publikation auch grafisch, fotografisch und illustrativ von und mit stadtentwicklungspolitischen „Laien" gestaltet. Fünf Studentinnen und Studenten der Meisterklasse für Grafik an der Hochschule für angewandte Kunst in Wien realisierten in einem ständigen Diskussionsprozeß mit dem Leiter der Meisterklasse, einer professionellen Grafikerin und dem Europaforum Wien das Outfit des Buches.

Ihnen, den Autorinnen und Autoren und insbesondere Dr. Eugen Antalovsky, der für die Gesamtkonzeption, die inhaltliche Gestaltung und die Realisierung verantwortlich zeichnet, gilt unser Dank. Durch ihr Engagement ist – wie wir meinen – ein spannendes Buch gelungen, das neue Blickwinkel auf Wien und Spielräume für die Zukunft Wiens eröffnet. ▲

Wie lesbar ist Wien?

Neue Fragen zu einem alten Thema

Luigi Reitani (Udine)

Wiener Zeitstillstand

Der Himmel ist ein guter Teppich. Die Füße gehen auf ihren Sohlen.
Man hat Wien hingestellt. Der Kopf lebt auf einem langen Hals.
Die Beine sind Leitern. Angelehnt an Häuser.
Ein Vogel ist ein Mensch in der Höhe. Die Flüsse
sind fast Gummistiefel. Die Schuhe sind quasi Raketen.
Wien rast. Der Mund ist ein Haustor: Erbsenbesuch.
Die Zeitung ist ein Nachrichtenautobus. Das Automobil
ist ein Hut für die Reise. Gehen heißt:
Die Passanten zerreißen teilweise. Man gibt sich zum Gruß
eine klebstofflose Hand. Wo wir aussehen wie Tomaten
essen wir Tomaten. Das Knie ist ein Mezzanin. Das Flugzeug im
[Himmel
ist eine Art Seidenstrumpf. Sprachlich werden wir jünger.
Es wird bald Milch brauchen. Der Himmel ist ein Ungeborenes.
Man sollte den Kopf nicht so erotisch in die Straße geben.
Welche süße Luft hat uns schon wieder geliebt? Mit der Stadt
ist gut eine Ehe zu führen. Ein Mund ist tausendmal ein Mund.
Wie wenig man über die Schaufenster spricht. Nacht.
Die Nacht ist ein Tag ohne zwingenden Grund für Licht. Wir sind
[immer
Herzmenschen Kirchtürme. So bleibt die Zeit stehen.

Peter Waterhouse (aus: passim, Rowohlt 1986)

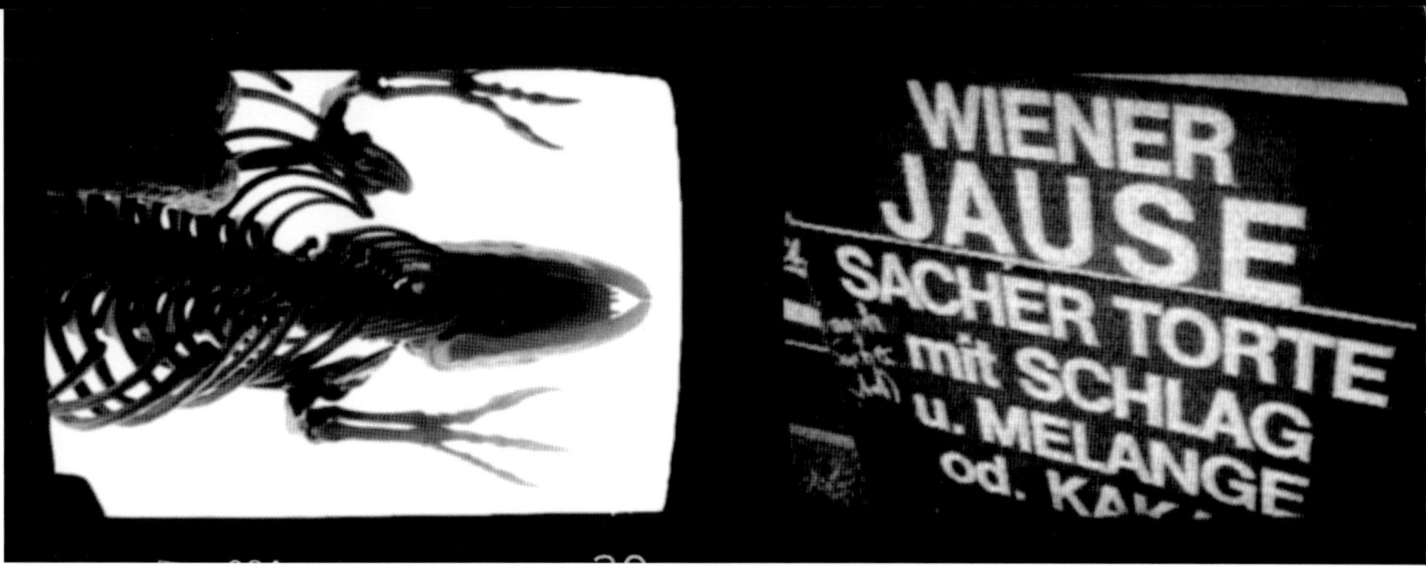

1 Die Stadt als Text

Läßt sich eine Stadt be-schreiben? Oder sollte man nicht vielmehr den Spieß umdrehen und sich fragen, ob sich eine Stadt vielleicht lesen läßt? Diese Frage ist nicht neu. Daß die Stadtzeichen einer semiotischen Analyse unterzogen werden können, davon war Roland Barthes überzeugt. Als Stadtliebhaber hat er sich im gleichen Maße als Stadtsemiotiker verstanden oder, schlicht und einfach, als Stadtleser. *Le plaisir du texte* ließ er auch für das Urbane gelten. Die Erotik der Stadt bestand für ihn (einmal mehr) in ihrer Lektüre. Walter Benjamin – hat er denn mit seinem Flaneur etwas anderes gemeint? – grüßt aus der Ferne.

Metaphern wirken ansteckend, und im Reich der Zeichen läßt sich wohl alles mit allem vergleichen. Kein Geringerer als Ludwig Wittgenstein war es, der den Gedanken faßte, die Sprache gleiche einer alten Stadt: „Ein Gewinkel von Gäßchen und Plätzen, alten und neuen Häusern mit Zubauten aus verschiedenen Zeiten; und dies umgeben von einer Menge neuer Vororte mit geraden und regelmäßigen Straßen und mit einförmigen Häusern." (Philosophische Untersuchungen § 18) Hier ist aber die Stadt – übrigens, welche? trifft diese Beschreibung nicht für Wien besonders zu? – bloß der Rezipient der Metapher. Sie dient zur Verdeutlichung eines Denkmodells. Damit konnte Wittgenstein seine Sprachphilosophie erläutern. Wer jedoch die Stadt als Text versteht und von der „Sprache der Stadt" spricht, begibt sich auf ein anderes Terrain. Mehr als je beansprucht die Metapher in diesem Fall ihre heuristische Funktion. Die Stadt als Text – das heißt: die Stadt als signifikantes Zeichensystem und der Leseprozeß, der ihr Bedeutungen verleiht.

2 Die (Un)Lesbarkeit der Städte

Daß jeder urbane Komplex ein System ist, das eine Struktur aufweist und mit Bedeutungen aufgeladen werden kann – das ist eine Annahme, die auch von Architekten und Stadtplanern geteilt werden dürfte. Ein Zeichensystem – so lehrt die Semiotik – baut auf den in seiner Struktur angelegten Oppositionen auf. Dafür steht in unserem Fall das Beispiel Zentrum/Peripherie geradezu parat. An solchen polar aufscheinenden Zeichen entzünden sich auch die Bedeutungen. Um aber tatsächlich einen Leseprozeß in Gang zu bringen, werden zunächst Sprachkompetenzen gebraucht. Und hier gilt wieder einmal das alte Diktum, daß Sprachregeln zugleich Machtregeln sind. Mit anderen Worten: Nur wer in der Lage ist, eine Stadt zu dechiffrieren (zu lesen), vermag sie als Lebensraum optimal zu gestalten.

Schon in den sechziger Jahren hat der Stadtplaner Kevin Lynch darauf hingewiesen, daß die Imageability, d. h. die Fähigkeit, eine Stadt zu lesen – sich von ihr ein klares Bild zu machen –, auf das Leben ihrer Einwohner entscheidend einwirkt. Auf dieses Modell, das freilich in seinen wesentlichen Zügen noch der Gestaltpsychologie verpflichtet ist (und heute auch nicht unproblematisch erscheint), lohnt es sich hier, einen Blick zu werfen.

Nach Lynch hängt die Lesbarkeit einer Stadt von drei verschiedenen, sich wechselseitig ergänzenden Faktoren ab: ihrer Identität, ihrer Struktur, ihren Bedeutungen. Die Identität resultiert aus jenen Eigenschaften, die vermögen, eine Stadt und ihre einzelnen Teile als solche deutlich zu erkennen, sei es durch die Architektur, sei es durch bestimmte Marken oder Signaturen. Man nehme an: einen Kirchturm, eine Brücke, ein Denkmal oder ein besonderes Gebäude. So kann ein Stadtzeichen als diskriminierendes und identifikationsträchtiges Element für den gesamten urbanen Komplex stehen. →

In der Touristenwerbung wird oft auf diese Weise eine Stadt auf ihr klischeehaftes Emblem reduziert: für Paris steht der Eiffelturm, für New York seine Skyline, und für Wien das Riesenrad. Noch bevor sie eine Bedeutung zum Ausdruck bringen (oft haben sie eigentlich keine), dienen diese Embleme (die sogenannten „Wahrzeichen") zur Markierung und Unterscheidung. Auch die Namen tragen dazu bei. Hiermit sind wir aber schon bei einem Punkt angelangt, an dem es nicht so sehr um die reine architektonische Stadtgestalt geht, sondern um historische und soziale Prozesse. Im individuellen und kollektiven Gedächtnis ist nämlich die Identität bestimmter Stadtteile von ihrer subjektiv-psychologischen sowie historischen Bedeutung kaum trennbar. Ein Haus oder ein Stadtviertel, in dem man gewohnt oder gearbeitet hat, wird natürlich zu einem Orientierungspunkt. Dasselbe läßt sich auch für jene Stadtelemente sagen, die Schauplätze kollektiver Ereignisse gewesen sind. Auch die Beschwörungskraft der Namen muß hier berücksichtigt werden. Dennoch bleibt die Identität einer Stadt oder eines Stadtteils in erster Linie objektiv bedingt und historisch feststellbar. Das gilt in Wien vor allem für die Stadtviertel innerhalb des Gürtels, die eine sehr starke Identität besitzen, die auch durch ihre Namen zutage tritt. Je mehr ein Stadtteil seine Individualität aufweist, desto einfacher wird es für dessen Einwohner, in ihm eine (Lebens) Orientierung zu finden. Städtische Anonymität hingegen fällt mit schlechter Lebensqualität zusammen.

Als zweiter Faktor für die Imageability nennt Lynch die Stadtstruktur. Damit ist in erster Linie das Straßennetz gemeint, aber auch das Netz der öffentlichen Verkehrsmittel, kurzum: das ganze Verbindungsnetz einer Stadt, wobei besonderen geographischen Elementen – wie Wasserläufen, Erhebungen oder Naturgebieten – eine bedeutende Funktion zugeschrieben werden muß. Solch ein Netz spielt bei der urbanen Wahrnehmung eine große Rolle. Es bestimmt die Vorstellung von Nähe und Ferne und verleiht der Stadtgestalt ihre Dynamik. So wirkt z. B. die radiale Struktur Wiens – die Querverbindungen durch die inneren Bezirke erschwert und eine Abhängigkeit der im Kreis gelegenen Stadtviertel zum strukturellen Zentrum bedingt – entscheidend auf das Leben seiner Einwohner. Erst durch ihre Struktur, die auf Kommunikation aus ist, kann eine Stadt als pulsierender, lebendiger Organismus dargestellt werden. In ähnlicher Weise suggeriert eine nicht funktionierende Stadtstruktur das Bild eines kranken Körpers. Ausschlaggebend ist jedoch die Sichtbarkeit des Netzes, die Deutlichkeit des Umrisses. Eine elementare Frage schafft Klarheit: Wie kommt man (am schnellsten, bequemsten usw.) von einem Punkt zu einem anderen? Der Stadteinwohner ist per definitionem mobil. Je deutlicher das Verbindungsnetz ist, desto beweglicher kann der Stadteinwohner sein, d. h., um so besser kann er seinen Lebensraum erleben.

Selbst bei diesem Punkt haben subjektive Vorstellungen ihren Anteil. Es ist z. B. etwas ganz anderes, ob man als Grundumriß der Stadt die schnellsten Autostrecken, die U-Bahn-Linien oder die Radfahrrouten erfaßt. Daran läßt sich ermessen, welche politische Brisanz die Frage der strukturellen Wahrnehmung gewinnen kann.

An Hand der Bedeutungen – dem dritten, entscheidenden Faktor für die Lesbarkeit von Städten – wird klar, daß wir hier es mit einem Prozeß zu tun haben, der sowohl individuell-psychologisch als auch kollektiv-historisch bestimmt ist. Welche Bedeutungen kann man denn einem Theater, einer Straße oder einem Gebäude zuschreiben? Und welche Bedeutung hat in Wien an sich die Hofburg, der Karl-Marx-Hof oder der Heldenplatz? In keinem Fall gibt

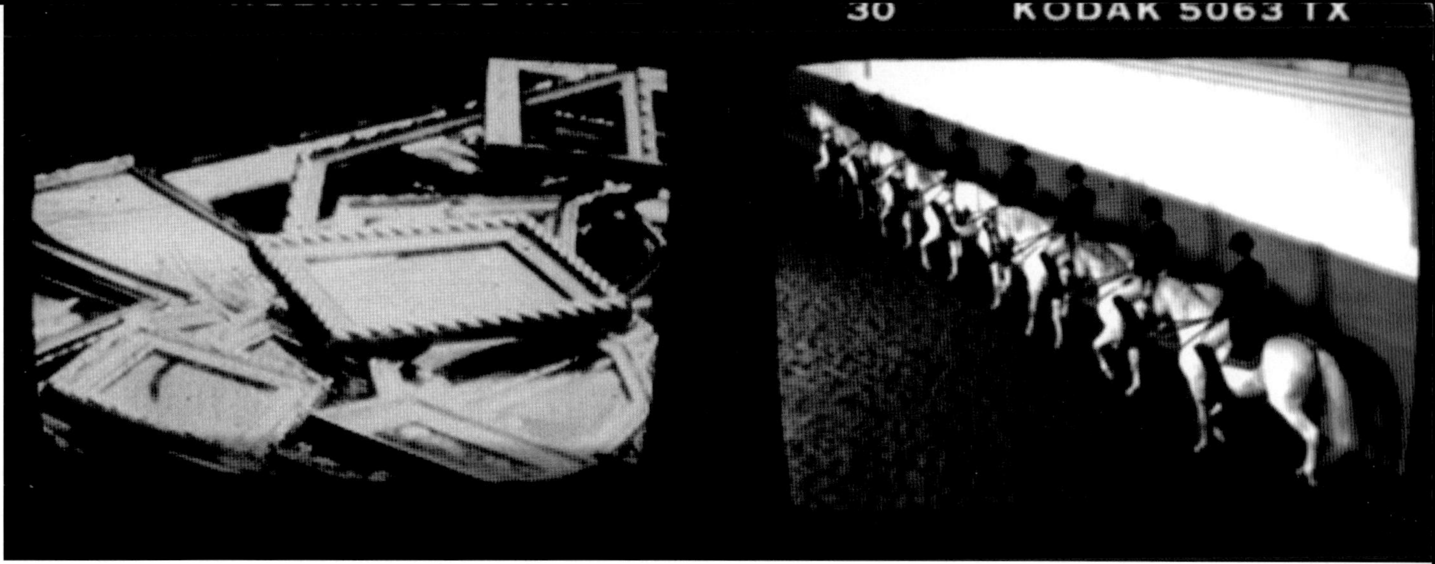

es hier eine eindeutige Antwort. Da übt die Tradition ihr altes Recht, da tauchen die (neuen) Bedürfnisse der Einwohner auf. Mit solchen Fragen ist aber der Kern der Sache getroffen. Nur durch seine Bedeutungen – die zugleich rationell und psychologisch sind – gestaltet sich das Urbane zu einem Lebensraum. Und hierin liegt auch jene Erotik, die Roland Barthes im Text der Stadt erblicken wollte.

Bedeutungen werden natürlich durch Namen, Denkmäler und durch die gesamte Stadtgestalt tradiert. Es steht aber ihren Einwohnern zu, der Stadt weitere oder neue Bedeutungen zuzuschreiben sowie alte Bedeutungen anzunehmen. Jede Stadt ist ein Projekt, das in der Zeit lebt, ist kein in sich geschlossener Text. An diesem wird ständig gearbeitet. Erstarren die tradierten Gehalte in einem fixen Bild, bleibt der Stadtraum neuen Impulsen unzugänglich. Der Leseprozeß impliziert, daß überlieferte Bedeutungen revitalisiert werden müssen. Signifikanten werden stumpf, wenn sie in keinen neuen Zusammenhang gebracht werden.

3 „Wien bleibt Wien." Eine Drohung?

In keiner anderen europäischen Stadt scheint die Last der Tradition gewichtiger als in Wien zu sein. Die Stadt wurde sogar zum Inbegriff der Vergangenheit stilisiert. Emaillierte Schilder hängen überall und stellen Stück für Stück das urbane Museum vor. An diesen fahren gern die Fiaker vorbei und erzählen den begeisterten Touristen ein paar alte Geschichten. Und was nicht wahr ist, das wird wohl gut erfunden sein ... Soll also darin der Sinn des Ganzen liegen? Ist damit die Stadt für ihre Einwohner lesbar gemacht? Gewiß: Wien hat genug Marken und Signaturen, die seine Identität gewährleisten. Der Steffl, die Donau, das Riesenrad. Mit Chicago wird man es nicht so einfach verwechseln, wie vor einigen Jahren ein Politiker befürchtete. Auch die Stadtstruktur bietet jene Deutlichkeit und Sichtbarkeit, die für Orientierung und Beweglichkeit die allerwichtigsten Voraussetzungen darstellen (was aber nicht heißt, daß sich die Stadtpolitiker nicht um weitere Verkehrsprobleme kümmern müssen). Und an architektonischen und historischen Werten ist die Stadt bestimmt nicht arm. Aber gerade die fixierten Bedeutungen wirken diskriminierend, solange sie keinen neuen Spielraum zulassen. In der Zeit der „großen Wanderung", in der der urbane Lebensraum einem ungeheuerlichen Druck unterworfen ist, wird die Frage nach der Aufnahmefähigkeit des Bestehenden in jeder Hinsicht zentral. Und das heißt: Inwiefern ist noch ein Aneignungsprozeß, eine neue „Lektüre" der Stadt möglich? Das betrifft nicht nur die Einwanderer, sondern auch die neuen Generationen, ja die ganze Bevölkerung, soweit sich diese dynamisch entwickelt.

4 Der Fall AKH

Wie entstehen also neue Bedeutungen? Wie werden die Bedingungen für eine neue Lektüre der Stadt geschaffen? Ein markantes Beispiel soll helfen, das Modell pragmatisch zu erläutern.

Die Geschichte ist bekannt: Ohne daß über seine zukünftige Bestimmung die letzte Entscheidung gefallen gewesen wäre, wurde das riesige Areal des alten Wiener Allgemeinen Krankenhauses (AKH) nach der Übersiedlung seiner Kliniken in die neuen Gebäude plötzlich frei. Dieses zentral gelegene Areal wurde im Sommer 1994 verpachtet und zu einer „Freizeitzone" mit vielen gastronomischen Betrieben umgestaltet. Der Erfolg der Unternehmung war so groß, daß sich viele Lokale der Innenstadt von der unerwarteten Konkurrenz bedroht fühlten. Das „neue" alte AKH wurde zum Sommerthema, ja zu einem echten Wiener „Fall". In der Tat war das Geschehene in mehrfacher Hinsicht beachtenswert. Stellte die neue Bestimmung des Areals einen klassischen Fall von Refunktionalisierung eines Stadtbereichs dar, so waren die Bedingungen, unter denen dieser Prozeß stattgefunden hatte, in höchstem Grad ungewöhnlich. Diese städtische Intervention wurde nämlich nicht geplant. Sie geschah aus privater Initiative, spontan sozusagen (auch wenn – freilich – mit einer Genehmigung der Gemeinde Wien und im Einverständnis mit den Bezirksbehörden). Plötzlich hatte ein wichtiger, mit historischen Bedeutungen aufgeladener Teil der Stadt für deren Einwohner einen neuen Wert angenommen. Die josephinischen Gebäude und Alleen des AKH wurden mit anderen Augen wahrgenommen, gewissermaßen „entdeckt". Wien bekam unerwartet ein neues Freizeitzentrum in der Stadtmitte – und dies mehr oder weniger als Resultat einer nicht stattgefundenen Entscheidung. Ausschlaggebend für den Erfolg des Unternehmens war, daß diese „spontane" Aktion den Bedürfnissen eines Teils der Bevölkerung offensichtlich entgegenkam.

Es ist allerdings kennzeichnend, daß diese radikale Umstellung eines Stadtgebiets auch zu heftigen Kontroversen führte. Anlaß dazu waren die Proteste der Anrainer, die sich auf den angeblichen Lärm bezogen, wenn nicht auf den „gestohlenen" Parkplatz. So wurde der Fall AKH kommunalpolitisch brisant. Auf der einen Seite standen die Gewohnheiten mancher Anrainer, die sich in ihrer „Ruhe" gestört fühlten und sich vehement gegen die Art der in ihrer Nähe dargebotenen Vergnügungen einsetzten, auf der anderen Seite die Wünsche vieler Stadtbürger nach Sozialisationräumen. Es ging um verschiedene „Bedeutungen" der Stadt: Kamen die einen erst zu einer neuen Lektüre der Stadt, war sie für die anderen unlesbar geworden.

5 Frei-Zeit

Kann man eine Lehre aus dieser kleinen (Stadt)Geschichte ziehen? Politische Stadtplanung – so könnte man meinen – ist sinnlos und unwirksam: Erst ein diesbezügliches Vakuum ermöglichte eine der wichtigsten städtischen Interventionen der letzten Jahre. Politische Stadtplanung – könnte man ebenfalls meinen – ist notwendig: Ohne sie entstehen Konflikte. Eines ist jedenfalls klar: Jeder Aneignungsprozeß des Stadtraums als Lebensraum ist potentiell konfliktbeladen. Da spielen unterschiedliche Interessen mit, die letzten Endes auch wirtschaftlicher Natur sind. In Wien aber scheint das Problem tiefergehend zu sein. Hier gibt es offensichtlich einander entgegengesetzte Vorstellungen von der Stadt, die noch keine Integrationsfähigkeit zeigen. Ein künstliches urbanes Gleichgewicht war viele Jahre vorhanden, das jeden neuen Impuls ausschaltete. Sprachregeln sind Machtregeln. Die Syntax der Stadt schloß bestimmte Gruppen und Bedürfnisse aus. Gerade dieses Gleichgewicht droht jetzt zusammenzubrechen. Das Neue – Einwanderer, junge Generationen, Änderungen des Lebensstandards – tritt einfach zutage, und sei es auch durch spontane Aktionen.

Eine weitere Bemerkung ist naheliegend. In der Metropole Wien ist das Problem Freizeit zentral. Das betrifft die gesamte Lebensqualität. Die Stadt wird nicht mehr als Arbeits- und Wohnort verstanden. Beansprucht werden Sozialisationsmöglichkeiten und -räume. Die traditionelle Funktionalisierung bestimmter (Rand) Gebiete ändert daran nichts. Gerade solch eine Funktionstrennung wird ja in Frage gestellt. Akut wird der Mangel an Sozialisation jener Orte signalisiert, die für das Gesamtbild der Stadt seit jeher wichtig sind.

Die Multifunktionalisierung der Stadtgebiete, die hier vorgeschlagen wird, impliziert auch eine neue Zeiteinteilung. Für eine moderne Stadtdynamik wirken unflexible Öffnungszeiten tödlich. Jedes Stadtzentrum stellt sich dem Besucher nach der Sperrstunde von Büros und Geschäften als eine desolate Landschaft dar. Liberalisierung heißt natürlich nicht Zwang. Keineswegs müssen die Geschäfte abends oder am Sonntag offen halten. Daß sie es aber dürfen, könnte zu einer tiefgreifenden Änderung des Stadtbildes wesentlich beitragen. Gerade Betriebe im Bereich der Kultur und der Freizeit kommen hier in Frage. In Rom z. B. war das Experiment, die Öffnungszeiten der Buchhandlungen zu liberalisieren, erfolgreich. Dasselbe Prinzip läßt sich erst recht auf jene Institutionen übertragen, die auf diesem Gebiet arbeiten: öffentliche Bibliotheken, städtische Büchereien usw. Warum sollte es denn möglich sein, sich am Sonntag in einen Konzertsaal oder in ein Museum zu begeben, nicht aber in den Lesesaal einer Bibliothek oder gar in eine Buchhandlung?

6 Mikro- und Makrointerventionen

Das Paradox des AKH liegt im Widerspruch zwischen einer ambitionierten Stadtplanung und der Wirksamkeit einer ungeplanten Initiative. Seit der Ringstraßenära leidet Wien unter dem Zwang, sich an kolossalen Bauprojekten zu beteiligen, die in erster Linie eine ausschließlich repräsentative Funktion haben. Die Ringstraße aber war nicht nur repräsentativ. Sie hat die Struktur Wiens grundlegend geändert und der Stadt ihre Gestalt verliehen, auch wenn freilich

das Ergebnis unter anderem jene Potemkinsche Stadt war, von der Alfred Loos gesprochen hat: Fassaden, die das Elend der Mehrheit der Bevölkerung verbargen.

Heute ist die Versuchung groß, das Prestige der Hauptstadt durch neue repräsentative Bauten zu vermehren. Jetzt, nachdem Wien seine alte geopolitische Rolle als Drehscheibe zwischen Ost und West wieder aufnehmen kann, scheint es naheliegend, neue architektonische Machtsymbole zu schaffen. Ob damit jedoch auch die Lebensqualität der Stadt verbessert werden kann, sei dahingestellt. Identifikationsstiftend werden urbane Komplexe nur, wenn sie für den soziokulturellen Prozeß relevant werden.

Soll man also auf jede städtische Intervention seitens der Gemeinde von vornherein verzichten und alles den privaten Unternehmern überlassen und diese nur kontrollieren? Heißt auch in diesem Fall die Parole Deregulation? Oder gibt es einfach auf dem Gebiet der Stadtplanung andere Bereiche, in denen die Kommunalpolitik wirklich das Sagen hat? Hier wird für eine Stadt plädiert, die ihren Einwohnern bedeutungsvoll erscheint. Es geht also um den Kampf gegen die Anonymität, gegen die Undurchsichtigkeit der Struktur; es geht um die Einfachkeit der Spielregeln; und es geht um die Stadt als Sozialisationszentrum. Das genügt, um zu zeigen, daß die Stadtplanung keineswegs ihre wesentliche Bedeutung verloren hat. Kommunikation, Freizeit, Revitalisierung alter Stadtteile erscheinen mir in dieser Hinsicht die wichtigsten Bereiche. Das heißt zunächst einmal, sich zu Mikrointerventionen zu entschließen, die sich z. B. mit Straßeneinrichtungen, der Pflege der Altbauten, Grün- und Parkanlagen beschäftigen. Und das heißt natürlich, der Verkehrspolitik eine zentrale Rolle zuzuschreiben. Jede neue Fußgängerzone impliziert eine neue Lektüre der Stadt. Auch neue groß angelegte Pläne in Hinblick auf die Refunktionalisierung schon vorhandener urbaner Komplexe sollten entworfen werden. In diesem Rahmen sei auf nur ein konkretes Beispiel verwiesen: auf die Flaktürme, für die in 50 Jahren Stadtpolitik noch keine Lösung gefunden werden konnte. Kein anderes urbanes Zeichen spricht in Wien deutlicher für die Schwierigkeit, sich mit der Vergangenheit auseinanderzusetzen. Das ist ein Stadttext, der eine neue Lektüre erwartet. An strategischen Orten gelegen, bieten die Flaktürme enorme Räume und Möglichkeiten. Sie sind aber nicht die einzigen historisch geprägten Bauanlagen, die sich für neue Zwecke verwenden ließen: Man denke nur an die Gasometer in Simmering oder an die Roßauer Kaserne. Wäre es nicht Aufgabe nicht nur der Stadtplanung, sondern der gesamten kulturpolitischen Diskussion der nächsten Jahre, das „alte" Wien in dieser Hinsicht neu zu gestalten? ▲

Wien im Jahr 2020 – Die digitale Stadt

Josef Schweinzer (Wien)

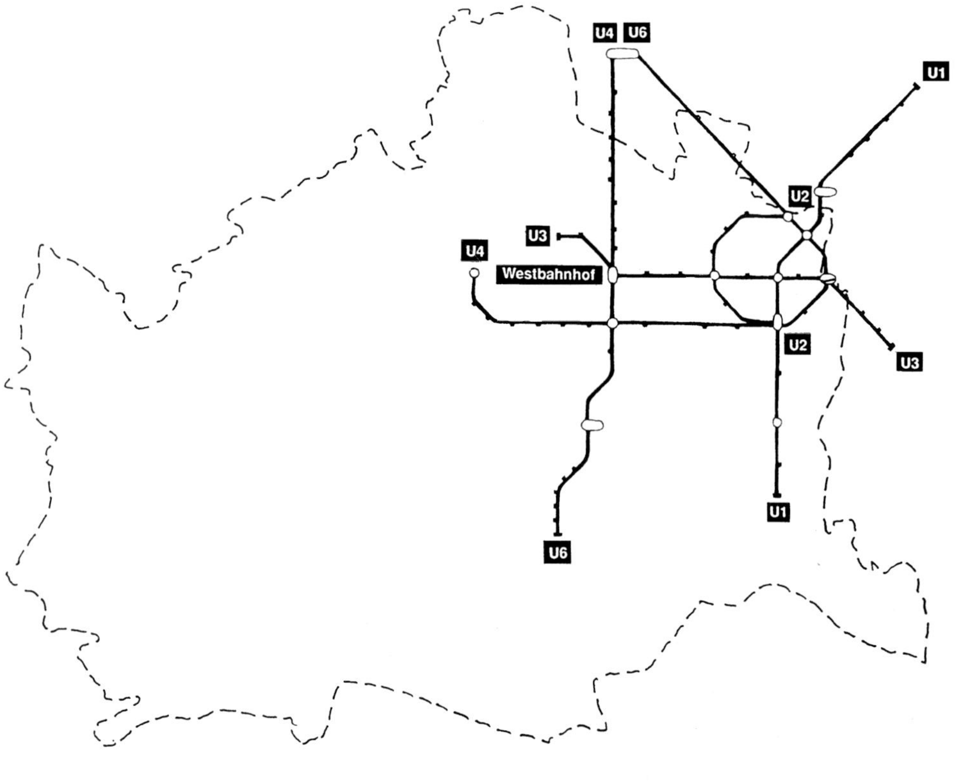

→ *„... alles geht so schnell.“ (Kraftwerk, Autobahn)*

25 Jahre sind schneller vorbei, als man denkt. Vor 15 Jahren brachte IBM den ersten Personal Computer auf den Markt. Mittlerweile ist der PC ein Spielzeug für Halbwüchsige und Technikbegeisterte. Und die Elektronikindustrie ist drauf und dran, den Family-Markt mit den Home-PCs zu erobern. Wer 25 Jahre in die Zukunft blickt, braucht nur bereits Bestehendes fortzuschreiben. Und dabei muß man nicht soweit gehen wie der britische Futurologe Peter Cochrane, der glaubt, daß in 50 Jahren Computer direkt mit menschlichen Gehirnzellen verwachsen werden. Ein Chip im Hirn würde dann einen mehrbändigen Brockhaus im Bücherregal ersetzen, meint Cochrane.

Die Utopie der digitalen Stadt ist weit weniger drastisch, geht aber von mindestens ebenso gravierenden Veränderungen der Gesellschaft aus.

Was ist die digitale Stadt?

In der digitalen Stadt regiert die Telekommunikation. Information ist die Ware, mit der gehandelt wird, je schneller, desto besser. Und wer mehr Informationen schneller bekommt, der wird das Sagen haben. Die Schnellstraßen der Telekommunikation sind die Leitungen der Post, der Telekom, oder wie auch immer sie dann heißen mag, und ihrer privaten oder halböffentlichen Konkurrenten.

Nachrichten werden in digitaler, das heißt: computerlesbarer Form nicht nur übers Telefon allein verschickt, das bald überlastet wäre. Als Datenträger bieten sich an: die Anschlüsse der Kabelfernsehgesellschaften, der Mobilfunk wie das heutige GSM-Netz, Satellitenempfänger, das Stromnetz, die Glasfaserstrecken der Energieversorger, Richtfunkstrecken, Breitbandverbindungen und so weiter. Das meiste davon besteht bereits jetzt, technisch gibt es kaum noch Hindernisse.

Was fehlt?

- Erstens die Beendigung monopolistischer Strukturen und der damit verbundenen Gebührenpolitik,
- zweitens die Schaffung anerkannter Normen,
- drittens kreative Anbieter,
- viertens die Ausbildung der angestrebten Zielgruppe, der Konsumenten.

Zugegeben, diese Punkte gelten europaweit. Aber Österreich hat sich in der Umweltpolitik als Vorreiter profiliert – warum nicht auch in der Informationstechnologie? Der Zug ist jedenfalls nicht mehr aufzuhalten. Und wie könnte das Wien des Jahres 2020 aussehen?

Tageszeitungen erscheinen nur mehr elektronisch

Auf, oder besser gesagt: in unseren neuen, für Dezember 1995 angekündigten Euroscheckkarten steckt bereits ein elektronischer Baustein, der unser Leben nachhaltig verändern wird. Anfangs wird der Chip bestenfalls eine zusätzliche Sicherheitssperre gegen Mißbrauch sein. Doch schon 1996 soll der Chip die Funktion der elektronischen Geldbörse übernehmen. Dann speichert das Siliziumstückchen Geldbeträge und Buchungsdaten und übernimmt einfache Codierungsberechnungen. Statt mit Kleingeld zahlt man dann in der Trafik oder beim Fleischhauer von dem auf die Chipkarte übertragenen Guthaben.

Die nächste Funktion ist der elektronische „Krankenschein“: Arztdaten, Impfbefunde, Blutgruppe, Allergien, Krankengeschichten sind per Lesegerät vom Chip in der Karte abrufbar. All das ist schon in Pilotversuchen praxiserprobt.

Die Palette läßt sich beliebig erweitern: Autowerkstätten, Fitneßcenter, Friseure, sie alle können ihre Kundenkartei per Chipkarte auf dem laufenden halten. Daß dabei der Datenschutz immer wichtiger wird, ist offensichtlich. Doch das sind die Aufgaben von heute.

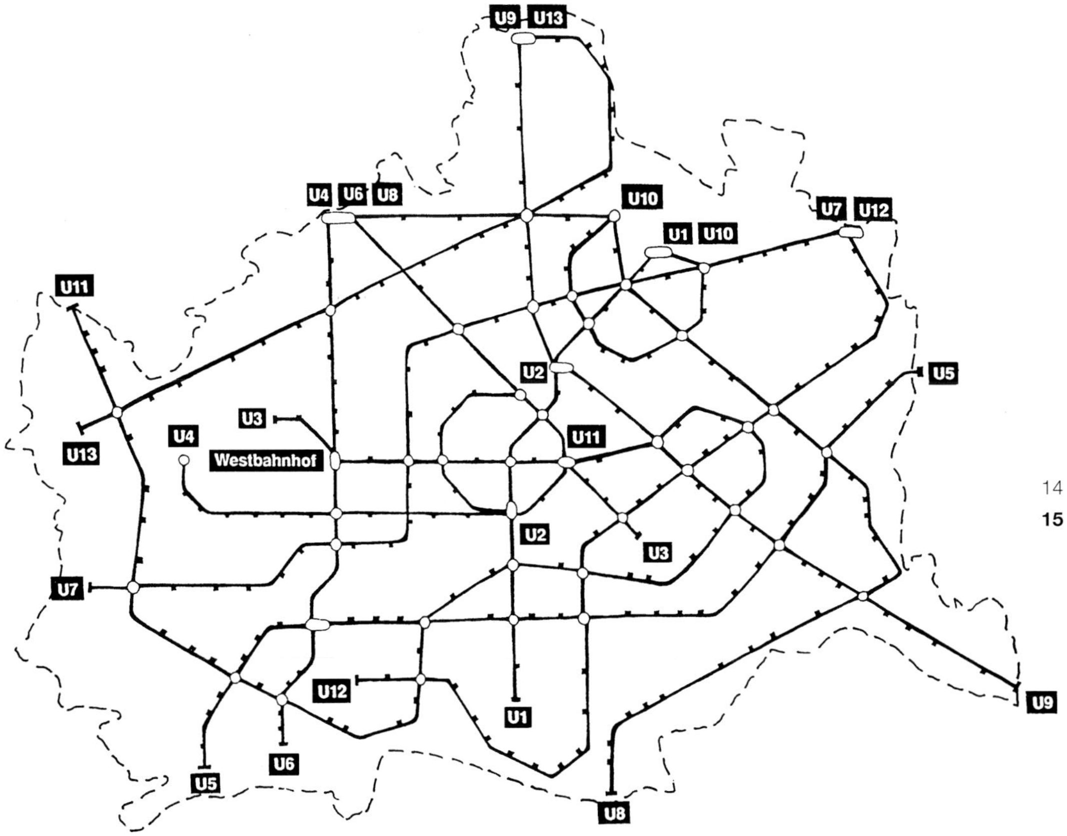

Morgen, also in 25 Jahren, wird dieser Chip in der Karte die Leistungs- und Speicherfähigkeiten heutiger Personalcomputer haben. Zum Vergleich: Eine $5^1/_4$-Zoll-Diskette faßte vor 10 Jahren 360 Kilobyte Information. Das entspricht 200 locker beschriebenen Seiten. Die neu entwickelte High-Density-CD für Videos, ebenfalls im $5^1/_4$-Zoll-Format, kann mit 35 Gigabyte bepflastert werden. Das ist das Hunderttausendfache der Diskette von 1985, und soviel wie der Inhalt einer kleinen Bücherwand.

Der nicht einmal quadratzentimetergroße Chip auf der Plastikkarte wird Bilder, Töne, Videos speichern können. Er wird einen Funkempfänger integriert haben, um jederzeit die neueste Ausgabe der ORF-News oder der Kronenzeitung abzuspeichern.

Mobile Lesegeräte in der U-Bahn. Gelesen wird – vielleicht – wie bisher in der U-Bahn. Aber nicht blätternd mit angefeuchtetem Zeigefinger, sondern mit dem falt- oder rollbaren TFT-Bildschirm. Und wird ein Bild auf der elektronischen Zeitungsseite angetippt, dann startet ein kurzer Film. Hintergründe sind ebenfalls auf diese Weise – Bill Gates sieht seine Vision verwirklicht – abrufbar. (Auch das gibt es übrigens schon jetzt, es heißt Hypertext und wird unter anderem bei Windows-Hilfe-Programmen verwendet. Nur muß man noch mit der Maus klicken.)

Illustrierte auf CD – Nachfolge für die Home Station. Fernsehen und Printmedien wachsen also zusammen. Illustrierte werden nichts anderes sein als Multimedia-CDs, natürlich in der Ausführung des Jahres 2020, also vielleicht als größere oder dickere Chipkarte. Sie wird aber eine Mischung aus Seelenlexikon, Arztroman, Heimatfilm, Skandalgeschichten, Sexfilmchen, Rätselspielen und Kochkursen enthalten. Statt der heutigen durchnumerierten Bildfolgen gibt es einen Kurzfilm. Statt des Tests „Sind Sie rasch verliebt?" mit Punkten zum Ankreuzen absolviert man inszenierte Situationen. Das ganze spielt natürlich auf der Breitbildwand mit Dolby Surround.

Die Medien werden persönlich

Radioprogramm nach Wunsch: News, Country, Rock, Kultur, Sport. Die Ansätze haben unsere Autoradios schon heute in sich – EON und RDS. Wir teilen dem Radio nur mehr mit, welchen Sender wir hören wollen, und er sucht sich die beste Frequenz von selbst.

Schon an der Schwelle zum Markt – in etwa von ASTRA-Satelliten ausgestrahlten Digitalprogrammen – sind die Kennungen: Der Empfänger erkennt an einem mitübertragenen Datencode die Programmart: Musikfarbe, Information, Verkehrsfunk, Werbung etc. Auf der internationalen Funkausstellung Berlin im August 1995 startete ASTRA gemeinsam mit dem Programmanbieter Digital Music Express 90 digitale Musikkanäle, deren Angebot von Rockmusik über Opern bis zu Volksmusiken europäischer Länder reicht. ➟

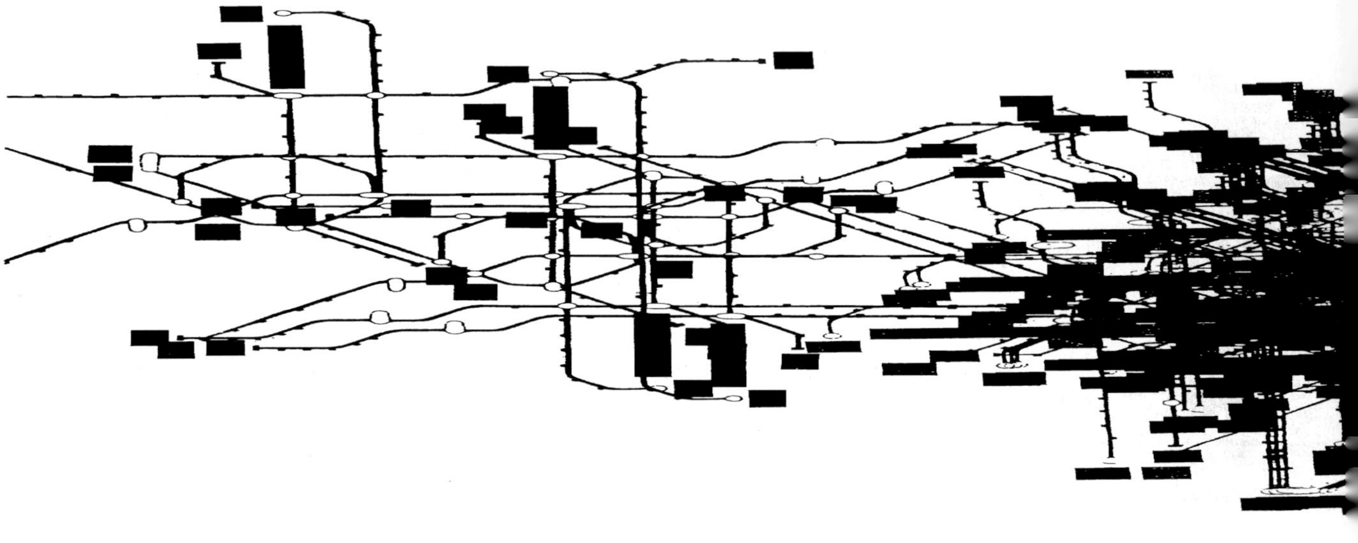

Personal Newspaper – auch gedruckt, wenn sich jemand den nostalgischen Spaß leisten will. Schon jetzt marktreif und in den Schubladen so gut wie aller größeren Softwarefirmen ist das „Personal Newspaper“. Ein Computer „stöbert“ in verschiedenen Agenturen und Nachrichtennetzen nach Informationen. Je nach voreingestelltem Interessengebiet greift er sich die Meldung heraus und bringt sie in das vom Benützer gewünschte Format. Sportfans können sich so ihren Grand-Prix-Sieg als Titel mit großem Bild und Schlagzeile anfertigen lassen, Umweltbewegte lassen sich den neuesten Skandal groß aufmachen. Und wer keine Politik will, der läßt sie einfach weg.

Auswahl statt Rückkanal: Elektronische Schlüssel filtern das Programmangebot. Rückkanäle finden nur im Heim per Telefonleitung oder per Kabelnetz statt. Die vielbeschworene Interaktivität ist das noch nicht. Es sind lediglich elektronische Filter am Werk, die nur gewünschte Informationen zum Leser, Hörer oder Seher durchlassen. Filter, die auch notwendig sein werden, um nicht im Dauerregen von Tausenden digital verschlüsselten Musik-, Nachrichten-, Unterhaltungs-, Werbe-, Show-, Rätsel- und Sex-Kanälen zu ertrinken. Video on demand, wie man es sich heute vorstellt, wird sich nicht lohnen. Wenn es einen Rückkanal gibt, etwa zur Bestellung aus einem Teleshopping-Katalog, dann ist das die Telefonleitung oder das Handy. Und wenn jemand per Video in einer Show mitspielen will, dann wird er wohl einen Kabelanschluß und ein entsprechendes Endgerät brauchen.

Video Games: Interaktiv mit Datenanzug. Natürlich wird auch gespielt über Datenleitungen. Heute kämpfen zwei per Modem verbundene PC-Recken im Labyrinth von „Doom“ gegeneinander. In 25 Jahren wird der sensoaktive Datenanzug Berührungen spürbar machen und eigene Bewegungen an den Partner am anderen Ende des Kabels weitergeben. Die digitale Version von Safer Sex ist garantiert nicht aufzuhalten und bringt vielleicht das Ende von AIDS, vielleicht aber auch das Ende von Liebe und Romantik.

Auch Bildungsangebote werden über Kabel laufen. Die Abendschule kann von zu Hause aus besucht werden. Der Privatlehrer ist per Modem erreichbar. Hausaufgaben werden per E-Mail geschickt oder gleich in einer Video-Datenleitung gemeinsam verbessert. In den Büchereien der Stadt Wien sind CDs mit interaktiven Lexika abrufbar.

Bürgerforen auf Bezirks- und Grätzel-Ebene: Diskussionen, Basisdemokratie per Telekabel. Die nahezu grenzenlose Belastbarkeit der höheren Übertragungsmedien wie Funk oder Koaxialkabel mit digitaler Information erleichtert auch die Bürgerkommunikation. Video-Konferenzen gibt es schon heute, mit relativ großem Aufwand und ruckelnden Bildern. In 25 Jahren ist das Bild zum Telefon Selbstverständlichkeit. Basisdemokratie per Telekabel, Grätzel-Diskussionen per Videoschaltung sind die große Chance für die direkte Demokratie.

Bürgerrelevante Informationen, vom Busfahrplan über die Öffnungszeiten der städtischen Müllsammelplätze bis zum Flächenwidmungsplan, können direkt auf den Bildschirm nach Hause geholt werden – ohne Belastung für und durch die Bürokratie.

Die neue Welt darf auch vor dem Stadtoberhaupt nicht haltmachen. Regelmäßige Jours fixes sollen allen Bürgern Gelegenheit geben, dem Bürgermeister ihre Anliegen mitzuteilen.

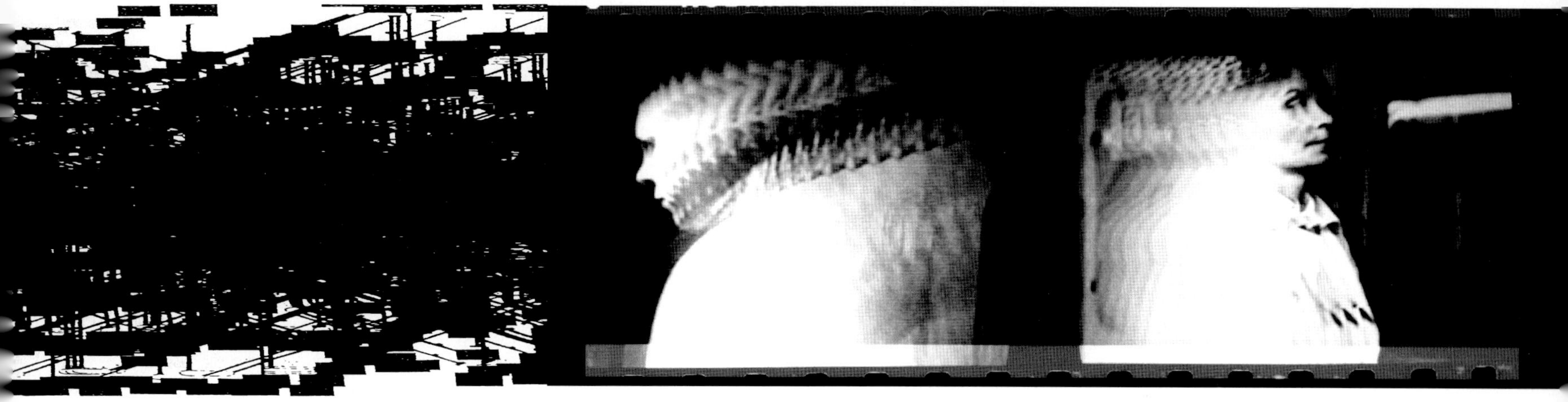

Amtswege werden so einfach wie Telebanking.
Das Finanzausgleichsformular wird zu Hause auf dem PC ausgefüllt und direkt an die Behörde übertragen. Bescheide ergehen elektronisch an die betreffenden elektronischen Briefkästen, die persönlichen Mailboxen.

Die bearbeitenden Beamten sitzen nicht in Amtsstuben, sondern in ihrem Arbeitsraum zu Hause, in ihrem Garten oder auch per Funk erreichbar irgendwo im Grünen. Oder die zuständige Abteilung ist schon längst privatisiert und nach China ausgelagert.

Auch Arztbesuche per Computer und Modem.
In vielen Fällen wird eine Ferndiagnose, möglicherweise durch ein automatisches Diagnosesystem, genügen. Rezepte für Medikamente können auf die Chipkarte übertragen werden. Krankenscheine aus Papier sind Geschichte, die heute noch überfüllten Wartezimmer der Ärzte ebenfalls. Dafür bleibt mehr Zeit für Beratungsgespräche. Die Kosten für diesen Bereich des Gesundheitssystems sinken.

Die neuen Medien werden nicht gratis sein
Chipkarten gibt es bei jenen Institutionen, die an ihrer Verwendung Interesse haben, also vor allem bei den Banken. Dabei wird reger Einfallsreichtum herrschen. Zum Beispiel: Wer ein Konto eröffnet, bekommt ein Jahr Zeitungsrundfunk gratis. Die Gebühren unterscheiden sich dabei kaum von den heutigen; der Konkurrenzkampf läßt das nicht zu.

Die „Lesegeräte" oder „Newsreader" kosten je nach Ausstattung 500 bis 3000 Schilling (heutiges Preisniveau ohne Inflation). Es gibt sie mit der Kontoeröffnung, zum Zeitungsabo oder als Zweitgeräte im Supermarkt.

Die Freischaltung des „Newsreaders" für den Zeitungsfunk kostet eine Grundgebühr, die monatlich zu entrichten ist, oder eine Einmalgebühr, die beim Laden von der Elektronischen Geldbörse abgebucht wird. Spezialdienste – Kochrezepte, Reparaturanleitungen, Autotests – kosten extra oder sind kräftig mit Werbung garniert.

Filme ohne Werbung gibt es überhaupt nur mehr gegen extra Bezahlung; dafür bekommt man genau den Film, den man will, zumindest im Kabelnetz (Video on demand).

Interaktive Videos laufen nur in Kabelnetzen und sind noch ein recht teurer Spaß. Dafür kann man sich Videos mit Wunschdarstellern abrufen; man könnte auch selber beispielsweise in „Casablanca" Ingrid Bergman „Schau mir in die Augen, Kleines" zuraunen, wenn man vorher seine digitalen Daten durchgibt.

Die Nutzung von Leitungen ist natürlich auch nicht gratis. Aber sie wird deutlich billiger sein als heute und auf unterschiedliche Zielgruppen abgestimmt. Abgerechnet wird nicht nach Zeit, sondern nach übertragener Information.

Die Teilnahme an der vernetzten Gesellschaft geht jedenfalls ins Geld. So mancher Haushalt könnte finanziell überfordert werden. Die Politik hat die Aufgabe zu verhindern, daß eine Zweiklassengesellschaft von Informierten und Nichtinformierten entsteht, und zwar einerseits durch entsprechende Bildungsprogramme und andererseits durch Förderungen, Gebührenbefreiungen, Sonderunterstützungen. ➞

→ es erzählte mir oft
mein Herr Vater
von der Sesselfrau,
vom Maronibrater,
doch mim Fiaker und
Wasserer gingen
dahin, die schönsten
Berufe von Wien.

aus:
Die Engelmacherin,
Text:
Gerhard Bronner

Die neuen Medien werden die Gesellschaft verändern

Personal Media fördern Ignoranz und Fachidiotentum. Die Zeit der Zwangsbeglückung ist mit dem Einzug der Personal Media vorbei. Der Konsument kann und muß aus dem Angebot herausfiltern, was ihn interessiert, seine Lebensbedürfnisse befriedigt und seinen kulturellen Ansprüchen genügt. Diese Filterfunktion übernehmen automatische Schaltungen. Die Programm-Macher stoßen damit auf eine Hürde, die sie ohne den Konsumenten nicht überwinden können. Wer Inhalte an den Mann oder die Frau bringen will, der muß sie so verpacken, daß sie entweder ausdrücklich durch den elektronischen Zaun durchgelassen werden oder daß sie sich quasi in einem Trojanischen Pferd in das Empfangsgerät des Adressaten einschleichen.

Was bedeutet das für politischen Populismus? Wird er wichtiger, weil nur er bis zu den Menschen vordringt? Oder hat er weniger Chancen, weil Information zählt? Kommen nur mehr Politiker an, die in Unterhaltungsshows auftreten? Oder werden die Film- und Showstars unsere künftigen Kanzler, Präsidenten, Bürgermeister? Kann möglichst direkte Bürgerbeteiligung gegensteuern?

Konsumentenschutz bekommt größere Bedeutung, weil die Beziehung zwischen Konsument und Produzent immer abstrakter wird. Man denke nur an Teleshopping. Entfernungen, Grenzen, verschiedene Wirtschaftssysteme spielen keine Rolle mehr. Staatenübergreifende Konsumentenschutzeinrichtungen sind unbedingt notwendig.

Vereinsamung bleibt ein Thema, aber sie könnte durch die neuen Medien gelindert werden. Per Datenleitung läßt sich leicht an Pensionistenclubs, an Kartenspielabenden oder Diskussionsrunden teilnehmen. Vor allem gebrechliche, behinderte Personen profitieren. Kommunale Einrichtungen könnten helfen. Öffentliche Veranstaltungseinrichtungen wie Theater, Oper und Kino werden sich einiges einfallen lassen müssen, um ihr Publikum hinter den Bildschirmen hervorzuholen.

Wien wird sich als Wirtschaftsstandort neu definieren müssen

Die Lage im Herzen Europas, zwischen Ost und West und wie auch immer man bisher argumentierte, das zählt kaum mehr. Die Wirtschaft ist kaum mehr abhängig von (Straßen)Verkehrsanschlüssen, sondern vielmehr von der Versorgung mit Telekommunikationseinrichtungen. In den Reformstaaten etwa wurde als eine der ersten Maßnahmen die Modernisierung der Telefonnetze in Angriff genommen. Die ehemalige DDR, aber bald auch Ungarn haben leistungsfähigere Telefonnetze als Österreich. In Ostdeutschland hat die Telekom Glasfaserkabel bis zum Hausanschluß verlegt.

Die Telekommunikation ist auch in den sogenannten Entwicklungsländern auf dem Vormarsch und wird dort als der Schlüssel zum Aufschwung angesehen. Arbeitskräfte werden dort einen Bruchteil des österreichischen Lohnniveaus kosten, auch wenn sie nicht Körbe flechten, sondern Gehaltskonten abrechnen. Gewinnorientierte Unternehmen sind dazu verpflichtet, derartige Potentiale zu nutzen. Wollen wir Arbeitsplätze in Österreich, in Wien erhalten, dann sind besondere Qualifikationen notwendig. Forschung und Entwicklung werden wichtiger denn je, in den Universitäten genauso wie in den Firmen. Österreich hat unter den westlichen Industriestaaten schon jetzt Aufholbedarf. Qualifikation muß mehr sein als die Beherrschung eines Buchhaltungsprogramms. Welche Werte sind österreich-, wienspezifisch und können nur hier geschaffen werden?

Die Entkoppelung von Arbeitsplatz und Arbeitgeber, die Telearbeit, ist natürlich auch eine große Chance, nicht nur für die Zweitwohnbesitzer, die endlich in ihrem geliebten Gartenhaus Akten bearbeiten können. Telearbeit könnte auch die Lösung von Verkehrsproblemen sein, weil ein Teil des Berufsverkehrs entfällt. Und Telearbeit könnte auch einiges zur Entschärfung des Wohnungsproblems beitragen, wenn dadurch Stadtwohnungen frei werden, weil die Anwesenheit in der Firma nur mehr selten notwendig ist. Das bedarf natürlich der Zusammenarbeit mit Umlandgemeinden; der Telearbeiter braucht Anreize zum Aussteigen aus der Stadt.

Das Ziel sollte sein: Wer in der Stadt arbeitet, lebt auch hier. Dann könnte ein neues, urbanes Klima entstehen. Und die bereits in Brüssel Wirklichkeit gewordene Horrorvision von der abends und am Wochenende ausgestorbenen, von Autobahnen zerschnittenen und Parkgaragen unterminierten Büro-Wüste könnte an Wien vorübergehen.

Wer weiß, vielleicht kommt alles anders

Verkehrspolitische Projekte sollten nicht voreilig abgesagt werden. Es könnte sich verheerend auswirken, wenn in Hoffnung auf die Datenbahn Autobahnen, Eisenbahnen, Schulbauten nicht errichtet, Lehrerplanposten gekürzt, die Ausbildung von Ärzten eingeschränkt würde.

Denn einer muß immer noch mitspielen, und das ist der Bürger. Und wer weiß, vielleicht will der Wiener seine Kinder wie bisher in den Kindergarten schicken, sich persönlich über Lehrer ärgern, seinem Arzt die Hand schütteln, Arbeitskollegen in der Kantine treffen und weiter zum Heurigen gehen. ▲

Kommunikative Demokratie

Rolf Schwendter (Kassel/Wien)

Als Form betrachtet wäre Demokratie an sich geeignet, die umfassende, allseitige und beständige Willensbildung derer, die ihren Ergebnissen bis zur Abänderung dieser Willensbildung denn auch unterworfen wären, sicherzustellen. Wir wissen, daß dies in der Praxis bislang so gut wie noch nie der Fall war: Nicht nur war die Form seit ihrem Aufkommen stets umstritten (und von Monarchie, Aristokratie, diversen Tyranneien konkurrenziert), sondern sie mündete auch in die eine oder andere Spielart der Oligarchie der je realen Machthabenden ein. Hierbei war das Problem der technischen Durchführbarkeit stets eine willkommene Legitimationsbasis, in der Willensbildung nicht weiter zu gehen, als dies die Mächtigen für richtig, d. h. ihren Interessen gemäß, hielten.

In der griechischen Antike spielte zwar zeitweilig die Vollversammlungsdemokratie eine nicht unerhebliche Rolle: Frauen (wie auch später in der Schweizer direkten Demokratie) und Sklaven waren allerdings von ihr ausgeschlossen. Die ersten Theorien kamen auf, etwa (implizit) bei Plato (im übrigen ein engagierter Oligarch), daß eine zahlenmäßige Begrenzung der Willensbildenden (normal 5040 Personen) erforderlich sei. (Dies entspräche auch der Größenordnung der US-amerikanischen kommunalen Town-Hall-Demokratie, manchen Schweizer Kantonalverfassungen sowie den Vollversammlungen anarchosyndikalistischer Räte, israelischer Kibbuzim etc.). Bei größeren personellen Einheiten stellte sich die Frage der Repräsentation, die unglücklich (d. h. im Sinne der jeweiligen Machthabenden) gelöst zu werden hatte – und dies bis zum heutigen Tage. Ob die schließlich gewählten Formen als Parlamente, Räte, gewaltenteilige Ensembles, Volksrepubliken bezeichnet wurden – immer bestand auf lange Sicht das Resultat darin, daß die Gruppe der Vertretenden sich von der Mehrheit der Vertretenen verselbständigte, eigene Interessen entwickelte, eine Expertenschaft erlangte, die es ihr ermöglichte, mit den Interessen der Wahlkörper nach Maßgabe ihrer eigenen Interessen umzugehen. (Für die Räte gilt dies insofern, als sie in je einem einzigen Land, in dem sie eine längere Zeit hindurch der Form nach bestanden, unter das Diktat der sie entsendenden politischen Partei gerieten.) Da dies nicht das zentrale Thema vorliegenden Aufsatzes werden soll, kann nicht auf die Details dieses Verselbständigungsprozesses eingegangen werden: die Entsendung von Vertretenden durch die mächtigsten Interessensgruppen; die Beeinflussungen des Wahlkörpers durch die Wahlkampffinanzierung; die Hegemonie der Regierungen über die Parlamente, der Ministerialbürokratien über die Regierungen, der (mächtigsten) Lobbies über beide oder alle drei (Johann Agnolis „Transformation der Bürokratie"); das Anwachsen jenes etwa legistischen Wissensumfanges, der Rotation oder imperatives Mandat (beides noch in den den 80er Jahren von Grünen Parteien versucht) ineffizient oder kontraproduktiv erscheinen läßt; schließlich jener Dauerbrenner der Tagesmeinungen, das Einkommen der Mitglieder von Vertretungskörperschaften, welches einerseits das Einkommen ihres Wahlkörpers im Durchschnitt um das Mehrfache übersteigt, andererseits im Verhältnis zum Einkommen der jeweils wirklich reichen Leute geradezu trinkgeldhafte Ausmaße erreicht (eine deutsche Illustrierte hat soeben errechnet, daß der deutsche Bundeskanzler, dessen Einkommen sich auf etwa das Zehnfache des Durchschnittseinkommen beläuft, gerade ein Hundertstel des bekanntesten Autorennfahrers verdient).

Das Unbehagen an dieser Situation (und damit schließe ich diesen Teil meiner Betrachtungen) ist so alt wie die bürgerliche Revolution, deren Produkt die Restitution der Demokratie letztlich ist. (Die proletarische Revolution,

um auf einen naheliegenden Einwand einzugehen, hat zwar dieses Unbehagen gleichfalls analysiert; ihre realisierten demokratiepolitischen Innovationen haben sich allerdings sehr in Grenzen gehalten.) Zu erwähnen sind etwa Winstanley in der englischen, Jefferson in der US-amerikanischen Revolution – 1848 schlug Moritz von Rittinghausen ein Verfahren vor, welches der Struktur nach schon bedeutende Momente der kommunikativen Demokratie aufwies, ohne schon über die zeitgenössischen Möglichkeiten ihrer technischen Realisierung zu verfügen: Der Wahlkörper sollte in Einheiten von je 1000 Personen in dezentrierten Vollversammlungen zusammentreten, diskutieren und abstimmen. In der Folge wäre es nur noch erforderlich, die Resultate einzusammeln und zusammenzuzählen, um zur Willensbildung auch eines Millionen zählenden Wahlkörpers zu gelangen.

Dieses Konzept wurde verworfen, wohl mit dem vordergründigen Argument, es sei zu kompliziert. Die realen Machtverhältnisse waren, bekanntlich, ohnedies anders: 1849 regierten, mit leichten Abwandlungen, wiederum die, gegen die die bürgerliche Revolution sich gerichtet hatte. Die Konzentration der Demokratiereformer richtete sich ein Jahrhundert lang auf Räte, imperatives Mandat, allenfalls Rotation.

Das Aufkommen der elektronischen Maschinerie, der umfassenden Datenverarbeitung und ihrer diversen Netzwerke seit 1945 führte dazu, diese Diskurse zu erneuern und auf eine neue Qualität zu heben. Ein Knopfdruck, und die der Willensbildung dienenden Daten sind erhoben und aggregiert – und das der Tendenz nach weltweit. Das technische Verfahren bliebe dasselbe, ob nun, nach den Intentionen der Durchführenden, eine Art elektronischer Populismus angestrebt würde (wie etwa in Robert Brenners „So leben wir morgen“ oder in John Muirs „Velvet Monkey Wrench“) oder eine Art elektronischer Anarchismus (wie etwa in Murray Bookchins „Post-scarcity-Anarchism“ oder, präziser, in Roel van Duyns provo- und kaboutergeprägten „Bekenntnissen eines weisen Heinzelmännchens“) – oder, was der Realisierung kommunikativer Demokratie wohl am nächsten käme, irgend etwas in der Spannweite zwischen diesen beiden extremen Polen.

Um noch eine Zeitlang beim Idealtypus zu bleiben, hätte dies eine Reihe von innovativen Folgerungen:

Zum einen würde diese Form, systematisch angewandt, zu einem Veralten und Schwinden der politisch-repräsentativen Herrschaftsstrukturen führen (um Verwechslungen auszuschließen: nicht zu jenem der Herrschaft überhaupt – davon wird hier noch abschließend die Rede sein –, sondern zu jenem desjenigen Personals, das dazu neigt, sich als „politische Elite“ mißzuverstehen). Nicht völlig wirksam wäre zunächst dieses „Fading away“: Immerhin wäre, auf gesamtgesellschaftlicher Ebene, eine Gruppe notwendig, die die eingegangenen Anregungen bündelt und auf die willensbildende Reise schickt. Einer der größten Vertreter der zeitgenössischen Zukunftsforschung, Alain Toffler, hat die Möglichkeit skizziert, die etablierten Hierarchien durch „Adhocratien“ (wie er diese nennt) abzulösen, welche sich je nach den Erfordernissen zusammensetzen und wieder auflösen. Für die Veranlassung einer kontinuierlichen kommunikativen Willensbildung indes würde eine Adhocratie (oder präzise: ein Bündel von Adhocratien) hinreichen.

Zweitens ermöglicht, wenigstens strukturell, die elektronische Technologie auch die Abkehr von noch so adhocratischen Koordinationsgruppen. Ist erst einmal, real oder gedanklich, die Interaktionsstruktur einer gegebenen Gesamtgesellschaft innerhalb einer Fülle von Netzwerken gegeben – in seiner Arbeit zu

„machbaren Utopien" konstituiert Yona Friedman dieses, indem er pro Person ihr je interaktives Umfeld plus anonyme (ihr nutzbare) Infrastruktur zuordnet („Privatstadt") –, kann auch jede Person zum Knoten eines je „eigenen" Netzwerkes werden (wenigstens theoretisch: aus eigener Anschauung weiß ich, daß es zu einer Sauarbeit werden kann, als Knoten mehrerer Netzwerke zu fungieren). Die Willensbildung kann nunmehr in Permanenz erfolgen, durch jeden und jede – wenn auch umstreitbar ist, mit welchen Wirkungen. Diese „elektronisch rückgekoppelten Heinzelmännchen" stehen im Zentrum der Überlegungen Roel van Duyns (der im übrigen vom Menschenbild Peter Kropotkins ausgeht) – aber auch die „Computopia" des japanischen Autors Masuda bezieht sich auf die synergetischen Wirkungen einer Welt von Netzwerken.

Schließlich bringt die elektronische Maschinerie eine Vielfalt von Paradigmen, Medien und Strukturen mit sich, die eine Verallgemeinerung jenseits einer bestimmten Methodologie gestattet.

Der elektronischen Maschinerie ist – dies kann hier nicht im einzelnen ausgeführt werden (ich hoffe, daß in absehbarer Zeit meine „Struktur der Zukunft" erscheint, in welcher ein Abschnitt sich damit befaßt) – gemäß, daß in ihr (und im Prozeß zu ihr) der Maschinenbegriff sich selbst immaterialisiert. Von Turing und Stafford Beer zu Lewis Mumford und Gilles Deleuze kann festgehalten werden, daß auch ein Blatt Papier in bestimmten Kontexten schon eine Maschine konstituieren kann. Daraus ergibt sich eine „Antwortvielfalt" (Ernst Ulrich von Weizsäcker) willensbildungstauglicher Medien: Rundbriefe, Telefonketten, Faxe, Mailboxen bis hin zum finalen, voll technokratisierten Datenhighway (um nur wenige exemplarisch zu nennen). Hierbei ist das Medium zum einen keineswegs zufällig: Je weniger technisiert dieses ist, desto intensiver kann die Befassung mit der Willensbildung sein, desto mehr Zeitvorlauf ist allerdings erforderlich. Je technisierter es zum anderen ist, desto rascher, aber auch impulsbestimmter erfolgt die Willensbildung. Gerade die Medienvielfalt veranschaulicht jedoch, daß die Willensbildung von jeder Person, von jeder Gruppe ausgehen kann: einen Rundbrief mit Feedback-Fragebogen kann jede/jeder verschicken, sofern ihm/ihr eine einigermaßen avancierte Kopiertechnologie zur Verfügung steht.

Auf die Ebene von Urabstimmungsrundbriefen beziehen sich auch die allermeisten meiner eigenen praktischen Willensbildungserfahrungen. Bei einem Rücklauf von 10 bis 40 Prozent wurden (und werden) in vielen Gruppen, in welchen ich tätig bin, durch diese Art von Willensbildung die inhaltlichen Prioritäten ebenso festgelegt wie Orte von Zusammenkünften, Verhältnisse von Kostenstrukturen und unbezahlt erfolgenden Arbeiten usw. In einem Verein (der Sozialpolitischen Gesellschaft), in dessen Vorstand ich tätig bin, ist es uns gelungen, nicht nur kontinuierlich die inhaltlichen Prioritäten durch Urabstimmungen festzulegen, sondern auch, und dies durch mehrere Jahre hindurch, die Rahmendaten des Vereinsbudgets. Solcherorts fällt sowohl der Großteil der als so unangenehm wahrgenommenen „Vereinsmeierei" als auch weithin die Herrschaftsfunktion des Vereinsvorstandes weg, welcher dadurch zu einer im großen und ganzen bloß technischen Instanz wird. (Allerdings ist hier pro Willensbildung mit einem Zeitfaktor von nicht unter 6 Wochen zu rechnen. Doch ich habe mir sagen lassen, daß manche repräsentativ-parlamentarischen Budgeterstellungen auch nicht kürzer zu dauern pflegen.)

Dies hier für die maschinelle Kombination Papier – Kopiergerät – Post Angedeutete gilt selbstredend erst recht für die Konstellation Computer – Telefon oder Computer – Knopfdruck (letzteres in manchen US-amerikanischen Poll machines). Legendär geworden sind Helmut Krauchs Versuche aus den frühen 70er Jahren, die unter dem Titel „Computer-Demokratie" publiziert worden sind. Hier wurde mit Hilfe einer Rundfunkanstalt die überrepräsentative Willensbildung einer Gruppe von über 1000 Personen durchgeführt (manche würden auch „simuliert" sagen). Das Ende dieses Versuchs hatte keineswegs damit zu tun, daß auf diese Weise keine Willensbildung zustande gekommen wäre – eher im Gegenteil: Ängste dürften sich ergeben haben, daß dieses Verfahren zu effizient sein könnte, folglich die relative Überflüssigkeit einer abgetrennten Politikerkaste allzu anschaulich machte. In unterschiedlichen Belangen haben die etablierten audiovisuellen Medien diesen Topos ja durchaus aufgegriffen: gedacht sei am Beispiel des ORF etwa an den „Wunschfilm" (nach der ehemaligen Talk-Show „Café Central"), erst neulich an die Abstimmung zur Ermittlung des „besten Werbefilms" oder an das „Tor des Monats" – Gadgets indes, wenn wir daran denken, daß es ohne weiteres möglich wäre, mittels geringfügiger Modifikationen desselben Verfahrens gesamtgesellschaftlich darüber zu bestimmen, wie hoch Politikergehälter nun wirklich sein sollten, ob die Privatisierung bestimmter Produktionszweige rascher, langsamer oder gar nicht vor sich gehen müsse, welcher Anteil an Schultypen mit welchem Grad öffentlicher Finanzierung zur Verfügung gestellt werden solle, welchen Formen von Müllvermeidung oder Müllentsorgung der Vorrang gegeben werden könne.

Tatsächlich hat sich ja, auch unabhängig von den elektronischen Innovationen seit 1945, in den vergangenen Jahrzehnten eine kleinere Bewegung herausgebildet, welche entschieden für eine regelmäßige Verallgemeinerung der Willensbildung eintritt. Gedacht sei etwa an die von dem verstorbenen linksanthroposophischen Künstler Joseph Beuys inspirierte Aktion für Direkte Demokratie in Deutschland (wo, um den Teufel Hitler mit dem Beelzebub auszutreiben, ein besonders restriktives Klima selbst gegen Volksbegehren und Volksabstimmungen aller Art vorherrscht). Immerhin hat ja die Republik Österreich mit diesen der kommunikativen Demokratie vorgelagerten Formen zwischenzeitlich einige Erfahrungen, wie diese mit den Stichworten „Zwentendorf“, „Weltausstellung“ und (zum anderen) „EU“ angedeutet werden können; die Risken der nächsten Schritte dürften vorhersehbar bleiben. Zum anderen ist (besonders in der deutschen Diskussion) wiederholt eingewandt worden, Formen der direkten, ja der kommunikativen Demokratie würden geeignet sein, gerade jenen rechtspopulistischen Forderungen zur Mehrheit zu verhelfen, mit welchen eine aufgeklärte parlamentarische Majorität zwischenzeitlich umzugehen gelernt hat (Todesstrafe, Ausländerfeindlichkeit, Antisemitismus ...). Abgesehen davon, daß sich bei den deutschen und österreichischen Ausländergesetzen auch die Weisheit der Parlamentarier und Parlamentarierinnen durchaus in Grenzen gehalten hat, wäre den so Argumentierenden (wie etwa Daniel Cohn-Bendit) entgegenzuhalten, daß es durchaus plausibel erschiene, den gesamten Bereich der „unveräußerlichen“ Menschen-, Bürger- und Bürgerinnenrechte (zu welchem die stets genannten Beispiele so gut wie ausnahmslos gehören) aus der Gesamtheit der Willensbildung (also auch der direkten und kommunikativen Demokratie) herauszunehmen.

Schon die etabliert verregelte direkte Demokratie (etwa in der Schweiz) wird häufig dahingehend kritisiert, sie würde zu impulsiven oder zu konservativen Haltungen des Wahlkörpers führen (letzteres muß, zumal unter ökologischen Gesichtspunkten, nicht einmal immer ein Fehler sein). Erst recht ist dieses hinsichtlich der kommunikativen, der dezentriert-vernetzenden Demokratie zu erwarten. Entgegenzuhalten ist dem, daß gerade die kontinuierliche Befassung mit verantwortlicher Willensbildung (sei es auf der Ebene einer freiwilligen Vereinigung, sei es auf der Ebene eines Moments der Gesamtgesellschaft) zu Qualifikationsprozessen führt, welche das bloße Raisonnieren des Stammtisches und dessen abstrakter Negationen weit überschreitet. Auch wäre dies bei zunehmender Einübung in Verfahren kommunikativer Demokratie nicht dadurch zu vermeiden, daß das Schema von Ja-Nein-Entscheidungen allmählich durch komplexere Entscheidungsstrukturen (etwa vom Typ der Relevanzbäume) ersetzt oder doch ergänzt wird. Ist schon Demokratie, wenigstens nach den Dogmen der politischen Bildung, ein Lernprozeß, dann erst recht kommunikative Demokratie.

Wenn also, und damit komme ich zum Schluß, die Blütenträume kommunikativer Demokratie in absehbarer Zukunft nicht reifen sollten, liegt dies wohl kaum daran, daß es zu wenige Verfahren, Intentionen, Möglichkeiten für diese gibt. Entscheidend hierfür dürfte sein, daß die realen Machthabenden (insbesonders diejenigen, die die ökonomische Macht innehaben, vor allem, und dies weltweit, die multinationalen Konzerne) Mittel und Wege kultivieren dürften, jeweils zu erreichen, was ihren Interessen dient, unabhängig davon, ob die politische Form der Willensbildung gerade auf Diktaturen, parlamentarische Demokratien oder andere kommunikative Demokratien fokussiert. Szenarios wären denkbar, in welchen eine Initiative von Bürgern und Bürgerinnen durch Werbungsgroßeinsatz niedergehalten wird – aber immerhin auch solche (Zwentendorf gab hierfür einen Vorgeschmack ab), in welchen trotz ausufernder Werbung Machthabender die Willensbildung derer, die von ersteren unterschiedene Interessen haben, sich durchsetzen. Letzterer Aspekt gibt Hoffnung. ▲

→ zerscht kum i,
dann kum i,
und was dann kummt,
kummt nie.

aus:
Ihr seids alle im
Oasch daham,
Text:
André Heller

Der Wiener Wohnhügel

Ein Hügel wird im Bereich des 1. Bezirks aufgeschüttet, erschlossen in Form von Höhlengängen. Er dient dem Wohnen und der Arbeit, die wie die Kommunikation auf allgemeiner Computervernetzung basiert. Rundum angesiedelt sind Vergnügungs- und Erholungszentren.

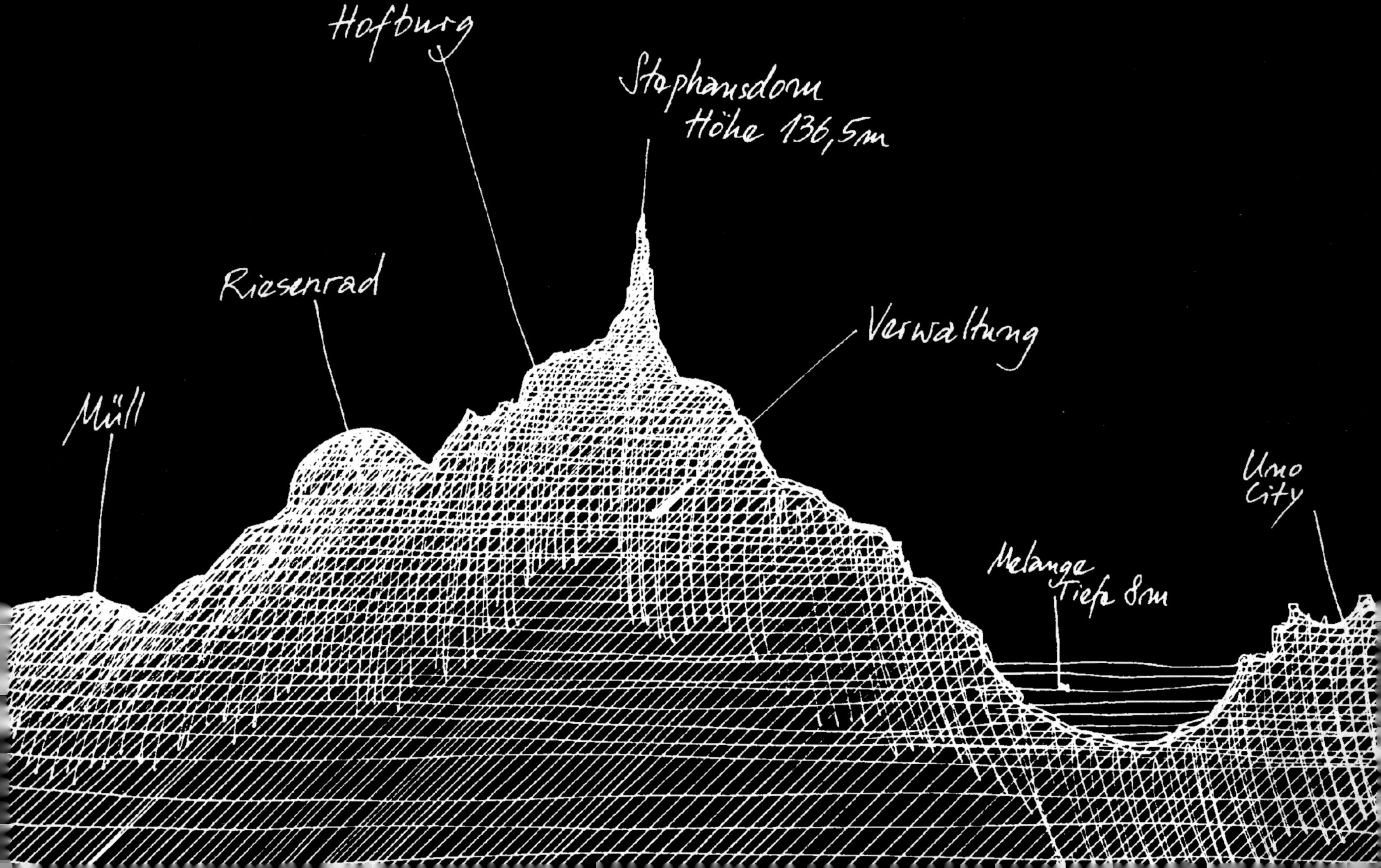

Money City?

Wien als Standort für Finanzdienstleistungen

Johannes Attems (Wien)

Wien im Jahr 2020: Dann werden rund 100 Jahre vergangen sein, daß das drittgrößte Wirtschaftsgebiet Europas, die Habsburgermonarchie, auseinandergebrochen ist. Damals rückten Österreich und insbesondere Wien aus dem Zentrum an den Rand und für fast vier Jahrzehnte an die Demarkationslinie zwischen Ost und West. Erst der unerwartete und überraschende Zusammenbruch des Ostblocks brachte die Stadt zurück ins Zentrum eines Spannungsfeldes mit nunmehr offenen Grenzen und offenen Chancen.

Zum Stand der Dinge: Etwa die Hälfte der Außengrenzen hat Österreich mit den derzeit erfolgreichsten Reformländern Tschechien, Slowakei und Ungarn (sowie Slowenien) gemeinsam, und gemeinsam bilden diese einen Wirtschaftsraum, der etwa einem Zehntel jenes Wirtschaftsraums entspricht, dem Österreich seit dem 1. Januar 1995 angehört: der Europäischen Union.

Wien liegt also geopolitisch nach wie vor an der Schnittstelle von Ost und West. Und die Stadt ist daher nicht nur als Bundeshauptstadt, sondern auch als Finanzstandort (etwa für Portfolio-Investitionen und Direktanlagen) exponiert und herausgefordert. In Wien (als politischem Zentrum) wird über die Rolle entschieden, die Österreich insgesamt in der EU positioniert und seine Aufgaben definiert. Aber ohne Zweifel bestehen auch deutliche Erwartungen an das neue EU-Mitglied, eben dort einen aktiven Beitrag zur gemeinsamen Wirtschaftspolitik zu leisten, wo es im internationalen Wettbewerb Vorteile wahrnehmen kann.

Mit anderen Worten: Wien muß zum einen ein Leitbild entwickeln, das für diesen Wirtschaftsraum jene Bedingungen definiert, unter denen Unternehmen und Investoren tätig werden können und wollen. Zum anderen sollte dieses Leitbild aber auch helfen, den Vorteil der ehemals gemeinsamen Geschichte mit den Reformländern und deren spezifische Kenntnis und besseres Verständnis für eine absehbare EU-Erweiterung zu nutzen – in exakt auf die Bedürfnisse und Notwendigkeiten zugeschnittenen Maßnahmen zur Umsetzung dieser Pläne. Es liegt schließlich nicht nur im österreichischen Interesse, daß sich die Integration der erfolgreichen Reformländer möglichst effizient gestaltet: Es geht auch – das ist evident – um die unmittelbaren Interessen des Standortes Europa im globalen Wettbewerb.

Neben makroökonomischen und sozialen Stabilitätsfaktoren sowie liberalen Zulassungsbedingungen muß das zu entwickelnde Leitbild auch die Leistungen der Wachstumsbranche „Finanz- und Transaktionszentrum" einschließen. Denn angesichts des steigenden Finanzierungsbedarfs der Wirtschaft Mitteleuropas sind sowohl Ausrichtung als auch Dynamik der Finanz- und Wertpapierleistungen wichtige Aspekte in einem doppelten Wettbewerb: zwischen Standorten und um Kapital.

Zur Entwicklung der Finanzmärkte

Die Aufgabe eines Finanzzentrums ist es, den Transfer von Haushaltsüberschüssen zu den Mittelverwendern effizient zu gestalten. In der Dienstleistungskette (für die Marktteilnehmer) umfaßt dies die Investitionsplanung und Vermögensverwaltung, die Handelsausführung, die Abrechnung und Leistungsbewertung in Wertpapiergeschäften, den Devisen- und Geldhandel und die unter dem Begriff „corporate finance" zusammengefaßten Aktivitäten der Unternehmensfinanzierung.

In jeder dieser Funktionen sind unterschiedliche Faktoren ausschlaggebend für den Erfolg. Am Beispiel Londons ließe sich nachweisen, daß die Stadt, um ihrer Rolle als Finanzzentrum gerecht zu werden, mehr als andere Standorte spezifische technische, geographisch-räumliche und personelle Bedingungen erfüllen muß. Das läßt sich auch (zumindest in der gegenwär-

tigen Situation) als allgemeines Anforderungsprofil für andere Finanzzentren formulieren: Nur dadurch, daß sie bestimmten Erwartungen, Wünschen und Notwendigkeiten des Markts optimal entsprechen, können sie jenes Geschäftsvolumen erzielen, das ihnen eine führende Position einräumt und auch in den Augen anderer verleiht.

In die Möglichkeiten zur Positionierung als Finanzzentrum spielt allerdings noch eine neue Erwartung hinein: die Erwartung eines künftig einheitlichen Währungsraumes in Europa. Und unter der Annahme eines neuen Geld- und Kapitalmarktes von der Größe des US-Dollar-Marktes könnte sich die Konsequenz ergeben, daß die Handelsvolumina beispielsweise weitgehend organisatorisch vereinheitlicht werden. Und: Dadurch und angesichts der steigenden Möglichkeiten der modernen Elektronik und zunehmender kommunikativer Vernetzung werden bisherige Standortvorteile vielleicht auch wieder teilweise oder sogar weitgehend egalisiert werden.

Für die Erarbeitung eines Leitbildes für einen zukunftsbezogenen Finanzstandort Wien sind in jedem Fall folgende Megatrends auf den Finanzmärkten zu berücksichtigen:

- zunehmende Disintermediation; d. h. Verbriefung von Forderungen und wertpapierunterlegte Beschaffung von Fremdmitteln;
- Angebot und Nachfrage: Privatisierung schafft neue Schuldner und damit neues Angebot; und Subsidiarität hinsichtlich staatlicher Transferleistungen erzeugt den Zwang zu mehr Eigenvorsorge und damit mehr Nachfrage;
- Entwicklung zu höherwertigen Anlageformen und neuen Techniken der Informationsverteilung (auch aufgrund steigender Anforderungen der „Erbengeneration").

Welche relativen Standortvorteile kann Wien im beschriebenen Szenario und unter den genannten Trends beanspruchen oder sich erarbeiten?

„Initiative Finanzmarkt Österreich"

Wien hat zwar eine der ältesten Börsen der Welt, doch fand die eindrucksvolle österreichische Wirtschaftsentwicklung in der Nachkriegszeit (mit einer Verfünffachung der produktiven Leistung und des Wohlstandsniveaus) ohne effizienten Geld- und Kapitalmarkt statt, vor allem aber ohne Beteiligungsmarkt als Basis der Risikokapitalaufbringung und der Unternehmensfinanzierung. Letztere wurde vorwiegend durch das Bankensystem zur Verfügung gestellt.
Die Erfolgsfaktoren waren also nicht einem erfolgreichen Finanzmarkt zuzuschreiben, sondern vielmehr der harten Währung, der Preisstabilität und einer vorausschauenden Einkommenspolitik, der politischen Stabilität und dem sozialen Konsens. →

→ jo was a echta
Weana is, der hot a
scheene Stimm,
zum Singan von da
oidn Zeit, auf de oide
Zeit is a versessn,
oba de 14 Stundn
Orbeitszeit und de
hohe Kindersterb-
lichkeit,
oba de Bettla aufm
Stephansplotz und
de Häuser ohne
Mieterschutz,
de hot a glott
vergessn.

aus:
Warten auf die
Ewigkeit,
Text:
Walter Engel

Verschärft wird die unbefriedigende Situation auf dem Finanzmarkt nun durch das traditionell hohe Volumen an subventionierten Krediten – und zwar in einem Ausmaß, daß bisher kein ausreichender Anreiz zur Inanspruchnahme des Kapitalmarkts durch Unternehmen bestanden hat. Hinzugekommen sind all jene Begleiterscheinungen des Eigenkapitalmangels in wirtschaftlich und konjunkturell schwierigen Zeiten. Damit schließt sich der Kreis von unzureichender Nachfrage und zu geringem Angebot.

Zwar hat sich – entsprechend dem Entwicklungsstand des Finanzmarktes – die österreichische Börsenkapitalisierung am Bruttoinlandsprodukt gemessen seit 1985 verdoppelt, liegt jedoch mit knapp 16 Prozent immer noch weit unter dem Durchschnitt Europas mit 46 Prozent. Österreichische Anleger sind traditionell konservativ; nur eine Minderheit von knapp über 5 Prozent der Haushalte hält ein diversifiziertes Portfolio mit den Vorteilen des Risikoausgleichs. Diese ungünstige Ausgangslage wird durch die in Europa führende „Bankenintermeditionsquote" (Bilanzsumme der Banken in Prozenten des Bruttoinlandsproduktes) und die dominierende Rolle der Bankenfinanzierung gegenüber dem Kapitalmarkt unterstrichen.

Als Resultat der Erkenntnis eines erheblichen Nachholbedarfs zielt die seit 1991 bestehende „Initiative Finanzmarkt Österreich" mit einem Maßnahmenprogramm zur Stärkung der nationalen und internationalen Attraktivität des österreichischen Finanzplatzes auf eine strategische Neuausrichtung des Marktes. Die Nachdrücklichkeit der Reformbemühung ist im Zusammenhang mit der Liberalisierung und Vernetzung der internationalen Kapitalmärkte und der eindrucksvollen Umsatzerhöhung des grenzüberschreitenden Kapitalverkehrs zu sehen.
Im globalen Wettbewerb um knappe Finanzierungsmittel wird ein Finanzplatz durch vergleichsweise ungünstige Rahmenbedingungen geschwächt, umgekehrt optimiert eine verbesserte Infrastruktur des Finanzplatzes die Verteilung und die Kosten des Produktionsfaktors „Kapital".

Die im Rahmen der Finanzmarktinitiative erarbeiteten Lösungsvorschläge beziehen sich auf die fünf Schwerpunkte „rechtliche Rahmenbedingungen", „Marktkultur", „Markttechnik", „Marketing" und „steuerliche Rahmenbedingungen". Dieses Maßnahmenpaket und die dafür erforderlichen ordnungspolitischen Regeln wurden nach ihrer zeitlichen Realisierbarkeit kategorisiert. Zahlreiche Schritte wurden sofort umgesetzt. Der Handlungsbedarf für Normadressaten wurde aufgezeigt und von diesen auch zur Kenntnis genommen. Die Positionierung Wiens wurde als „zentraleuropäische Nischenbörse" umschrieben.

Mit der Koordination der Erarbeitung und Umsetzung der Reformmaßnahmen im Rahmen der Finanzmarkt-Österreich-Plattform wurde die Österreichische Kontrollbank beauftragt. Sie verfügt über das nötige Know-how, hat Erfahrung als internationaler Kapitalmarktteilnehmer und versteht sich traditionell in der Rolle, Aufgaben der Modernisierung des Kapitalmarktes zu übernehmen.

Unmittelbare Umsetzung konkreter Arbeitsergebnisse erfolgten im Börsegesetz vor allem durch Einführung eines Insiderstraftatbestandes, durch die vertrauensbildende Einführung von „Standard Compliance Codes" für die Marktteilnehmer, durch verbesserte Information der börsenotierten Unternehmen, durch Ausdehnung der Handelszeiten an der Börse, durch vermehrte Kapitalmarktinformation und Marketing des Finanzplatzes und durch den Grundsatzbeschluß für ein Bildschirmhandelssystem und für eine zentrale Marktaufsicht. Vorleistungen bestanden in der Einrichtung einer vollelektronischen Termin- und Optionenbörse, an welcher seit Ende 1991 erfolgreich eine Palette derivativer Produkte gehandelt wird.

Einen maßgeblichen Beitrag zur Verbesserung der Rahmenbedingungen stellt die Steuerreform mit Einführung einer Finalbesteuerung sowie die Abschaffung der Vermögenssteuer und der Börsenumsatzsteuer auf Händlergeschäfte dar.

Wien als Finanz- und Transaktionszentrum für Mitteleuropa

Deutliche Signale für den Standort wurden somit gesetzt. Eine verbesserte Infrastruktur und der Ausbau der Kapitalmarktdienstleistungen reduzierten die Kosten des Kapitals und senkten den Verschuldungsgrad der Unternehmen. Internationalisierung, Deregulierung und Harmonisierung der Rahmenbedingungen wirtschaftlichen Handelns in der EU erhöhten die Wettbewerbsintensität zwischen Märkten.

Der technologische Fortschritt hat die Form und Struktur von Finanzplätzen grundlegend verändert. Wahrnehmbare Marktplätze verschwinden, die Zusammenführung von Anbot und Nachfrage findet auf Bildschirmen statt, und die potentielle Zahl von Marktteilnehmern erhöht sich schlagartig. Information wird rasch und effizient über geschlossene Informationssysteme verteilt, welche 24 Stunden über Satelliten Finanznachrichten weltweit direkt in Haushalte senden. Erfolgskriterium für ein Finanzzentrum ist neben den rechtlich-regulatorischen Rahmenbedingungen und den menschlichen Ressourcen daher das erfolgreiche Design der technischen und logistischen Infrastruktur, welche eine optimale Kapitalallokation und effiziente Realisierung von Handelsstrategien zuläßt und eine Wertschöpfung über die Informationsverteilung sicherstellt.

Für Wien bietet sich die Rolle des Finanz- und Transaktionszentrums für Mitteleuropa an, weil die wirtschaftliche und kulturelle Nähe zu erfolgreichen neuen Volkswirtschaften im Sinne der Sprache und Mentalität gegeben ist und weil das in Wien vorhandene Ausmaß an Wissen und Information die wirtschaftliche Zusammenarbeit erleichtert und die Informationsbeschaffungs- und Transaktionskosten senkt. Die Rolle der Banken wiegt verstärkt in einer begrenzten Risiko- und Fristentransformation für eigenkapitalähnliche Anlageformen und in einer Informationssammel- und -aufbereitungsfunktion sowie in der Umsetzung von Finanzinnovationen.

Erfolgreiche Innovationsbeispiele sind der Ost-West-Fonds der Finanzierungsgarantiegesellschaft oder die jüngste Initiative zur Einrichtung eines zentralen Clearings von Warentermingeschäften in Wien.

Wien kann also als Zentrum der Expertise und als Plattform für den erforderlichen Meinungsaustausch im Prozeß der Analyse der Entscheidungsfindung und der Transaktion dienen.
Die eindrucksvollen österreichischen Exporterfolge in den Reformländern, die führende Rolle bei Direktinvestitionen und die gezielte Präsenz der österreichischen Banken sind deutlicher Nachweis der Bereitschaft, diese Rolle zu übernehmen.

Die Reforminitiative für den Finanzmarkt hat notwendige, aber noch nicht hinreichende Voraussetzungen geschaffen, Wien auf den wachsenden Konkurrenzdruck unter den europäischen Finanzplätzen vorzubereiten. Wenn alle Entscheidungsträger es als ihre Aufgabe ansehen, über Partikularinteressen hinaus einen breiten leistungsfähigen Kapitalmarkt zuzulassen, dann kann Wien aufgrund der genannten Voraussetzungen mit Selbstvertrauen seine Nischenrolle im „Global Banking Village" ausüben. ▲

Städte können nicht geplant werden.

Städte müssen geplant werden.

Peter Rosner (Wien)

Spiel Nr. 1
Der Stadtrat plant.
Die Opposition behauptet, daß der Plan schlecht sei und propagiert einen Gegenplan.
Der Plan der Mehrheit wird durchgeführt.
Bei den Wahlen wird die bisherige Mehrheit der Gemeinde bestätigt.

Spiel Nr. 2
Der Stadtrat plant.
Die Opposition behauptet, daß der Plan schlecht sei und propagiert einen Gegenplan.
Der Plan wird durchgeführt.
Bei den Wahlen wird die bisherige Mehrheit der Gemeinde durch die Opposition abgelöst.

1 Spiele

Wann steht Spiel 1 auf dem Programm, und wann Spiel 2? Die Erklärung der Mehrheit: Spiel 1 steht auf dem Programm, wenn es gelingt, die Bevölkerung von der Richtigkeit unseres Planes zu überzeugen. Wenn dies aus politischen Gründen nicht möglich ist, dann kommt Spiel 2. Die Erklärung der Opposition: Wenn es uns gelingt, die Bevölkerung von den Nachteilen des Planes zu überzeugen, wird Spiel 2 gespielt. Nur politische Umstände, wie etwa mangelnde Präsenz in den Medien, können das verhindern.

In beiden Erklärungen spielt die Bevölkerung nur in einer Abstimmung über den wahrgenommenen Erfolg der Planung und ihrer Durchführung mit. Beide setzen auf Aufklärung, beide müssen die Wirkungen der Durchführung des Geplanten darlegen: Welche Auswirkungen hätte die Realisierung des Geplanten für die Bewohner? Wenn die Bevölkerung das weiß, wird sie ihr Urteil sprechen. Dieser Urteilsspruch in Wahlen oder in Meinungsumfragen ist die einzige Ebene, auf der die Bevölkerung als Mitspieler auftritt.

In dieser Vorstellung von Planung und ihrem möglichen Erfolg bei der Bevölkerung wird angenommen, daß es möglich ist, alle Wirkungen von Planungen abzuschätzen: Mehrheit und Opposition geben die ihrer Meinung nach auftretenden Folgen bekannt. Dann hat entweder die Mehrheit recht und bleibt die Mehrheit, oder aber die Realitäten sprechen für die Opposition.

2 Städte können nicht geplant werden

Städte werden geplant. Das ist heute so selbstverständlich wie die Tatsache, daß Wirtschaften nicht geplant werden. Es gibt Ausnahmen. Nordkorea hat noch immer eine Planwirtschaft, Houston kaum eine Flächenwidmung. Während niemand fordert, daß Wirtschaften zentral geplant werden, würde die Forderung, Städteplanung ersatzlos zu streichen, bloß Erstaunen erregen. Zwischen einer Stadt, auch wenn sie noch so groß ist, und der Wirtschaft eines Landes bestehen Unterschiede. Keine Stadtplanung kann derart in das Leben ihrer Bürger eingreifen, wie das eine Planwirtschaft tut. Die Argumente, die gegen Wirtschaftsplanung vorgebracht werden können, treffen auf Stadtplanung nicht zu.

Worin gründet also die Unzufriedenheit mit den Städten? Sind die konkreten Planungen schlecht, weil alle Übel durch eine bes-

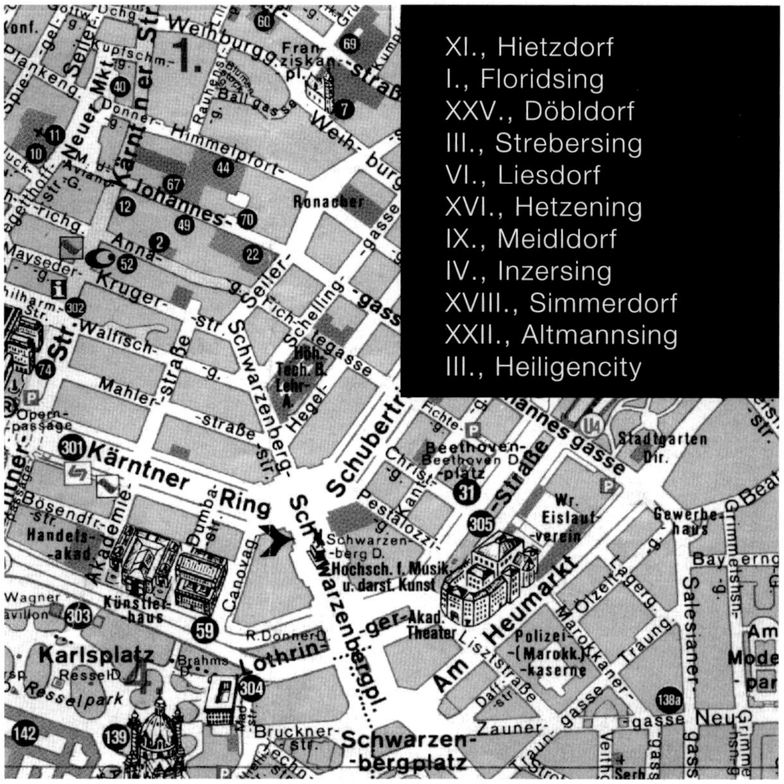

sere Planung behoben werden könnten? Das ist der Standpunkt einer kommunalen Opposition. Daraus bezieht sie ihre Legitimation. Stimmt er? Sicher, es gibt schlechte Stadtplanungen. Es gibt solche, die schlechte Ziele haben, und solche, die bei guten Zielen unfähig sind, diese zu realisieren. Aber wenn beides nicht zutrifft, folgt daraus, daß bei der Umsetzung eines guten Planes wirklich das Resultat eintreten wird, das mit den Plänen angestrebt wurde?

2.1. Jedes Leben spielt sich im Raum ab. Wer diesen strukturiert, reguliert auch das Leben der Bewohner des Raumes. In jeder Festlegung eines Wohnungsgrundrisses sind Vorstellungen von der Lebensform der zukünftigen Bewohner festgeschrieben, von ihrem Alltag, von ihren Lebensgewohnheiten. Diese Lebensformen sind als Gegebenheiten zu berücksichtigen, aber der Plan wirkt auch auf sie ein und gestaltet sie. Für die Planung von Städten gilt dies um so mehr, als dabei nicht nur ein kleiner Bereich des privaten Alltags strukturiert wird, sondern auch der öffentliche Raum mit seinen benützbaren Objekten und Transportwegen. Der Vorstellung von der gestaltenden Macht der Stadtplanung entspricht auch die Vermutung, daß Stadtplanung mitschuldig sei an gesellschaftlichen Übeln: Kriminalität, die Isolierung der Menschen, die steigende Aggression von Jugendlichen und andere unangenehme Erscheinungen werden aufgezählt. All das soll Folge schlechter Planung oder unzureichender Durchführung sein. Durch bessere Planung kann das wenn auch vielleicht nicht verhindert, so doch wesentlich gemildert werden.

Bei der konkreten Planung erscheinen diese Festlegungen von Strukturen als Lösungen technischer Probleme – des Transports von Menschenmassen oder Gütern innerhalb der Stadt, von hohen Wohnungspreisen infolge des Zurückbleibens des Angebotes gegenüber der Nachfrage nach Wohnraum, als Frage der richtigen Allokation von Arbeitsplätzen innerhalb eines städtischen Raumes, als Sorge für ein breites Angebot an Freizeiteinrichtungen. Wenn es gelingt, klare Problemstellungen zu formulieren, dann gibt es eindeutige Antworten, die zu konkreten Plänen umgewandelt werden können – eben technische Lösungen.

Das beinhaltet auch Techniken des Eingriffs in Märkte, Sozialtechniken zur Beeinflussung von Menschen. Die richtige Preisregulierung der Wohnungen, ein gutes Marketing für öffentlichen Verkehr sind ebenso Mittel kommunaler Planung wie die Festlegung von übergeordneten Straßen und die Flächenwidmung. Es gibt klare Zielsetzungen, und es gibt Mittel, diese Ziele zu erreichen. Wenn man die richtigen Ziele politisch gefunden und die den Zielen entsprechenden Mittel wissenschaftlich ermittelt hat, dann wird Stadtplanung funktionieren. Die gewünschten Ziele werden erreicht, wenn nur die Planung gut war.

Es wird dabei vorausgesetzt, daß es gelingt, der Gesellschaft jene Strukturen aufzuprägen, die die Planung anstrebt oder die zumindest als Tatbestand der Planung zugrunde gelegt werden. Diese Möglichkeit muß bezweifelt werden. Ökonomien können nicht geplant werden, weil die Gesellschaft Planung unterlaufen kann. Das Handeln der geplanten Menschen ist anders, als es die Wirtschaftsplanung postuliert. Jede Stadtplanung hat das gleiche Problem. Zwar sind Planungen von Städten mit vielen Feinstrukturen kompatibel, weil nur wenige Aspekte gesellschaftlicher Strukturen festgelegt werden und daher viel mehr Flexibilität als Wirtschaftspläne erlauben. Aber gerade wegen dieser Flexibilität kann es leicht passieren, daß an den Realitäten wirtschaftlichen und sozialen Lebens vorbeigeplant wird. Denn wie sollte es einer Stadtverwaltung gelingen, mit Hilfe der Planung, die gar nicht beansprucht, die Totalität gesellschaftlichen Lebens zu fixieren, diesem eine gute räumliche Struktur zu geben?

2.2. Die Gesellschaft einer Stadt und ihres Umlandes existiert unabhängig von jeder Planung. Die Reduktion planerischer Aufgaben auf technisch zu lösende Probleme beruht hingegen auf Annahmen über erkennbare Verhaltensweisen der Menschen und über das globale Resultat dieser Verhaltensweisen. Auch wenn durch direkte Bürgerbeteiligung, Referenda und wissenschaftlich fundierte Umfragen die Vorstellungen der politisch nicht organisierten Gesellschaft in Planungen einbezogen werden, kann die Diskrepanz zwischen Planung und Leben der Gesellschaft nicht vollständig überwunden werden.

Es kann nicht einfach davon ausgegangen werden, daß die Präferenzen, wie sie sich in Wahlen, Meinungsumfragen und Referenda äußern, auch letztlich das Verhalten der Menschen eindeutig bestimmen. So ist es etwa nicht irrational und auch nicht moralisch verwerflich, für den Ausbau des öffentlichen Verkehrs einzutreten und dennoch persönlich das Auto als Transportmittel vorzuziehen. Und es ist ebensowenig irrational oder moralisch verwerflich, sich ein Haus zu kaufen, weil es wegen einer geplanten Schnellstraße im Preis stark gefallen ist, und sich nachher in Bürgerinitiativen gegen den Bau dieser Schnellstraße einzusetzen.

Konsistenz zwischen geäußerten Präferenzen und dem Verhalten ist nur dann zu erwarten, wenn Zustimmung und Ablehnung von Vorhaben auf wirklichen Einsichten beruhen, und darüber hinaus private Interessen, die den gesetzten Zielen widersprechen, ausgeschalten werden können. Keine der Voraussetzungen ist erfüllt. Denn wie sollten die Bürger die Konsequenzen ihres Handelns und ihrer Wünsche an die Stadtplanung abschätzen können, wenn die mit wissenschaftlichen Methoden arbeitende Planung das nur in Ansätzen kann? Sie müßten dazu nicht nur die Pläne genau kennen und technisch beurteilen können, sondern auch wissen, wie sie selbst und alle anderen Bürger darauf reagieren werden.

Keine der Sozialwissenschaften kann alle Reaktionen der Bewohner einer Stadt auf einen Plan prognostizieren. Sozialwissenschaftliche Untersuchungen behandeln notwendigerweise immer nur wenige Zusammenhänge. Um welche Fragen es dabei geht, hängt vom Problembewußtsein der Auftraggeber, der Wissenschaftler und auch einer breiteren Öffentlichkeit ab. Sicher kann man dabei mehr tun, als bisher geschehen ist. Aber die Hoffnung, daß dabei alle Probleme erfaßt werden können, scheitert schon daran, daß sich Gesellschaften verändern. Es wandeln sich die sozialen Beziehungen der Menschen in den Städten und die ökonomische Struktur. Diese Veränderungen erfolgen rascher als die der Städte. Die Zentren der großen europäischen Städte stammen alle aus einer Zeit, in der die Mobilität zwischen den Regionen und in den Städten selbst wesentlich geringer war als heute. Diese geerbte Struktur wird als mangelnde Planung und fehlende Voraussicht erlebt.

Die Unmöglichkeit, alle Wirkungen einer Planung abzuschätzen, kann an jeder Planung in Wien abgelesen werden. Der Ausbau der Stadtrandsiedlungen schien eine Antwort auf die elenden Wohnungen, die um die Jahrhundertwende entstanden waren. Sie boten Licht, Luft, Grünflächen, sanitäre Einrichtungen, die der Zeit entsprachen, und waren, wegen ihrer Bauweise, dennoch nicht zu teuer. Sie boten also viel von dem, was an den alten Wohnungen fehlte. Sie waren vielleicht nicht die beste, aber eine sicherlich nicht gänzlich unvernünftige Reaktion auf das quantitative Wohnungsproblem Wiens.

Heute weiß man es besser. Aber als diese Bauten entstanden sind, hat man die Probleme, die Hochbauten zum Wohnen am Rand einer Stadt ohne urbane Strukturen für eine kommunale Entwicklung bedeuten, kaum gekannt. Die in den 70er Jahren begonnene Umorientierung im Wohnbau auf Renovierung des Bestandes in den alten bebauten Gebieten und auf niedrige Bebauung bei Neuerschließungen war wiederum eine nicht unvernünftige Antwort auf die Probleme der Stadt, wie man sie nach dem Ausbau der großen Stadtrandsiedlungen erlebte: Die Stadt würde zerstört werden, wenn die alten Wohnviertel verfielen. Aber war das angesichts des Anstiegs der Wohnungspreise die beste Politik?

Ähnliches gilt für die Verkehrsplanung. Der Ausbau der Straßen für den Autoverkehr war eine Antwort auf den Wunsch nach individueller Mobilität. Rückblickend erweist sich das als falsch. Aber wer hat in den 60er Jahren, als die Pläne für die Autobahnen und Schnellstraßen in und um Wien festgelegt wurden, klar gesehen, welche Konsequenzen es haben wird, wenn alle mit dem Auto mobil sein wollen? Damals erschien vielen der Plan, die Straßenbahnen durch Autobusse zu ersetzen, als ein Schritt zur Modernisierung Wiens – Autobusse behindern nicht wie Straßenbahnen die Autos. Der Fehler, sich nicht ausgerechnet zu haben, wie eine Stadt ausschaut, in der ein großer Teil der Haushalte ein Auto besitzt, mag heute unverständlich erscheinen. So eine Rechnung durchzuführen, ist schließlich nicht sehr schwer. Aber wer ist damals auf die Idee gekommen, es zu tun? Die Phantasie war zu beschränkt. Die laufenden Ausgaben der Haushalte für Wohnungen wurden in Wien lange Zeit durch gesetzliche Eingriffe und Förderungen gering gehalten. Wurde schon einmal der Zusammenhang zwischen laufenden Wohnungsausgaben und der Menge der Zweitwohnungen untersucht? Aber wie sehr die Stadt auch am Wochenende benützt wird, hängt auch davon ab, wie groß der Anteil der Wiener ist, der über einen Zweitwohnsitz verfügt.

Die Irrtümer der Vergangenheit kennt man. Sowohl die politische Mehrheit als auch die Opposition können sie aufzählen. Es gibt daher Pläne, es anders zu machen, besser, so wie es heutigen Vorstellungen vom richtigen Leben in der Stadt entspricht. Wir wissen heute, daß die vormaligen Vorstellungen von individueller Mobilität in einer Stadt nicht realisierbar sind, ohne die Stadt zu zerstören. Das ist ein Fortschritt. Jetzt ist man eben klüger. Aber der Fortschritt ist nicht zu Ende gekommen. Über die heutige Planung wird vielleicht das gleiche Urteil gesprochen werden wie über die vergangene: Sie hat bestimmte Zielsetzungen verfolgt und andere vernachlässigt. Es ist wahrscheinlich, daß in zwanzig Jahren, also zu einem Zeitpunkt, zu dem manche der jetzt geplanten Projekte noch nicht fertiggestellt sein werden, die dieser Planung zugrundeliegenden Ideen genauso absurd erscheinen werden, wie heute das AKH als Monster gesehen wird.

Auch die heutige Opposition wird sich dann nicht so einfach rühmen können, die Probleme gesehen zu haben. Zu wenig unterscheidet sie sich in ihren Zielsetzungen von der jetzigen Rathausmehrheit. Meist fordert sie eine radikalere oder weniger radikale Durchsetzung der weithin öffentlich akzeptierten Ziele. Das ist kein Fehler der Opposition, eher ein Beleg dafür, daß die Probleme der Stadt zeitspezifisch sind. Mehrheit und Opposition können nicht anders, als aus den Erfahrungen vergangener Fehler Schlüsse für die Bewältigung heutiger Probleme ziehen. Es gab auch in früheren Jahrzehnten keinen ernsthaften Widerstand gegen den Ausbau des Straßennetzes. Dieser Ausbau war damals so zeitgemäß wie heute die Zurückdrängung des privaten Verkehrs.

In jeder Stadt, in der gesellschaftliche und wirtschaftliche Entwicklungen stattfinden, werden diese Entwicklungen Veränderungen der Stadt bewirken. Die politische Verwaltung einer Stadt kann sie etwas fördern oder auch etwas bremsen. Aber sie kann sie nicht planen. Die Veränderung des ersten Bezirkes in Wien zeigt das: Er wurde zu einem Zentrum für Freizeitaktivitäten für alle sozialen Schichten der Stadt. Die Gemeinde Wien hat dies mit der in den 60er Jahren geplanten U-Bahn begünstigt. Aber die U-Bahn wurde nicht gebaut, damit dies geschieht. Sie allein hätte auch nicht diesen Aufschwung der City als Unterhaltungszentrum gebracht.

Der Bau der U-Bahn fiel vielmehr zusammen mit anderen Veränderungen, die für die neue Funktion der City wichtig waren: dem gestiegenen Reichtum, der vermehrten Freizeit, der Abnahme der kulturellen und sozialen Scheu vor der City durch einen Abbau sozialer Hierarchien, dem Freiwerden von Gassenlokalen durch eine Änderung der Struktur von Geschäften und durch die wegen des Anwachsens des Autoverkehrs gestiegene Schwierigkeit, die Innere Stadt als Zentrum des Warenumschlags zu benützen. Wie hätte sich die Stadt ohne den Aufschwung des Städtetourismus entwickelt? Nichts von dem konnte geplant werden, ja nichts von dem war 1970 voraussehbar.

Heute spricht man von einer zweiten City, nördlich der Donau. Die soll geplant werden. Natürlich weiß man einiges, was getan werden muß, damit sie entstehen kann. Aber niemand weiß, was zu tun ist, damit sie auch wirklich entsteht. Bewirkt ein guter Anschluß mit öffentlichem Verkehr, daß dort Freizeiteinrichtungen geschaffen werden? Oder erleichtert nicht der gute Anschluß die Fahrt in das Zentrum – in die erste City – so sehr, daß diese Freizeiteinrichtungen nicht genützt werden? Hat eine leichte Erreichbarkeit mit öffentlichen Verkehrsmitteln zur Folge, daß dort Arbeitsplätze entstehen? Oder bedeutet nicht gerade die leichte Erreichbarkeit, daß die Bewohner dieser Bezirke in kurzer Zeit bei einer Arbeitsstätte in einem anderen Bezirk sein können und daher kein Unternehmen einen Vorteil bei den Lohnkosten hat, wenn es dort Arbeitsplätze anbietet?

➟

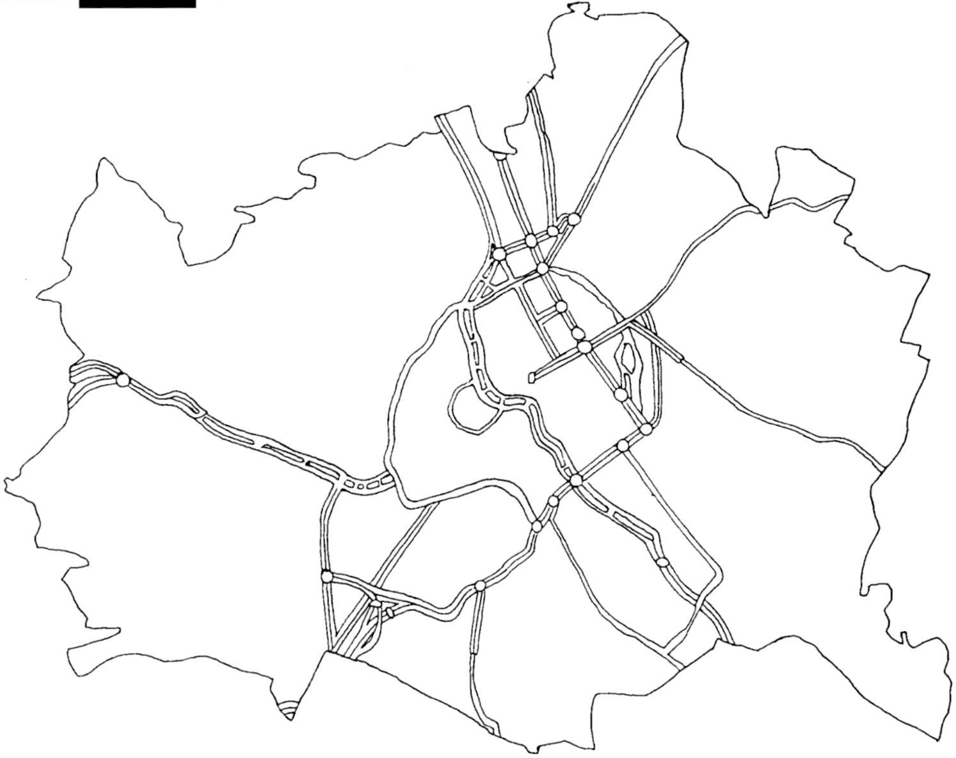

Unabhängig davon, wie die Bevölkerung sich über die Planung durch explizite Willenskundgebungen äußert, beeinflußt sie den Erfolg der Planung durch individuelle Reaktionen auf diese Planung. Jeder wird die für ihn besten Entscheidungen treffen in bezug auf die Wahl des Wohnortes, des Arbeitsplatzes, der benützten Verkehrsmittel, der Investitionen. Es kann nicht erwartet werden, daß die Ziele der Planungen berücksichtigt werden. Aber jede dieser Entscheidungen beeinflußt den Erfolg der Planung. Manches kann von der Planung antizipiert werden. Wegen der Vielfalt der Rollen der Menschen in einer Stadt können nicht alle Reaktionen vorausgesehen werden. Sie sind Verkehrsteilnehmer am Weg zur Arbeit, zur Freizeit, zum Einkauf; sie sind Konsumenten von Ruhe und Benützer lauter Freizeitstätten; sie sind Anbieter von Arbeitsplätzen und Konsumenten von Dienstleistungen. Auch eine Bürgerbeteiligung an der Planung kann dieses Problem nicht lösen. Denn die meisten Vorstellungen von Bürgerbeteiligung wenden sich an die Bewohner eines Viertels. Diese sehen die Stadtplanung vor allem unter dem Gesichtspunkt der Bewohnbarkeit ihres Viertels. Würden sich diese Menschen genauso für eine Verkehrsberuhigung anderer Viertel einsetzen, wie sie das meistens für ihre eigene Wohngegend tun? Das kann nicht auf die Frage von Egoismus oder Solidarität reduziert werden, es geht vielmehr um die verschiedenen Funktionen, die eine Stadt für jeden hat.

2.3. Vor allem aber ist eine Stadt kein geschlossener Kosmos. Sie kann sich von den großen wirtschaftlichen und gesellschaftlichen Entwicklungen der näheren und ferneren Region nicht abkoppeln. Die Ansiedlungspolitik einer Stadt für Unternehmen kann Arbeitsplätze vom Umland in die Stadt verlagern, sie kann helfen, daß eine vorhandene Entwicklung nicht an der Stadt vorbeigeht, aber sie kann nicht gegen den Verfall von Regionen ankämpfen. Zwar können manche Fehlentwicklungen durch eine Abstimmung der Stadtplanung mit der Planung des Umlandes verhindert werden, aber das hilft nicht gegen große strukturelle Verschiebungen, gegen Veränderungen der Rahmenbedingungen. Eine gute Wohnungspolitik kann das Zusammenleben der Menschen begünstigen. Aber keine Wohnungspolitik kann die geänderte Haltung der Menschen gegenüber Familien oder eine geänderte Bereitschaft zur Kommunikation mit Nachbarn aufheben. Dabei handelt

es sich um gesellschaftliche Trends, gegen die eine Stadtplanung nicht viel machen kann.

Wien erlebt durch den Zusammenbruch der kommunistischen Länder eine Änderung der Rahmenbedingungen. Er brachte nicht nur geänderte Verkehrsströme, Gefahren für bestehende Arbeitsplätze und Chancen für neue, sondern er bedeutet vor allem das Ende der Vorstellung, daß Wien in einem ruhigen Winkel am Ende der Weltgeschichte liegt. Wien war das Zentrum einer weitgehend geschlossenen Gesellschaft, die gleichmäßig reicher wurde und sich dabei langsam veränderte. Auf dieser Geschlossenheit beruhte die Möglichkeit der Realisierung einer impliziten Vorstellung jeder Planung: Durch gute Kommunalpolitik kann städtisches Elend zum Verschwinden gebracht werden. Man kann dies als die klassische sozialdemokratische Utopie der Stadtplanung bezeichnen. Wenn man viele gute Wohnungen baut, wird es keine schlechten Wohnungen mehr geben; wenn Arbeitsplätze in der Stadt entstehen, kann jede/r arbeiten und niemand wird arm sein; wenn es genug öffentliche Grünflächen gibt, ist niemand von guter Luft ausgeschlossen. Nach dieser Utopie, Teil der Idee eines umfassenden Sozialstaates, kann die Stadtverwaltung durch das Angebot öffentlicher Güter und soziale Unterstützungen alle Armut, die der umfassende Sozialstaat ihr zur Verwaltung übrigläßt, bekämpfen.

Das ist nicht nur eine soziale Utopie, sondern auch eine für Städte: es soll keine schlechten Viertel geben, kein Stadtteil soll von Verfall dominiert werden. Alles Häßliche, Schmutzige kann zum Verschwinden gebracht werden. Die ganze Stadt soll für alle benützbar sein. Jeder Park, jede öffentliche Grünfläche in Wien legt von dieser Utopie Zeugnis ab, sowohl die in den 60er Jahren gebauten traditionellen Parks mit Asphaltwegen, gepflanzten Büschen, Bäumen, Blumen und intensiver gärtnerischer Betreuung als auch die später gestalteten freieren Grünflächen. Die gesamte Stadt soll gestaltet werden. Kein Platz bleibt für Ungeplantes, für Ungeordnetes. Die Stadtverwaltung sorgt für alle, niemand entkommt ihrer fürsorglichen Beachtung. Nur wenige Bettler und Obdachlose werden übrigbleiben, aber keine städtische Unterschicht und daher auch nur wenig von jener Straßenkriminalität, die für den Alltag in Städten besonders unangenehm ist.

Diese Utopie ist nicht unsympathisch. Sie konnte aber nur solange in praktische Politik

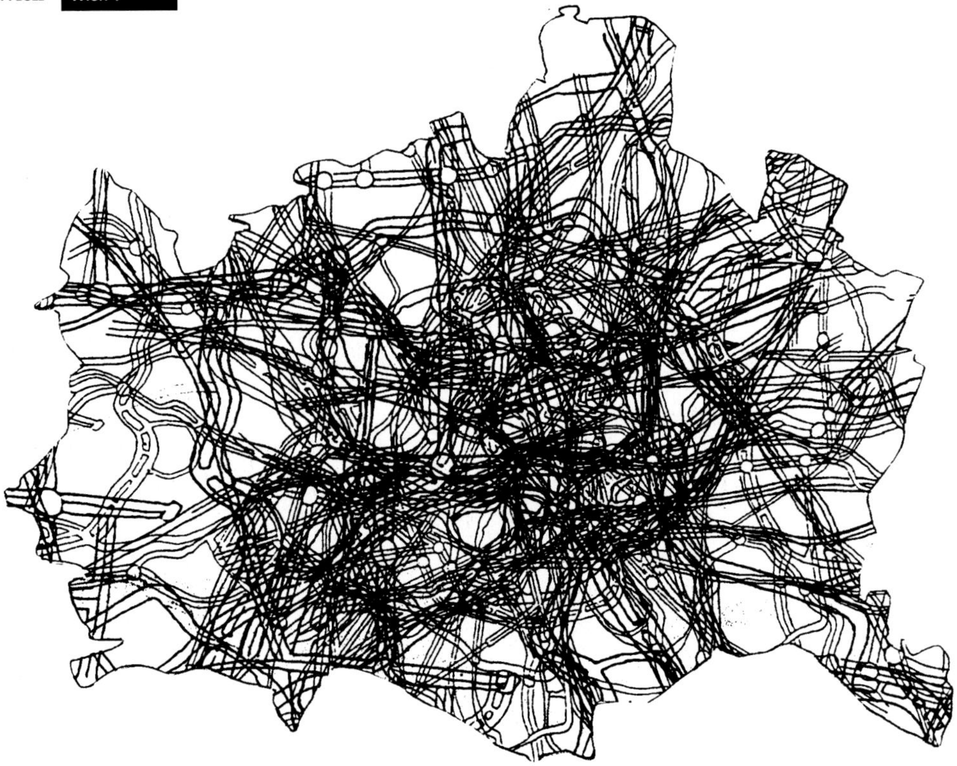

umgesetzt werden, als die Stadt hinreichend geschlossen war. Wenn man eine arme Familie mit öffentlicher Unterstützung aus einer Bassenawohnung in eine neue Wohnung transferiert hatte, so sank die Zahl der Familien, die auf schlechte Wohnungen angewiesen waren. Der rasante Rückgang der Zahl von Wohnungen der Kategorien B und C durch die Förderung der Wohnungsverbesserung zeigt den Erfolg. Die Wohnsituation der Wiener wurde verbessert, indem schlechte Wohnungen zum Verschwinden gebracht wurden. Es war sogar denkbar, den in Wien lebenden Ausländern allmählich zu besseren Wohnungen zu verhelfen. Für jeden zusätzlichen Arbeitsplatz mit hoher Wertschöpfung mußte ein Arbeitsplatz mit niedriger Wertschöpfung ins weitere Umland abwandern. Arbeitskräfte, die für niedrigen Lohn arbeiteten, wurden weniger. Die sozialen Probleme reduzierten sich auf persönliche Unglücksfälle.

Mit dem Zusammenbruch des Kommunismus und dem damit verbundenen Ende der Randlage Wiens kann diese Politik nur aufrechterhalten werden, wenn der Zuzug so beschränkt wird, wie das bis 1989 der Fall war. Das dürfte aber nicht möglich sein. Selbst wenn es gelingt, den Zuzug geringer zu halten als unmittelbar nach der Öffnung der Ostgrenzen, ist eine Rückkehr zu den idyllischen Zeiten vor 1989 nicht möglich. Auch die Erklärung, Zuwanderung nur nach den vorhandenen Möglichkeiten zuzulassen, hilft nicht viel. Denn diese Möglichkeiten hängen auch von der Politik der Gemeinde ab: Je besser die Lebensbedingungen in Wien sind, desto attraktiver wird es, nach Wien zu kommen. Werden mehr Wohnungen gebaut, dann gibt es zunächst mehr Arbeitsplätze und in der Folge mehr Wohnungen. Es gibt daher mehr Platz für Zuwanderer. Wenn Arbeitskräfte von Arbeitsplätzen mit niedriger zu solchen mit hoher Wertschöpfung übersiedeln, so läßt sich heute nur mit administrativen Methoden verhindern, daß sich Arbeiter finden, die auch für niedrigen Lohn zu arbeiten bereit sind. Zieht eine Familie aus einer schlechten Wohnung aus, weil sie eine bessere gefunden hat, würde sich sehr bald eine finden, die die freigewordene schlechte Wohnung beziehen möchte. Würde hingegen der Wohnungsbau in Wien stark reduziert werden, würde der Druck auf Zuwanderung aufhören, soferne es nur gelingt, Wellblechsiedlungen am Stadtrand zu verhindern.

Auch einer erfolgreichen Politik der Gemeinde kann es also in Zukunft nicht mehr gelingen, Armut zum Verschwinden zu bringen. Die urbane Landschaft Wiens wird daher in Zukunft von diesen sozialen Problemen stärker geprägt sein, als das bisher der Fall war. Wohnungsprobleme wird es auch dann geben, wenn viele Wohnungen gebaut werden. Schlechte Viertel werden bleiben, auch wenn viele gute entstehen. Die Opposition wird also immer recht haben, wenn sie auf die ungelösten Probleme hinweisen wird.

3 Bilder

Für den politischen Erfolg der Stadtverwaltung ist auch die Konfrontation der wirklichen Strukturen einer Stadt mit Bildern guter Städte, die ihre Bewohner haben, von Bedeutung. Als Resultate von Erfahrungen und Wünschen sind sie zunächst die Basis der Planung und dann der Maßstab, an dem die Realität sich zu bewähren hat. Der Erfolg ist nicht einfach eine objektiv festzustellende Gegebenheit. Fraglich ist aber, ob die Bilder realitätsgerecht sind. Zwar muß die konkrete Planung die Kritik an Hand von Vorstellungen guter Städte vertragen, aber es ist nicht unbedingt ein Fehler der Stadtplanung, wenn das Ergebnis nicht den Bildern entspricht. Unsere Bilder von guten Städten entsprechen vor allem zwei Bedürfnissen. Das eine ist das nach einem ruhigen, geordneten Leben und leicht zu organisierendem Alltag. Es ist das Bild einer Stadt als schöne Wohngegend: wenig privater Verkehr; Sicherheit auf den Straßen; leicht erreichbare Grünflächen oder zumindest grüne Oasen; eine gute Versorgung mit Geschäften und Dienstleistungsbetrieben. Das Grätzel als erweitertes, halb öffentliches Wohnzimmer.
Es ist das Bild einer Kleinstadt. Die Realität der Großstadt ist weit weg. Das zweite Bedürfnis, das in Bildern von Städten sich findet, ist das nach Abwechslung, nach Vielfalt und nach Gegensätzen. Die Stadt als Erlebnisraum. Es ist das Bild der Metropolen.

Offen ist, ob die Realität moderner Großstädte jemals diesen Bildern genügen kann und ob nicht die beiden Bilder einander widersprechen. Die Vorstellung von der Kleinstadt in der Großstadt setzt eine hohe Geschlossenheit der betreffenden Viertel voraus. Aber die unterschiedlichen Funktionen von Stadtteilen und die damit verbundene alltägliche Mobilität von Menschen und Waren zwischen den Stadtteilen machen eine Realisierung solcher Wünsche vor allem in zentraler gelegenen Bezirken unmöglich. Eine Stadt aber, die, wie viele Städte in den USA, nur aus einem kleinen Zentrum und vielen Vorstädten besteht, ist wohl keine Stadt im traditionellen Sinn.

Aber auch wo die Kritik an der Stadtplanung nicht vom Kleinstadtidyll geprägt ist, gehen die Vorstellungen von einer guten Stadt an gesellschaftlichen Realitäten vorbei. Unser Bild einer Großstadt ist geprägt von der Erfahrung der europäischen Metropolen. Eine durch gute Verwaltung wohlgeordnete Großstruktur soll den Rahmen für eine kleinwirtschaftlich organisierte Feinstruktur bilden. Diese ist nicht geplant, sie ist der Anarchie des Marktes überlassen, der regionalen Struktur des Angebotes an Gütern und Diensten durch viele Unternehmungen. Je größer diese Anarchie der Feinstruktur innerhalb der gut verwalteten Ordnung, desto interessanter ist die Stadt. Es ist das Bild zentraler Städte, die sich, gemessen an den Zeiträumen individuell menschlicher Erfahrung, nur langsam ändern. Die Langsamkeit der Veränderungen ist selbst eine Quelle der Buntheit, findet man doch dadurch das Angebot von Waren unterschiedlicher Zeiten nebeneinander. Geschäfte, deren Besitzer mit der Kundschaft alt geworden sind, existieren neben jenen, in denen eine neue Generation für das zeitgemäße Angebot an Waren sorgt. Sogar schäbig gewordene Viertel sind reizvoll, da in ihnen soziale Unterschiede zu Ungleichzeitigkeiten des Sichtbaren und zur Exotik des Fremden gemildert werden. Die, die mit den Entwicklungen nicht mitgekommen sind und die aus der Ferne dazustoßen, findet man dort.

Die Ordnung des Großen aber ist die Aufgabe der Stadtplanung. Man will geschlossene Straßenzüge, in denen sich städtisches Leben abspielt, aber keine einheitliche Bebauung, da diese langweilen würde. Man will unterschiedliche Geschäfte in den Straßen, die auch jene Waren zeigen, die man sicher nicht kaufen will, und legt Wert auf jene Freizeiteinrichtungen, die man sicher nicht benützt. Wir wollen den öffentlichen Verkehr nicht nur für die notwendigen Wege, sondern auch dafür, daß das ganze Angebot der Stadt erreichbar ist, selbst wenn man es gar nicht nachfrägt. Ohne den Luxus des Überschusses der Möglichkeiten über das, was man letztlich wirklich beansprucht, wäre die Großstadt der Kleinstadt unterlegen.

Diese Struktur des Angebotes, die dem Bild einer lebendigen und vielfältigen Stadt entspricht, ist heute nur mehr in wenigen Bereichen vorhanden. Der größte Teil des Angebots von Gütern erfolgt durch große Unternehmen. Diese sind den kleinen Anbietern überlegen. Es ist nicht mehr das anarchische Angebot der kleinen Anbieter, sondern das geplante der großen Bauunternehmen und der Kettenläden, die das optische Bild der Städte prägen. Die politische Administration einer Stadt kann die Planung des kommerziellen Angebotes durch diese Unternehmungen in ihre Planung einbeziehen. In keiner Vorstellung schöner und interessanter Städte aber spielen die Kettenrestaurants und die Warenhausketten eine Rolle, obwohl heute der größte Teil des Warenangebotes durch solche Unternehmungen bereitgestellt wird. Sie spielen in den Vorstellungen interessanter Städte keine Rolle, weil sie Ausdruck örtlicher Beliebigkeit sind. Die von ihnen angebotenen Waren sind kaum örtlich zu differenzieren. Die ökonomische Überlegenheit der großen Unternehmungen gibt jedoch der Sehnsucht nach der gewachsenen Stadt mit dem bunten Angebot den Beigeschmak konservativer Kulturkritik.

Besonders deutlich wird dieses Problem in neuen geplanten Stadtteilen. Sicher kann eine Stadtplanung in der Planung neuer Stadtviertel nach der Festlegung von Grundstücken für Wohnbau darauf warten, daß sich Anbieter von Wohnungen dafür interessieren. Man kann auch festlegen, daß in den zu errichtenden Wohnhäusern Gassenlokale für kleinere und mittlere Geschäfte eingeplant werden müssen. Aber anzunehmen ist, daß der Wohnbau in großen Einheiten erfolgt und daß der größte Teil des Warenangebotes in Supermärkten bereitgestellt wird. Als in Paris die Boulevards geplant wurden, waren die einzelnen Baulose für die zu errichtenden Wohnbauten zwar größer, als es den alten Pariser Häusern entsprach, aber, gemessen an heutigen Baugrößen für Wohnbauten in neuen Stadtteilen, sehr klein. Das entsprach dem Umfang der eingesetzten Kapitale. Moderne Finanzierungs- und Unternehmensstrukturen verhindern eine Wiederholung dieser Bauweise.

Der Gegenpol zu dem Bild einer traditionellen Stadt – die neuen Stadtviertel mit ihren Wohn- und Büroparks, die Einkaufs- und Freizeitzentren, die überall hingebaut werden können – ist ein Stück zeitgenössischer Realität. Die neuen Viertel zerstören das räumliche Gefüge mit den traditionellen Hierarchien von Zentrum, inneren Bezirken und Peripherie, da sie dort errichtet werden, wo Platz dafür ist. Auch wenn sie erfolgreich sind, wird daraus kein Teil der Stadt, der so benützt wird wie andere Stadtteile. Aber diese geplanten Viertel entsprechen modernen Gegebenheiten: Dort können Wohngebäude und Bürokomplexe von großen Finanzgruppen geplant werden. Dort werden die Waren und Dienstleistungen von großen Unternehmen angeboten. Nur das Angebot der Luxuswaren und der Armutsgeschäfte ist, bisher zumindest, dort kaum zu finden. Diese Zentren können geplant werden, weil sie sich auf die Planung der großen Handels- und Dienstleistungsunternehmen stützen können. Es sind nicht einfach Fehler der Stadtplanung, wenn aus solchen Vierteln niemals Stadtteile werden, wie es dem Bild einer lebendigen Stadt entspricht. Moderne wirtschaftliche Strukturen und geplante neue Stadtteile entsprechen einander.

4 Städte müssen geplant werden

Keine Stadtplanung gibt es nicht. Auch dies würde bestimmte Strukturen begünstigen und andere verhindern. Schon die Festlegung der minimalen technischen Infrastruktur bedeutet in einer Großstadt einen so großen Eingriff, daß dies einer Planung entspricht. Das gilt um so mehr für die Planung der Verkehrseinrichtungen. Der Bau einer Schnellstraße ins Zentrum hat Konsequenzen für Verkehrserschließung und Umwelt. Sie integriert entferntere Stadtteile und Zentrum und verschlechtert die Umwelt der dazwischen liegenden Stadtteile. Das tägliche Transportproblem von Hunderttausenden, ja Millionen Menschen, der Transport von Gütern, die diese Menschen benötigen und an deren Produktion sie beteiligt sind, können zwar nicht in einem Generalplan gelöst werden, aber die Adaptierung der vorhandenen Kapazitäten für den erwarteten Anstieg der Nachfrage nach Transport verlangt sehr viel Planung. Jede spezifische Nutzung einer Fläche hat so viele externe Effekte auf benachbarte Grundstücke, daß die Aufteilung der Flächen für Wohnungen, Arbeitstätten, Freizeiteinrichtungen nicht dem Markt allein überlassen werden kann. Eine zentralisierte Festlegung ist unvermeidlich.

Es wäre absurd, sich nicht zu bemühen, die Konsequenzen jedes der Pläne für die gesamte Struktur der Stadt zu bestimmen. Die Stadtverwaltung muß dies in einem systematischen Plan versuchen. Diese Planung kann sich aber nicht damit begnügen, die artikulierten oder bei Volksbefragungen und Umfragen geäußerten Wünsche der Bevölkerung mit dem Machbaren abzustimmen, sondern sie muß versuchen, die Reaktionen der Bewohner in ihren verschiedenen Funktionen zu bestimmen: als Käufer, als Konsumenten der Freizeiteinrichtungen, als Teilnehmer am Verkehr, als Investoren, als Arbeiter und Angestellte. Der politische Erfolg oder Mißerfolg der Stadtplanung hängt dann davon ab, wie die in dieser Stadt lebenden Bürgerinnen und Bürger in all ihren Rollen auf die Planung reagieren. Sie berücksichtigen in ihren Plänen die von der Stadt organisierte Struktur und geben erst damit der Stadt die Struktur, die dann über den Erfolg der Stadtplanung entscheidet. Die Stadtplanung selbst legt nur einen Rahmen fest, der glücklicherweise sehr viel Spielraum läßt.

Für die Stadtverwaltung ist das unbefriedigend. Sie plant, kann aber das Ergebnis nicht genau bestimmen. Bei den Wahlen wird aber über das Resultat abgestimmt. Hier treten die Bewohner einer Stadt in einer anderen Funktion auf. Sie sind nicht mehr in der Rolle der Handelnden, sondern sie urteilen über ein Resultat, als ob sie an ihm nicht beteiligt wären. Hier wird entschieden, ob Spiel 1 oder Spiel 2 gespielt wird. Das mag ungerecht erscheinen, aber auch der beste Plan kann nicht verhindern, daß individuell vernünftiges Handeln andere Resultate hervorbringt als die von der Stadtplanung antizipierten und den Bildern guter Städte entsprechenden. ▲

Die Informatisierung der Stadt

Konsequenzen für urbanes Leben

Manfred Wagner (Wien)

Es ist die alte Geschichte von der Henne und dem Ei: Hat unsere westliche Industriegesellschaft die Notwendigkeit der elektronischen Vernetzung erkannt und diese Vernetzung daraufhin entwickelt, oder hat – umgekehrt – die technologische Entwicklung die Gesellschaft verändert und wird sie auch weiterhin verändern? Jedenfalls existieren wir in einem System der Vermischung von Geschichte und Gegenwart, von physischem Aufenthalt und elektronischer Präsenz in fernen Gefilden, stehen vor einer neuen Herausforderung der Visualität, der Audibilität und der Verbalität, Kategorien, die in der alten Virtualität der Kunst längst diskutiert worden sind, nunmehr aber zum Alltag jedes Bürgers werden. Wir leben in der Zeit einer Ressourcenumverteilung, in der die Hardware, auf der unser Besitzdenken beruht hat, immer geringere Bedeutung erfährt und von der Software, die schwer reglementierbar und noch schwerer judizierbar erscheint, abgelöst wird. Das physisch Materiale wird abgelöst vom System der Interdisziplinarität und Transdisziplinarität, also einer geistigen Mehrfachvernetzung aus Optimierungsgründen, die die Erkenntnisse vom Spezialistentum zusammenfaßt und einer neuen relativierenden Betrachtungsweise unterwirft. Und letztlich trägt dazu auch die Multikulturalität bei, die in unserer Gesellschaft bereits eine unübersehbare Realität darstellt und aufgrund der Migration und unter den Bedingungen einer humanen Asylpolitik vermutlich noch intensivere „Vernetzungen" als derzeit generieren wird.

Dies bedeutet, daß die dialektischen Modelle der Vergangenheit aufgehoben werden zugunsten „polylektischer" Kategorien, die aber im wesentlichen nicht diametral zueinander stehen, sondern denen eine Art integrativer Kraft innewohnt, die völlige Individualisierung ebenso zuläßt wie das Einklinken in verschiedene, ja beliebige kommunikationspartnerschaftliche Gruppierungen, die – obwohl an entfernten und weit auseinander liegenden Orten – elektronisch zum Gespräch, zum Diskurs, zur Auseinandersetzung, ja zum Streit verbunden werden können.

Diese polyvalenten Lebensformen (als Lebensentwurf) finden ihre Umsetzung in einer Neubewertung von Arbeitsplatz, Wohnstatt und Freizeit. Die Information, die bislang an die Hardware eines Gebäudes, eines physischen Orts oder Zugriffs gebunden war, ist nunmehr – zumindest in ihrem darstellbaren Bereich, der allerdings über die Zweidimensionalität nicht hinausreicht – dezentralisierbar, beliebig (gleichgültig, an welchem Ort und zu welcher Stunde) abrufbar und damit in einem zeitlichen Spielraum verfügbar, der vom „User" selbst gesteuert wird und den Konsumenten mehr Souveränität zukommen läßt.

Die Deregulierung des Arbeitsortes und der Arbeitszeit hat weitreichende Folgen: nicht nur für die sozialen Beziehungen, die gerade am gemeinsamen Arbeitsplatz entscheidende Rollen gespielt haben (die man derzeit noch glaubt, gesetzlich regeln zu müssen), und nicht nur für die arbeitsteilige Struktur der Trennung von Wohnung und Arbeit mit den dafür vorteiligen und nachteiligen Bedingungen, sondern auch für jene infrastrukturellen Rahmenbereiche, die tatsächlich zu unlösbaren Krisenpunkten unserer Gesellschaft geführt haben: Der Berufsverkehr, der Stau, ausgestorbene Stadtteile am Abend, abgestellte Maschinen am Wochenende, ja die Veränderungen der Frequenzen von physischen Bewegungsströmen in ganzen Stadtvierteln (die im Tagesablauf gravierende Differenzen aufweisen) und die damit verbundene Infrastruktur sind mit der Vernetzung starken Veränderungen unterworfen, deren Auswirkungen erst überdacht werden müssen.

So vermögen die technologischen Errungenschaften der informatorischen Mobilität das alte Problem der getrennten Wohn- und Arbeitsviertel, das jahrzehntelang die städtebauliche Diskussion beherrscht hat, zu lösen. Denn nun wird Arbeit heimholbar, integrierbar; und damit wird die Präsenz des Arbeitenden am Wohnort – in seiner Familie, im Bereich der Wohn-Gemeinschaft, im kleinstädtischen Viertel – wieder möglich. Die Planer neuer Wohnviertel werden nicht umhinkommen, diesem Umstand Rechnung zu tragen. Sie werden nicht nur für die nötigen Anschlüsse zu sorgen haben, sondern auch für infrastrukturelle Hilfen, die Tele-Häuser und Tele-Wohnungen, ja Tele-Zentren im Nahbereich der Schlafstätten vorsehen müssen. Das wird Entlastungen herbeiführen, die zuvor unvorstellbar waren. Plötzlich werden Freiräume, um nicht zu sagen „Leerräume", die jahrelang von fortschrittlichen Architekturplanern, Soziologen oder Sozialarbeitern gefordert worden sind, für eine funktionierende Stadt einfach unabdingbar. Denn bei der rasanten Geschwindigkeit, mit der sich die Technologie entwickelt, muß man mit ebenso rasanten Folgen rechnen. Die Anforderungen, die sich daraus ergeben werden, sind aber konkret noch gar nicht abschätzbar. Lediglich die Tatsache, daß sie auf uns zukommen werden, die ist sicher. Hier wird der Markt erstmals in „vernünftigen" Gestaltungsdimensionen denken müssen, wollen Investoren nicht als Zukunftsgestalter abdanken.

Auch auf den Freizeitsektor hat die zunehmende Vernetzung wesentlichen Einfluß: nicht nur durch neue Zugangs- und Benutzungsmöglichkeiten im Bereich der Information selbst, nicht nur etwa in der spielerisch handhabbaren Partnersuche, sondern auch in neuen Formen sozialer Interaktion (Gruppenbildung z. B.), die immer mehr über virtuelle Kontakte und immer weniger über physische laufen wird. Physische Kontakte werden per Bildvernetzung relativ schnell simulierbar sein.

Die Informatisierung der Stadt bedeutet aber auch, daß zum ersten Mal in der Geschichte die Chance besteht, die bislang unerfüllte Forderung der Französischen Revolution nach Gleichheit einzulösen. Denn die Gleichheit entzieht sich in dieser technologischen Vision weitgehend den Steuerungsmöglichkeiten einzelner, die – so scheint es – auf Macht, Geld und Einfluß nicht verzichten können. Nun steht es allen frei, sich in ein breites Angebot an Information einzuklinken, wann immer sie möchten, zu gleichen Bedingungen und unter gleichen Zugangschancen. Die dafür auflaufenden Kosten scheinen vergleichsweise gering und dürften auch die Gleichheit in der Benützung des Systems nicht in Frage stellen. Diese *egalité* bringt eine neue Form demokratischer Strukturierung mit sich, weil die Informationen nicht nur wenigen zugänglich sind, sondern vielen. Und aufgrund des Marktsystems ist viel eher mit einer Erweiterung von den vielen auf alle zu rechnen als mit einer Einschränkung oder Selektion. Denn mit der Ausdehnung der Telekommunikation, die als Hardwareverkauf begonnen hat und zweifellos von einem Softwarekonkurrenzkampf abgelöst wird, geht es nun weniger um die Frage einer Selektierung (von oben nach unten), sondern um die Zufriedenstellung möglichst vieler Kunden durch Bereitstellung möglichst kompletter, umfassender Informationen. Das heißt: Die Werbung für die Hardware läuft über das Versprechen, alles Vorhandene anbieten zu können und damit die Behandlung des Vorhandenen – gleichgültig, ob kursorisch oder bis ins letzte Detail gehend – der Souveränität des Konsumenten zu überlassen.

Politisch bedeutet das, daß der Bürger auf einer Welle von Information schwimmt, auf der er nach seinem eigenen Ermessen und Belieben reiten kann. Nur wird er vermutlich Selektionsberater brauchen, um seine Wünsche kanalisieren zu können. Ein schärferer Gegensatz als der von der persönlichen Selektierung von Information zur bisherigen mühseligen Methode des Beschaffens von Information ist kaum denkbar. Damit wird der „Bürgerwille" in Summe zu einer neuen Kraft. Nahezu beliebig und immer kann der „Bürgerwille" auf Herausforderungen reagieren. Seine Stärke bezieht er nicht nur aus dem Besitz von Information, sondern vor allem aus dem Zusammenhalt, also der Vernetzung der Informierten. Manipulation, Machtausübung, Informationssperre und die damit verbundenen, nicht immer legalen Durchsetzungsmechanismen werden dadurch hinfällig oder doch zumindest in ihrer Hinfälligkeit deutlicher, als das bisher der Fall war.

Die Befürchtung, daß damit anstelle der Bürokratie eine Infokratie droht, scheint unberechtigt. Gewiß wird es spezialisierte „Informationsfreaks" geben (oder auch kapitalistische Zusammenschlüsse), die aus der Nutzung und Anwendung ihres Informationsvorsprungs Vorteile gegenüber dem Normalverbraucher ziehen werden. Andererseits aber ist die soziale Zuordnung dieses Personenkreises nicht mehr nach dem bisherigen Schema der Einkommenshöhe möglich, ja nicht einmal nach den deskriptiven Schichtenmodellen. Denn diese Hochperfektionierung ähnelt soziologisch der Spielleidenschaft oder der Hochprofessionalität: die Ebenbürtigkeit hängt nicht mehr von klassischen Gruppenzugehörigkeiten ab, sondern weitgehend vom Zufall.

Auch bislang altersspezifische Zugangsmöglichkeiten zu Informationen werden liberalisiert. Die traditionell vermittelten Autoritätsstrukturen werden dadurch in Frage gestellt, zumindest aber einer neuen Beurteilung und Überprüfung unterzogen. Das Bild des Lehrers als autorisierter Informationsträger verblaßt neben der allgemeinen Möglichkeit des Users, auf selbst dem Wissensstand des Lehrers überlegene Informationen zuzugreifen.

Auch die Bürokratie wird ihre Aura als Hort gewöhnlich wenig durchschaubarer Regelmechanismen verlieren: weil eben diese Regelmechanismen nicht nur gespeichert, sondern damit auch öffentlich sichtbar gemacht werden können; weil die Entscheidungen bis zum individuellen Verantwortungsträger zurückgeführt werden können. Damit werden auch die „Stufen" der Entscheidungen, die zum Teil in absurde Höhen führen (37 Unterschriften für die Verleihung des Ehrentitels „Professor"!), transparent und können – aufgrund dieser Transparenz – vermutlich auch drastisch verringert werden.

Die Repräsentanz der Macht (der scheinbaren wie der realen), die bisher auch in der Architektur ihre Größen- und Bedeutungsumsetzung erfuhr, wird sich gerade hier neue

Österreicher
- Otto/Margarete, 20, Romanog 20 339 06 32
- Peter, 12, Oppelg 12, Stg 11 852 27 73
- Peter, 13, Lynkeusg 63 804 68 85
- Peter/Eva, 13, Speisinger Str 68 844 89 65
- Petra, 18, Schulg 70 433 07 24
- Primus, Mag, Dr, Dr Primus Österreicher, Dr Andreas Staribacher, Steuerberater, Wirtschaftstreuhandkanzlei, 1, Hegelg 8 512 87 80
- Primus, Dr, 3, Rennweg 23 713 27 83
Mobiltelefon D 0663 02 47 87
- Ralf, 11, Mitterfeldg 1, Stg 9 719 17 02
- Renate, 20, Denisg 44 332 59 26
- Renate, 21, Robert Lach-G 9, Stg 42 252 81 02
- Richard/Maria, 10, Gußriegelstr 53 603 49 49
- Richard, Perchtoldsdorf, Sonnbergstr 38 816 63 48 (865 63 48)
- Robert, 22, Sebaldg 8 253 43 35
- Ronald, 22, Quadenstr 144, Stg 2 210 63 64 (283 63 64)
22, Paulitschkeg 7
Mobiltelefon D 0663 81 37 00
- Rosa, 6, Brückeng 16 569 77 24
- Rosina, 21, Oswald Redlich-Str 14, Stg 31 ...22 84

Österreicher

...chofg ...80 84
504 48 05
- Rudolf, 10, Otto Probst-Str 5, Stg 36 616 56 38
- Rudolf, 20, Klosterneuburger Str 111 356 79 15
- Rudolf/Irmgard, 21, Donaufelder Str Nr 65, Stg 4 259 17 18
- Rudolf, 23, Hochwasserg 18–20 616 38 31
- Rupert, 18, Gersthofer Str 125–129, Stg 2 475 76 75
- Rupert, 21, Jedleseer Str 8 278 03 08
- Sabine, 15, Ullmannstr 5 852 24 95 (893 76 56)
- Sieglinde, 4, Rienößlg 9 586 84 78
- Silvia, 10, Sahulkastr 3–5, Stg 5 616 91 04
- Stefan, 2, Wehlistr 366, Stg 6
Mobiltelefon D 0663 89 40 61
- Steffi, 21, Pastorstr 20, Stg 15 256 52 95
- Theodor, 8, Florianig 13 421 97 63
- Theres, 19, Krottenbachstr 104 361 94 52
- Thomas, 21, Robert Lach-G 9, Stg 42
Mobiltelefon D 0663 919 19 03
- Walter/Gertraud, 22, Sinag 1, Stg 14 235 90 35
- Werner, 14, Hackinger Str 41 911 22 97

Österreicher Elektro GesmbH, 19, Billrothstr 6 319 00 59
319 00 58

Österreicher R.GesmbH, Gas-Wasser-Heizung, 18, Währinger Str 147 470 97 67
FAX 470 80 82

Österreicher-Hartmann Gabriele/Dr Alfred, 28, Anton Krieger-G 20, Stg 4 886 85 34

Österreichisch Französisches Zentrum f Begegnungen aus Europäischen Ländern mit verschiedenen wirtschaftlichen u Sozialen Systemen, (Centre Franco-Autrichien), 1, Wipplingerstr 4
(auch f Telefaxbetrieb) 533 89 27

Österreichisch Soka Gakkai International-Verein zur Förderung des Nichiren Daishonin's Buddhismus, 4, Belvedereg 17 505 68 31
7, Mariahilfer Str 114 523 73 74

Österreichisch Südafrikanischer Club, 8, Feldg Nr 11 405 98 07

Österreichisch Türkischer Handelsverband, 1, Herreng 6 535 03 56
535 03 57

Österreichisch-Amerikanische Gesellschaft, 1, Stallburgg 2 512 39 82...-0
FAX 513 91 23
Sprachlabor: 1, Hegelg 13 512 47 60
Zweigstelle: 1, Schubertring 6 513 37 18

Österreichisch-Arabische Handelskammer, 1, Lobkowitzpl 1 513 39 65...-0
FAX 513 85 59

Österreichisch-Arabischer Wirtschaftsverlag (ÖAW), 13, Auhofstr 250 877 59 30...-0
877 88 08
FAX 877 59 30-14

Österreichisch-Britische Ges (Austro-British-Society), 14.30-18 Uhr, 8, Wickenburgg Nr 19, Stg 1 43 11 41 (406 11 41)

Österreichisch-Chinesische Ges, 8, Wickenburgg 4 43 97 93 (406 97 93)
s ÖGCF-Ges f China-Freundschaft u China-Forschung

Österreichisch-Deutsche Kulturges, Ges zur Pflege der kulturellen Beziehungen zwischen Österreich u der Bundesrepublik Deutschland (BRD), 1, Josefspl 6 512 13 08
FAX 512 56 29

Österreichisch-Dominikanische Gesellschaft, 19, Görgeng 30 32 31 13...-0

Österreichisch-Indische Ges, 1, Johannesg 3 513 13 39

Österreichisch-Irische Gesellschaft, Generalsekretariat, 14, Heinrich Collin-Str Nr 8–14 911 32 17

Österreichisch-Israelische Ges, 8, Lange G 64 42 66 83 (405 66 83)

Österreichisch-Japanische Gesellschaft, 4, Mattiellistr 2–4 513 85 69

Österreichisch-Kubanische Ges, 4, Seisg 1 505 38 09

Österreichisch-Polnische Gesellschaft, 1, Biberstr 4 512 23 74...-0
512 64 63...-0

Österreichisch-Portugiesische Ges, 8, Piaristeng 34 431 70 73

Österreichisch-Schweizerische Gesellschaft, 1, Dominikanerbastei 4 512 28 17
FAX 512 28 18

Österreichisch-Sowjetische Gesellschaft, 4, Brahmspl 8, Präsidium, Zentralsekretariat 505 73 05...-0
505 67 94...-0
659 45 32
Landesleitungen Wien NÖ Veranstaltungen u Filme Fachsektionen, Reisedienst 505 67 94...-0

Österreichisch-Tschechoslowakische Gesellschaft, 1, Mahlerstr 13 512 44 29
FAX 512 14 63

Österreichisch-Ungarische Vereinigung z Pflege kultureller Beziehungen, 2, Hollandstr 4 24 05 81

Österreichische Aerosol-Vereinigung, 17, Rosensteing 79 46 53 38

Österreichische Agrar-Industrie GesmbH, s Agena Stärke-GesmbH

Österreichische Agudas Israel Organisation, 2, Tempelg 3 26 99 73
26 96 34

Österreichische Aids-Gesellschaft, 14, Sanatoriumstr 2 911 29 01
911 29 02

Österreichische Akademie d Wissenschaften, Präsidium u Geschäftsstelle, Bibliothek, Verlag, 1, Dr Ignaz Seipel-Pl 2 515 81...-0
Geschäftsstelle Telefax 513 95 41
Wissenschaftleraustausch Telefax 513 95 42
Komm f d Geschichte Österreichs, 1, Fleischmarkt 22 512 91 84...-0
Komm f d Geschichte d österr-ungar Monarchie, 1, Fleischmarkt 22 512 91 84...-0
Komm f Wirtschafts-, Sozial- u Stadtgeschichte, 1, Postg 7 515 81...-0
Komm f Mundartkunde u Namenforschung, 1, Postg 7 515 81...-0
Komm f Schrift- u Buchwesen d Mittelalters, 1, Sonnenfelsg 19 515 81...-0
Komm f Literaturwissenschaft, 1, Postg 7 515 81...-0
Komm f literarische Gebrauchsformen, 1, Sonnenfelsg 19 515 81...-0
Komm f Theatergeschichte Österreichs, Univ Wien, 1, Hofburg, Batthyanystiege 533 90 76
Komm zur Erforschung d römischen Limes im Gebiete von Ober- u Niederösterreich, 1, Sonnenfelsg 19 515 81...-0
Komm f Antike Rechtsgeschichte, 1, Postg 7

Österreichische

Komm f d Tabula Imperii Byzantini, 1, Postg Nr 7 515 81...-0
Numismatische Komm, 1, Postg 7 515 81...-0
Ägyptische Komm, 1, Dr Ignaz Seipel-Pl 2 515 81...-0
Komm f kleinasiatische Epigraphik u ägäische Altertumsforschung, Abt f mykenische Forschung, 1, Postg 7 515 81...-0

Österreichisches Spezialhaus i Masch, App u Bedarfsart f Bierbrauereien u div techn Zwecke Otto Rotter, 14, Felbigerg 61 94 33 16...-0 (914 33 16...-0)

Österreichisches Staatsarchiv, GenDion
Archiv der Republik
Allgem Verwaltungsarchiv
Kriegsarchiv, Militärmatriken, 3, Nottendorferg 2 78 66 41...-0 (795 40...-0)
Haus-, Hof- u Staatsarchiv, 1, Minoritenpl 1 531 15...-0
Finanzarchiv: 1, Himmelpfortg 4–8 514 33...-0
Hofkammerarchiv: 1, Johannesg 6 512 54 34
513 78 00

Österreichisches Statistisches Zentralamt, Präsident, Vizepräsident, Präsidialabt, Techn Methodische Abt,
Abt 1: Bevölkerung
Abt 3: Gewerbl Wirtschaft
Abt 4: Außenwirtschaft, Verkehr
Abt 7: Volkswirtschaftl Gesamtrechnungen,
Abt 8: Umwelt
3, Hintere Zollamtsstr 2b 711 28...-0

Österreichisches Volksgruppenzentrum, 1, Teinfaltstr 4 535 58 87

Österreichisches Volksliedwerk-Verb d Volksliedwerke d Bundesländer, 16, Gallitzinstr Nr 1 914 46 26...-0
8, Fuhrmannsg 18 42 01 40 (405 01 40)

Österreichisches Volkswohnungswerk Gemeinn GesmbH, 9, Spittelauer Platz 4 34 46 40...-0 (317 46 40...-0)
FAX 317 38 50

Österreichisches Weininstitut, 1, Löwelstr 16 534 41...-0

Österreichs Weidwerk, Zeitschrift f Jagd, Fischerei u Naturschutz, 8, Wickenburgg 3 42 16 36-31 (405 16 36-31)
42 16 36-32 (405 16 36-32)

Östreicher Anton, 2, Taborstr 43 216 30 78
- Erich, Tabak-Trafik, 10, Favoritenstr 181 602 49 84
10, Hebbelpl 3, Stg 11 603 34 09
- Hermine, 3, Kärcherg 3–13, Stg 7 799 42 62
- Irene, 3, Fasang 43, Stg 2 798 20 66
- Josef/Anna, 11, Rappachg 47, Stg 3 745 66 84
- Josef, 21, Jedleseer Str 79, Stg 7 270 88 70
- Karl, Dr, RA u Vert i Straf, 1, Lichtenfelsg 5 42 66 89
- Karl/Theresia, 2, Handelskai 214, Stg 16 243 74 24
- Karl Eduard, Dr, 4, Karolineng 4–6, Stg 2 658 27 33
- Lucy, 10, Friedrich Knauer-G 1–3, Stg 9 604 71 70
- Margarete, 20, Stromstr 14–16, Stg 11
Mobiltelefon D 0663 89 30 17
- Wilhelm/Gerti, Handelsagent, 16, Johann Staud-Str 20 914 38 28
16, Mörikeweg 20a
(auch f Telefaxbetrieb) 911 18 54

Östu Industriemineral-Consult GesmbH, 1, Laurenzerberg 5 535 99 04...-0

Östu Umwelttechnik GesmbH, 1, Laurenzerberg Nr 5 535 99 04...-0

Ösze Adolf/Margit, 14, Cottagestr 19 971 30 64
- Istvan, 13, Hietzinger Kai 7–9 822 81 75
- Josef, Perchtoldsdorf, Sonnbergstr 54 868 83 84
- Josefine/Miklos, 16, Albrechtskreithg Nr 27, Stg 2 452 66 04 (485 18 26)
- Laszlo, 21, Gerasdorfer Str 61 39 78 79 (292 78 79)
- Miklos, 22, KGV Himmelteich Parz 1 210 20 59
- Pauline, 22, Ibachstr 47 226 02 22
- Rudolf, Perchtoldsdorf, Sonnbergstr 54 865 19 33
- Stefan, 12, Zeleborg 7 854 32 95

ÖTB Turnverein Liesing, 23, Franz Heider-G 14 865 36 72

Ötl Gertrud, 15, Meiselstr 39 952 08 33

Özcan

...Chirurg, Sportarzt, 21, ... 30 18 53 (270 18 53)
737 64 93

ÖTOB Clearing Bank AG, Österreichische Termin- u Optionenbörse, 1, Strauchg 1–3 531 65...-0
FAX 532 97 40

Ötott Ferenc, 15, Krebsgarteng 3–5 952 09 62

Ötropa, Mauertrockenlegungen, Baumeister, Ing Leo Giller, 20, Dresdner Str 89 330 31 78

Ötsch Artur/Cäcilie, ÖBB-Bea, 12, Thunhofg 15 842 89 84
- Bernhard, Büro f Fenstertechnik, 21, Großbauerstr 52 290 20 84
- Erika, 16, Eckmüllnerg 1, Stg 2 468 57 74 (486 93 11)
- Johann, Ing, 19, Telekyg 24 361 83 82
Mobiltelefon D 0663 08 52 84
- Leopoldine, 22, Erzherzog Karl-Str 146 227 84 43
- Maria, 21, Schleifg 7, Stg 1 270 07 67
- Monika, 16, Enenkelstr 5 928 95 43 (493 27 69)
- Wolfgang, 10, Bucheng 133 604 34 28

Ötscher - Berufsbekleidung, Götzl GesmbH, Wiener Büro, 16, Römerg 33 46 34 84

Ötschmaier Irmgard, 6, Stumperg 35 573 88 53
- Katharina, 5, Zentag 27–29, Stg 2 553 57 94
14, Hadersdorf, Korngoldg, Verlängerte, Parz 5 972 36 12

Ötting Arnd/Margit, 8, Kochg 8 408 10 32
804 28 37
804 39 80

Özcamur

...-10 457 41 04

Ötll Aloisia, 3, Baumg 29–41, Stg 39 753 95 75
- Erich, 12, Graf Seilern-G 22 83 51 58 (813 51 58)
83 53 30 (813 53 30)
- Ewald/Maragetha, Schwechat, Himberger Str Nr 83, Stg 19 776 00 52
- Friedrich, Dipl-Ing, 7, Myrtheng 14, Stg 1 526 27 68

Ötti
- Gertrude, 3, Kegelg 40, Stg 1 752 72 42
- Grete, 9, Nußdorfer Str 78 347 79 83
- Jutta/Albert, 8, Kochg 22 408 01 90
- Magdalena, 10, Quellenstr 121 646 53 23
- Maria, 20, Rauscherstr 16 338 79 74
- Maria, 20, Wolfsaug 9 354 89 32
- Robert/Karoline, Schwechat, Ehrenbrunng 43 771 83 63
- Rudolf, 10, Göteborgg 3 689 88 07

Ötzenberger Christine, 15, Loeschenkohlg 12 929 62 05

Ötzinger Anna, 23, Karl Schwed-G 29–35, Stg 6 818 63 58

Ötzthaler Barbara, 13, Spohrstr 23, Stg 13 824 82 12

Ötztürk Hava, 16, Hippg 11 493 30 65
- Musalp, 17, Frauenfelderstr 9 451 28 12 (485 42 18)

ÖVM Österreichischer Versicherungs Maklerring, Perchtoldsdorf, Mühlg 72 86 06 80 (869 06 80)

ÖVP, siehe Österreichische Volkspartei

ÖVP Kameradschaft d politisch Verfolgten, 8, Laudong 16 43 11 44 (406 11 44)

Öwag Schurwollagentur HandelsgesmbH, 22, Simonsg 3 210 40 77
FAX 210 40 78

ÖWF s Österreichisches Bundesinstitut f d Wissenschaftlichen Film

ÖWS Österreichisches Institut f Wert- u Schadensermittlung, 23, Kaiser Franz Josef-Str 14 818 54 21...-0

Öwtürk Mehmet, 23, Karl Tornay-G Nr 37–43, Stg 61 692 40 35

Öz Ahmet, 7, Wimbergerg 26 522 31 05
- Ayten, 3, Landstraßer Hauptstr 131 722 94 42
- Bihal, 3, Apostelg 20 718 06 74
- Cebrail, 15, Reuenthalg 2–4, Stg 9 924 79 04
- Geuriye, 15, Stutterheimstr 6 956 19 53
- Halife, 10, Theodor Sickel-G 12, Stg 4 682 45 45
- Kadir, 5, Hartmanng 13 558 49 83
- Kuryo, 10, Quaring 16, Stg 6 647 17 75
- Nevzat, 5, Embelg 38–40, Stg 3 552 40 34
Gültekin, 17, Clemens Holzmeister... 2–3 456 08 54
- Hatice, 20, Bäuerleg 34 332 28 13
- Hatice, 20, Kluckyg 6 330 21 82
- Kadir, 20, Engerthstr 99–109, Stg 36 335 81 85
- Vasfi, 16, Seeböckg 30 450 26 95

Özbek-Komarek Michaela, 2, Schmelzg 9 246 80 13

Özbilgin Ramazan, 10, Bucheng 51 603 78 76

Özbolat Yasar, 5, Anzengruberg 11 556 64 95

Özcaliskan Peride, 10, Columbusg 88 604 68 08
- Safiye, 3, Göllnerg 19 714 32 64

Özcamur Birsen, 12, Am Fuchsenfeld 1–3 854 42 44

Özcan Adem, 14, Goldschlagstr 160 928 98 74
- Ahmet, 10, Scheug 6 604 87 28
- Asli Didem, 4, Schwindg 11 651 26 82
- Bekir, 14, Missindorfstr 27 924 00 84
- Coskun, 21, Pastorstr 14, Stg 6 215 48 43 (257 48 43)
- Ekic, 21, Voltag 28–38, Stg 5 382 93 83

ÖZ.SA. HandelsgesmbH, 20, Gerhardusg 19 330 57 73

Özalp Ayfer, 16, Arnethg 60 452 81 43
- Barbara, 16, Schinnaglg 7, Stg 21 952 64 95
- Firdes, 16, Hippg 38 492 87 00
- Halil, 16, Degeng 58 461 86 75
- Renate, 10, Bucheng 25–37, Stg 5 606 16 68
- Sevinc, 2, Rueppg 38 265 40 73

Özan Ziya, 2, Hochstetterg 8 267 95 22

Özari Hildegard, 9, Alser Str 20 437 69 63
- Ismail, 11, Braunhuberg 25–29, Stg 12 742 01 33
- Theresia, 8, Ledererg 23, Stg 4 403 39 07

Özarslan Meral, 10, Muhreng 29 603 49 51

Özat Ali Osman, 4, Mühlg 20 576 96 33

Özat GesmbH, Geflügelhdl, 6, Naschmarkt Stand Nr 551 562 95 75

Özay, Erzeugung v Herren- u Damenkleidern GesmbH, 5, Ramperstorfferg 29 545 49 52

Özaydin Muhterem Nur, 15, Schweglerstr 58 925 01 95

Özbakir Hans, 15, Ölweing 18 835 04 43

Özbakir

...mgartner-Str 665 07 56
...e 2 892 54 18
Özbalta Emine, 10, ...nzersdorfer Str 18 603 89 78

Özban Ayse, 15, Wurzbachg 15 985 39 34

Özbas Feramus, 16, Albrechtskreithg 4–6 465 42 45 (486 71 61)
- Mahmut, 16, Arnethg 100 467 43 52

Özbay Mehmet, 10, Bucheng 96 644 06 14
- Nurhan/Mehmet, 22, Wartenslebeng 8 220 96 19
- Renate, 10, Herzg 15–19 603 67 43

Özbek Cengiz, 10, Herzg 74 603 44 01

Özcan
- Ercan, 5, Reinprechtsdorfer Str 40 553 8...
- Eva, Fußpflege, 7, Westbahnstr 21 93 3...
- Fikret, 10, Erlachg 71 602 0...
- Gülkiz, 20, Leystr 77 357 9...
- Mertin, 14, Reinlg 26 985 0...
- Oguz, 1, Sonnenfelsg 7 512 5...
22, Lieblg 2, Stg 39 251 7...
- Salih, 10, Schröttergg 26 620 5...
- Seyda, 2, Max Winter Pl 21, Stg 2 267 0...
- Sonja, 10, Triester Str 85, Stg 7 624 2...
- Süleyman, 21, Floridusg 15 305 4...

Özcelik Naciye, 4, Wiedner Hauptstr 49 505 6...
- Necibe, 17, Pallfyg 10 438 3...
- Nuri, 20, Durchlaufstr 13 352 9...

Özcelik & Khman GesmbH, 17, Ottakringer Nr 13
Mobiltelefon D 0663 02 2...

Özcetin Ali, 11, Simmeringer Hauptstr 20 742 6...
- Ismail, 20, Leystr 77 338 8...

Özcoban Ahmet, 3, Mohsg 9 785 8...

Özcökmez Aysel, 23, Brandströmg 1, Stg 18 671 8...
- Turan, 17, Lackner 23 409 4...

Özdamar Gabriela, 10, Theodor Sickel-G Nr 12, Stg 24 682 4...

Özde Mir Metin, 12, Teichackerg 6 815 0...

Özdek Ali Haydar, 12, Rauchg 27a, Stg 2 812 8...
- Emine, 12, Krichbaumg 20 855 8...
- Ismet, 15, Würffelg 2, Stg 1 894 7...
- Mehmet Ali, 2, Flossg 10 351 3...
- Yadigar, 6, Theobaldg 20 586 9...

Özdemir Adil, 2, Mexikopl 18 266 8...
- Ahmet, 15, Meiselmarkt Std 4–6 985 6...
- Ali, 5, Leitgebg 12, Stg 3 556 5...
Ali, 20, Salzachstr 40 330 2...
...2 587 5...

Özaydin

...stsr 18–20, S...
749 4...
- Güllü, 3, Fasang 18–28 799 3...
- Ibrahim, 12, Eichenstr 10 836 7...
- Ihsan, 10, Van der Nüll-G 66, Stg 3 606 4...
- Mahmut, 16, Thalhaimerg 51, Stg 2 492 9...
- Mehmet, 10, Erlachg 9 603 0...
- Mehmet, 14, Hauptstr 108 971 8...
- Mustafa, 3, Pauluspl 9 715 9...
- Mustafa, 9, Reznicekg 3 349 0...
- Mustafa, 10, Absbergg 9 602 8...
- Necmi, 15, Märzstr 102 985 8...
- Nedibe, 14, Poschg 11 953 4...
- Ramazan, 14, Meiselstr 71 956 4...
- Sedat, 3, Hagenmüllerg 13 724 0...
- Sedat, 10, Knöllg 38 606 1...
- Sevgi, 20, Pielachg 1 330 2...
- Veli, 3, Eslarng 25 715 9...
- Yasar, 16, Friedmanng 21 436 4...
- Yucel, 14, Fünkhg 10 944 0...
- Yusuf, 15, Holocherg 26 985 3...

Özdemir GesmbH, 14, Schanzstr 27
Mobiltelefon D 0663 82 1...

Özden Hamdi, 10, Columbusg 102 606 5...
- Kadriye, 7, Westbahnstr 14 522 4...

Özdis Seher, 5, Reinprechtsdorfer Str 9 551 2...

Özdogan Mustafa, 5, Rechte Wienzeile 73 562 7...
- Mustafa, 20, Streffleurg 11 330 9...
- Nevin, 20, Spaung 22 350 2...
- Sezgin, 19, Heiligenstädter Str 82–92, St...
318 8...
- Süleyman, 5, Hauslabg 33 554 0...

Özdögan Keziban, 15, Goldschlagstr 97 952 3...

ÖZE, österr Zeitschrift f Elektrizitätswirtsch... 20, Sachsenpl 4–6 330 24 15...

Özedir Brigitte, 3, Adamsg 9 714 9...

Özeker Osman, 23, Khekg 17, Stg 1 862 9...

Özel Havva, 15, Viktoriag 14a 894 9...
- Junus, 15, Flachg 11 985 2...
- Veli, 10, Pernerstorferg 90 602 3...

Özelt Gerhard, Ing/Margarete, 10, Leebg 9... 603 2...
- Helmut, 5, Leitgebg 17 Stg 3 545 4...
- Johann, PolRevI, 14, Isbaryg 5–7, Stg 3 941 8...
- Josef jun, 22, Lieblg 2, Stg 51 251 3...
- Karl, Ing/Waltraud, 22, Salkog 9, Stg 13 259 5...
- Kurt, 22, Siebenbürger-Str 14–16, Stg 6... 234 6...
- Leopoldine, 14, Isbaryg 5–7, Stg 9 942 4...
- Leopoldine, 16, Herbststr 21 951 4...
- Maria, Buchh, 17, Lobenhauerng 8 452 63 13 (485 17...
- Maria, 20, Taborstr 91 330 1...
- Michael, 6, Garberg 6 596 9...
- Romana, 5, Gasserg 27 556 9...
- Therese, 20, Engerthstr 41 339 6...
- Waltraud, 11, Sedlitzkyg 4 749 2...

encont Container Terminal GesmbH, 2, Freudenauer Hafenstr 12 727 72...-0
Münzfernsprecher f LKW Fahrer 728 95 18
Mobiltelefon D 0663 02 37 71
Mobiltelefon D 0663 02 37 72
Mobiltelefon D 0663 02 37 74
Mobiltelefon D 0663 02 37 75
Mobiltelefon D 0663 02 37 76
Mobiltelefon D 0663 82 17 23
ener
Anna, 3, Kleistg 28 785 84 93
Anna, 17, Neuwaldegger Str 19, Stg 2 463 92 45 (486 18 74)
Anna, 20, Brigittag 7 353 50 02
Anneliese, 19, Heiligenstädter Str 137, Stg 2 373 76 45
Barbara, Mag, 5, Storkg 6 551 88 65
Barbara, 18, Kreuzg 24 434 91 32
Berta, 23, Anton Baumgartner Str 44, Stg B7 665 73 22
Christa, 8, Strozzig 47 408 72 93
Christian, 6, Linieng 48 597 11 93
Christine, 11, Florian Hedorfer-Str 38, Stg 15 762 66 65
Christine/Alfred, 12, Lichtensterng Nr 3–21, Stg 11 673 76 55
Edith, Schwechat, Jesuitenmühlstr 5, Stg 4 778 83 44
Elfriede, 15, Reithofferpl 9 953 90 65
Elisabeth, 3, Barichg 29 714 82 26
Emilie, 15, Graumanng 41 831 05 85
Erhard, 14, Anzbachg 26 972 46 04
Erich, 18, Schulg 47 436 42 93
Ernestine, 5, Johannag 7 551 05 04
Ernestine, 8, Lange G 26 406 90 26
Franz, 2, Arnezhoferstr 13 265 69 34
Franz/Anni, 2, Gr Mohreng 44 265 91 42
Franz, 15, Schweglerstr 8 985 76 93
Friederike, 21, Grabmayrg 16 270 43 68
Friederike, 22, Bernoullistr 4, Stg 3 232 73 75
22, Wagramer Str 16 236 25 83
Friederike, 23, Wagenmanng 6, Stg 31 88 71 98
Georg, 10, Inzersdorfer Str 111, Stg 5 623 40 14
Gerhard, 20, Dresdner Str 53 352 99 72
Gustav, 10, Schrötterg 46 621 64 95
Günther, Perchtoldsdorf, Tirolerhofallee 17 861 95 05
Heinz, 11, Muhrhoferweg 15, Stg 8 76 79 22 (769 69 69)
Helene, 21, Brünner Str 34-38, Stg 12 270 94 10
Helga/Alois, 12, Schöglg 43, Stg 2 802 49 81
Hilde, 5, Wehrg 11 56 81 52 (586 81 52)

Wiener

...37 846 02 22
...lleuthnerg 270 47 28
Inge, 22, Grundungsweg 24 227 28 04
Ingo, 18, Paulineng 13, Stg 2 470 99 08
Jeschiwah, 2, Gr Mohren-G 19, Stg 2 216 09 16
216 16 26
Johann, 11, Etrichstr 30, Stg 4 769 12 40
Johann/Eva, 13, Volkg 1–13, Stg 22 876 29 18
Johanna, 10, Olaus Petri-G 27 689 87 07
Josef, 11, Simm Hauptstr 59–61 74 37 04 (749 37 04)
Juliannne, 20, Hannoverg 13–15, Stg 1 352 38 64
Karl, 3, Weißgerberlände 30–36, Stg 2 714 97 08
Kurt, 2, Arnezhoferstr 13
Mobiltelefon D 0663 919 81 56
Kurt, 10, Felix Grafe-G 4, Stg 146 685 79 32
Leopoldine/Adolf, 1, Schottenring Nr 28–30, Stg 2 535 72 44
Leopoldine, 22, Donaustadtstr 44, Stg 1 227 42 82
Ludmilla, 12, Kirchfeldg 10, Stg 5 849 91 75
Margarete, 14, Zehetnerg 37 943 95 74
Margarete, 16, Schuhmeierpl 13, Stg 1 492 77 22
Margit, Mag, 9, Binderg 11 310 62 77
Maria, 9, Pramerg 28 310 91 42
Maria, 9, Viriotg 6 319 25 83
Markus, 20, Kunzg 8, Stg 1 330 27 46
Martin, 16, Possingerg 59, Stg 1 955 78 55
Michael, 22, Aribog 28, Stg 16 220 97 81
Norbert, Tapezierermeister, 14, Linzer Str 393 94 31 34 (914 31 34)
Mobiltelefon D 0663 919 45 92
Peter, 9, Pflugg 6 311 44 94
Renate, 13, Joseph Lister-G 29–31 843 97 53
Robert, 10, Bernhardtstalg 37, Stg 7 649 97 82
Robert, 20, Wehlistr 16–22, Stg 35 352 93 22
Ronald, 10, Ada Christen-G 2E 685 02 33
Rosa, Verk, 3, Leberstr 2, Stg 41 798 84 87
Rosa Regina, 15, Tellg 11, Stg 1 983 41 96

Wiener
- Siglinde/Johann, 22, Bernoullistr 4, Stg 33 23 91 45 (203 91 45)
18, Ruhrhoferg 3, Parz 9 470 01 43
- Stefan, techn Ang, 21, Adolf Loos-G 12, Stg 7 256 86 53
- Susanna, Dr, 13, Seutterg 15 823 05 65
- Susanne, 18, Pötzleinsdorfer Str 98, Stg 1 474 57 02
- Ulrike, 11, Lorystr 12 745 53 02
- Una, 20, Raffaelg 5 353 54 73
Mobiltelefon D 0663 919 38 38
- Viktoria, 16, Koppstr 101, Stg 11 493 72 23
- Walter/Paula, Tapeziermeister, 14, Hofjägerstr 11, Haus 7 971 76 95
- Walter, Schuhgesch, 15, Jadeng 2 956 44 63
- Walter, 22, Hans Steger-G 1, Stg 1 22 93 32
- Werner/Franziska, 18, Jörgerstr 10 434 98 23
14, Wolfersbergg, Parz 9 972 79 23
- Wolfgang/Elfi, 5, Krong 14 586 21 05
- Zelko, 12, Tivolig 70 83 34 44 (813 34 44)

Wiener ak Turnverein, 1, Mölker Bastei 14 533 23 84
Wiener Akademie, 3, Kegelg 14 713 60 82
FAX 712 97 02
18, Scheidlstr 34 470 50 24
Wiener Akademie f Zukunftsfragen s Wiener Internationale Akademie f Zukunftsfragen
Wiener Akademische Philharmonie, 1, Dr Karl Lueger-Ring 1 406 98 22
Wiener Allianz Leasing GesmbH & Co KG, 13, Hietzinger Kai 101-105 878 07-203
FAX 878 07-201
Wiener Allianz Lebensversicherungs-AG, 13, Hietzinger Kai 101-105 878 07...-0
877 56 13...-0
FAX 877 25 76
13, Speisinger Str 216 88 56 17...-0
889 18 92...-0
FAX 889 18 91
Hernals Ottakring, 16, Wohnpark Sandleiten, Sandleiteng 15-17, Stg 20 409 49 36...-0
46 23 48...-0
46 32 82...-0
45 15 83...-0
45 35 59...-0
45 49 26...-0
450 31 96...-0
FAX 45 97 76
19, Billrothstr 49 36 22 52
FAX 369 23 12
Atzgersdorf, 23, Breitenfurter Str 201 804 21 57...-0
804 29 61...-0
FAX 804 29 63
Landesdion f NÖ-Ost:
10, Ada-Christen-G 12 (Zufahrt Franz Koci-Str) 68 15 01...-0
689 17 20
FAX 689 81 45
Geschäftsst Schwechat, Rathauspl 6 707 61 76
FAX 707 38 27
Wiener Amateur-Photographen-Klub, 1, Köllnerhofg 6 512 24 14
Wiener Antiquariat, Ingo Nebehay, 1, Seilerg 16 512 54 66...-0
Wiener Arbeiter Turn u Sportverein Gruppe Floridsdorf, 21, Berzeliusg 14 292 31 60
Wiener Arbeiter Turn- u Sportverein Gruppe Favoriten, 10, Windtenstr 2 603 29 88
Wiener Arbeiter Turn- u Sportverein, 12, Sagedererg 10–12
Zentrale: 804 85 32...-0
FAX 804 85 34
Sportpl: WAT-Champion Tennisschule, 10, Franz Koci-Str 1 68 40 96
Wiener Arbeiter Turn-und Sportverein Ottakring (WAT Ottakring), 16, Erdbrustg 4–16 409 68 44
Wiener Arbeitskreis f Psychoanalyse Dr Josef Shaked, 9, Bergg 17 319 35 66
Wiener Athletiksport-Club, Sportpl Prater, 2, Rustenschacherallee 9 26 22 30...-0 (720 22 30...-0)
218 02 17 (728 02 17)
Wiener Automobil-Lohnwagen- u Garage-Betrieb regGenmbH, 4, Heumühlg 13–15 586 05 94...-0
587 87 41...-0
586 58 75...-0
Taxistandplätze: 10, Neilreichg 25 602 75 69
12, Dörfelstr vor 17 83 51 03 (813 51 03)
20, Leipziger Str/ Klosterneuburger Str 17 332 72 18
Wiener Bahnhofsozialdienst der Caritas, 10, Südbahnhof 504 64 13
15, Felberstr 1, Stg 7 892 33 89
Wiener Basketball-Verband, Sekretariat, 1, Dominikanerbastei 22 512 74 18
FAX 512 44 96
Wiener Bauernbund, 6, Gumpendorfer Str 15 587 33 12

Wiener Wohlfahrtsverein Volkshilfe, 19, Gymnasiumstr 85 313 64...-0
319 12 85
Mobiltelefon D 0663 08 79 01
3, Landstraßer Hauptstr 96 713 03 82
11, Simmeringer Hauptstr 357 76 16 41...-0 (769 77 64...-0)
21, Bahnhof Jedlesee 385 88 72
21, Jedleseer Str 66–94, Stg 7 304 93 64
21, Schöpfleuthnerg 26 278 12 43
Wiener Wohnen, Dipl-Ing B Gosch GesmbH, 1, Weihburgg 13–15 512 63 63...-0
512 41 52...-0
FAX 512 16 68
Mobiltelefon D 0663 80 29 31
Wiener Wohnstudio Wasser, 3, Rochusg 9 714 59 39
Wiener Yacht Club (WYC), Mitglied des österr Segel Verbandes, 21, An der Oberen Alten Donau 92 301 25 33
Wiener Zaubertheater, 5, Hamburgerstr 5 587 59 01
Wiener Zeitung, Redaktion u Administration, 3, Rennweg 16 797 89...-0
Anzeigenannahme 798 85 35
78 85 45 (798 85 45)
Wiener Zivilschutzverband, 1, Tiefer Graben 4 533 71 06
Selbstschutzinformationszentrum Nord, 21, Pitkag 3 271 39 74
Wiener-Kraner Cissy, 4, Kleinschmidg 1 56 42 41 (586 42 41)
Wiener-Mach Friedrich, 5, Siebenbrunnenfeldg Nr 1B, Stg 26 553 22 14
Wiener-Withalm Marianne, 17, Weidmanng 40 437 68 72
Wienerberg Apotheke Magpharm Leisser KG, 10, Tesarekpl 1 616 05 30...-0
Wienerberger Christine, dipl med-techn Fachkraft, 21, Donaufelder Str 59 382 31 62
- Franz/Gudrun, 6, Stumperg 7, Stg 2 596 98 16
Wienerberger Baustoffindustrie AG, Dir Verw, **Wienerberger Ziegelindustrie AG**, 10, Triester Str 70 605 03...-0
Autotelnetz C 0663 308 10
Autotelnetz C 0663 308 11
Mobiltelefon D 0663 01 91 44
Mobiltelefon D 0663 08 06 73
Werk Hennersdorf, Hauptstr 4 69 17 62...-0
69 52 68...-0
69 52 78
Wienerbus Personentransport mit Omnibussen GesmbH, Reisedienst, 1, Stubenring 4 512 59 95
Mobiltelefon D 0663 80 58 60
Mobiltelefon D 0663 80 58 70
Autotelnetz C 0663 301 44
Wienerbus, GesmbH, Reisedienst u Autobusvermietung, 1, Stubenring 4 512 54 10
512 82 95
Wieneritsch Elfriede, 23, Reiberg 2 883 37 45
- Gerhard, 22, Santifallerstr 2 253 94 94
- Hermann, 2, Rotensterng 33–35 268 24 74
- Sabine, 22, Rennbahnweg 27, Stg 10 215 13 35 (257 13 35)
Wienerl Magdalena, 9, Grünentorg 19 317 08 07
Wienerroither Alois, Mag, 18, Währinger Str

Wiercimak

...42 31 65
...14 90 08
...78 84 55
- Doris, Vösendorf, Ziegelteichg 1 69 58 32
Friedrich/Monika, Offizier, Zwölfaxing, An der Heide 18 707 35 86
- Judith, 6, Stumperg 53–55, Stg 2 596 18 79
- Lucia, Dr/Helmut Mag, 9, Währinger Gürtel 94 437 64 03
- Maria, 18, Martinstr 3 405 30 01
- Martin, Schwechat-Rannersdorf, Brauhausstr Nr 57–61 707 35 85
Mobiltelefon D 0663 88 30 31
- Martina, 16, Fröbelg 27 958 89 64
- Michael, 6, Mollardg 70B
Mobiltelefon D 0663 912 46 11
- Michael, 19, Heiligenstädter Str 81–87, Stg 2 369 12 72
- Stefan, 16, Friedmanng 49 437 96 94
Wienerroithner Rosemarie, 14, Linzer Str 466 97 58 93 (979 58 93)
Wienerwald Restaurants GesmbH, 1, Annag 3 512 37 66
1, Bellariastr 12 523 72 79
1, Freyung 6 Schottenkeller 533 14 20
3, Fasang 33 78 51 25 (798 51 25)
3, Landstraßer Hauptstr 40 712 42 55...-0
FAX 713 25 68–190
4, Argentinierstr 66 505 72 34
5, Wiedner Hauptstr 89 55 83 31 (544 83 31)

Wienerwald Restaurants GesmbH, 1, Annag 3
WIG-Gelände 68 11 86
FAX 68 73 57
11, Simmeringer Hauptstr 99 74 13 28 (749 13 28)
12, Schönbrunner Str 244 83 24 43 (813 24 43)
15, Mariahilfer Str 156 892 33 06
15, Märzstr 1/ Neubaugürtel 982 03 00
16, Thaliastr 92 46 22 39
10, Favoritenstr 89 604 33 87
10, Triester Str 56 602 01 82
10, Filmteichstr- Am Schwanensee, WIG-Gelände 68 11 86
FAX 68 73 57
11, Simmeringer Hauptstr 99 74 13 28 (749 13 28)
12, Schönbrunner Str 244 83 24 43 (813 24 43)
15, Mariahilfer Str 156 892 33 06
15, Märzstr 1/ Neubaugürtel 982 03 00
16, Thaliastr 92 46 22 39
17, Elterleinpl 5 402 96 40
18, Währinger Str 85 43 25 20 (406 25 20)
19, Cobenzlg 7 32 14 81
20, Marchfeldstr 27 332 93 73
Immobilienverwaltung, 3, Hennebergg 2–4 797 40...-0
FAX 797 40–70
Wiengas s Wiener Stadtwerke

Wieninger Alfreda, 18, Peter Jordan-Str 129 470 12 81
- Andrea, 13, Steinlechnerg 18, Stg 1 847 85 24
- Ariane, 15, Koberweing 2 982 91 34
- Barbara, Ing/Friedrich, Weingut - Heuriger Steinbatz, 21, Stammersdorfer Str 78 39 41 06 (292 41 06)
FAX 39 86 71 (292 86 71)
- Brigitte, Dr, 16, Thaliastr 118 468 42 34
- Edeltraud, 5, Embelg 3 55 29 69 (544 29 69)
- Eleonore, 12, Schurzg 2 802 33 81
- Elfriede, 10, Gudrunstr 114 625 93 13
18, Gregor Mendel-Str 6–8 470 28 29
- Elisabeth, 4, Argentinierstr 67, Stg 1 504 26 86
- Engelbert, 9, Rummelhardtg 6 432 88 02
- Eva, Gastwirtin, 15, Diefenbachg 32 85 13 53
- Franz, 10, Otto Probst-Str 12, Stg 7 616 03 10
- Franz, Ing, 14, Hütteldorfer Str 347 942 59 65
- Franz, 15, Eduard Sueß-G 8, Stg 3 985 84 76
- Franz/Ingeborg, 22, Berchtoldg 13 236 62 54
- Friedrich, 12, Aichholzg 30 837 95 45
- Friedrich/Karoline, 16, Thaliastr 75 492 34 58
- Friedrich, Ing, 21, Breitenweg 2 290 10 18
- Gabriele, 2, Engerthstr 232–238, Stg 6 245 04 33
- Gabriele, 15, Tautenhayng 2–8, Stg 2 982 59 16
- Gerda, 23, Ketzerg 228 816 77 02 (865 77 02)
- Gerhard, Ing/Annelies, techn Ang, 23, Anton Baumgartner-Str 44, Stg B 5 678 02 85
- Gerhard, 23, Kolbeg 44, Stg 20 616 12 94
- Gertrud, HR, 13, Lilienbergg 14 876 67 18
- Gertrude, 19, Hofzeile 11, Stg 1 365 02 23
- Gisela, 16, Leopold Kunschak-Pl 6 466 98 02 (486 47 72)
- Hans/Gisela, Vertr, 22, Ziegelhofstr 36, Stg 2 22 77 32
- Hedi, 12, Meidl Hauptstr 35 838 05 34
- Herbert, Kraftf, 15, Rauchfangkehrerg 32 851 61 65
- Herbert, HR/Gertrude, Hochschulprof, 19, Bauernfeldg 9, Stg 2 36 76 47
- Hermann, Kfz Spengler, 22, Ziegelhofstr Nr 36, Stg 10 210 61 55 (283 61 55)
- Hermann/Anna, Ang, 23, Nejesg 10 693 43 62
- Ingeborg, 20, Universumstr 60 350 27 34
- Johann, 2, Vorgartenstr 194, Stg 1 249 00 65
- Johann, 18, Karl Weis-G 25 470 72 46
- Johann, Dr, MedR, 23, Brunnerstr 21 86 75 75 (869 75 75)
- Johannes, Dr, 13, Lilienbergg 14 877 60 36

Wieronski

...Parz 45 220 02 79
526 93 05
- Juliane, 6, Millerg 10 566 87 95
- Karl Franz, Dipl-Ing, Drtechn, Arch, Atel, 13, Lainzer Str 80 876 34 72
- Karl Franz, 23, Tullnertalg 41–47, Stg 3 88 77 18
- Karoline, 13, St. Veit-G 9 821 85 34
- Leo, 22, Hesseg 28 220 52 73
- Leopold, Dr, 1, Reichsratsstr 13 42 27 08
FAX 408 76 32
Mobiltelefon D 0663 81 22 25
Mobiltelefon D 0663 912 84 67

Fortsetzung
Stadtfilialen:
Favoriten, 10, Bucheng 6 604 17 99
FAX 602 34 61
Meidling, 12, Murlingeng 70 813 96 91...-0
813 68 55
Hietzing, 13, Lainzer Str 58 877 34 96...-0
877 55 16...-0
Wieninger
- Leopold, Stud, 12, Krichbaumg 44–46 839 47 43
- Leopold, 21, Stammersdorfer Str 78
Mobiltelefon D 0663 02 37 81
- Leopoldine, 12, Karl Löwe-G 15, Stg 34 837 81 04
- Michael, 8, Albertg 21 429 71 92
- Michaela, 12, Wienerbergstr 12, Stg 25 606 04 56
- Nora, 13, Franz Schalk-Pl 8 876 42 10
- Paul Egon, 3, Fasang 41 798 28 52
- Peter/Brigitte, 3, Ungarg 71 736 88 12
- Regina, 14, Rosentalg 15, Stg 10 911 29 28
- Robert/Helene, 2, Hermineng 8 216 38 76
- Roman, 15, Eduard Sueß-G 8 985 84 75
- Roman, PBea, 20, Gerhardusg 27, Stg 1 353 04 53
- Rudolf/Antonia, 21, Rappg 6 303 75 54
- Sabine, 18, Währinger Gürtel 55 425 02 94
- Wolfgang, Modelleur f Lederw, 3, Mohsg 37 78 79 47 (798 79 47)
6, Schmalzhofg 4 596 11 71
596 11 78
FAX 597 11 46
Mobiltelefon D 0663 08 98 54
- Wolfgang, 8, Lange G 24 423 85 52
- Wolfgang, 23, Endresstr 81 886 07 14
Wieninger E GesmbH & Co KG, Kaffee-Konditorei, 4, Favoritenstr 2 504 61 53
Wienisch Anna, 11, Thürnlhofstr 23, Stg 15 763 50 94
- Helmut, 11, Thürnlhofstr 23
Mobiltelefon D 0663 88 16 17
Wienke Harm, 9, Prechtlg 3 430 27 52
Wienmagazin, Heymann & Jahn, 15, Holocherg Nr 45 982 71 91...-0
Wienner Anna, Pens, 20, Wallensteinpl 7 339 58 03

Wiercinska

...P
...er Str 8
...9 82 64
Wienski Monika, 2, Am Tabor 26 216 06 42
Wienskovski Edith/Friedrich, 10, Brahepl Nr 12, Parz 120 671 86 42
- Edith/Dipl-Ing Fritz, 10, Favoritenstr Nr 198, Stg 2 646 40 43
- Ilse, 10, Herog 4 682 50 02
Wienstrom s Wiener Stadtwerke
Wienzl Franz, Dr, 17, Bergsteigg 32 425 06 24
Wienzl Dr Informationssysteme GesmbH, 5, Ziegelofeng 22 586 69 96
Mobiltelefon D 0663 08 52 94
Wiepurger Anna, 18, Schulg 68 428 56 95
Wier Hans, 11, Lorystr 124, Stg 13 765 78 95
Autotelnetz C 0663 254 60
- Hertha, 7, Urban Loritz-Pl 5, Stg 2 522 22 16
- Otto, 15, Sechshauser Str 81 892 29 41
Wierba Edeltraud/Alois, 13, Lilienbergg 2 a 876 23 36
Wiercimak Fritz, Dipl-Ing/Inge, 2, Klangg 5 216 49 77
- Hannes, Dr/Monika Mag, 18, Peter Jordan-Str Nr 117–119 470 48 06
Wiercinska Stefania, 9, Lazarettg 30 432 82 32
Wiercioch Wanda, 3, Mohsg 10, Stg 13 785 41 02
Wierer Alfred, 14, Linzer Str 210, Stg 2 94 75 50 (914 75 50)
- Antonia, 14, Hernstorferstr 19 942 98 15
- Christine/Walter Ing, 14, Keferg 21, Stg 5 94 01 85 (914 01 85)
Wierl Frieda, 3, Am Heumarkt 33 752 45 45
Wierlinger Brigitte, Direktmarketing, Adressenverlag, 2, Blumauerg 19 216 56 10...-0
- Josefine, 2, Hillerstr 5 264 09 75
- Manfred, Dr, Managementberatung, 1, Maria Theresien-Str 32–34 310 87 39...-0
FAX 319 78 39
Wieronski Hannelore/Franz, 16, Friedmanng 35 402 30 48
- Johanna, 10, Senefelderg 58 645 84 93
- Renate, 15, Hütteldorfer Str 12 950 28 63
Wierrani Alois/Hedwig, 22, Hartlebeng Nr 1–17, Stg 1 B 220 75 65
- August, 21, Patzrizig 21 384 69 12
- Franz, KfzMech, 2, Gr Pfarrg 11 338 31 75
Wierstorff Helga, 22, Georg Ehrlich-Weg 1 253 93 03
- Herbert, 14, Meiselstr 67–69, Stg 3 952 67 92
Wiery Eva/August, 10, Oberlaa, Hintere Liesingbachstr 13 685 27 82
- Leopoldine, 5, Fendig 19–21, Stg 1 559 22 72

Formen der Selbstdarstellung suchen müssen. Das Haus, der Block, der Palast (als symbolische Hardware) haben in ihrer bisherigen Symbolkraft ausgedient und werden gerade in jenen Bereichen, die ohne Vernetzung gar nicht mehr denkbar sind (Forschung, Bildung, Informationsmedien), nahezu bedeutungslos. Denn Orte der physischen Zusammenkunft werden nur in Ausnahmefällen noch notwendig sein. Die Universität (zumindest große Teile von ihr) wird zum Informationszentrum, das mit der Fläche schon vorhandener Rechenzentren auskommt. Die digitale Zeitung, der interaktive Sprachkurs, das alles sind Kampfansagen an die herkömmlichen, physisch materialen Formen von Produktion und Repräsentanz.

Damit ist auch das bisherige Verhältnis von Zentrum und Peripherie neu zu definieren. Das Zentrum erscheint nicht mehr als gegebene, starre Größe, sondern mobil, vom jeweiligen Veranstalter beliebig positionierbar und beliebig absteckbar. Die Entfernungen zum Nachbarhaus wie die Richtfunkstrecke rund um die Welt werden gleichermaßen zur individuellen Peripherie. Tokio und Grinzing liegen nebeneinander, zeitgleich und kommunikationsfähig. Die Kommunikation läuft zwar noch über Sprache (Englisch zumeist), aber Symbole, Zeichen, Schaubilder, Tabellen und Formeln nehmen an Bedeutung zu. Sie sind universell verständlich, sofort korrigierbar und leicht auf einen gemeinsamen Nenner zu bringen.

Das kann auch als Modell für Multikulturalität dienen, weil diese nicht in einem simplen Additionsverfahren sämtlicher Kulturträger besteht, sondern in einem integrativen Verfahren. Der Kernpunkt, um den sich die Integration dreht, wird erst vereinbarungsgemäß festgesetzt und hat auch nur partielle Gültigkeit. Schicht- und Religionszugehörigkeit oder Bildungsrang treten in der Bedeutung hinter Benutzerfähigkeit und Mitsprache zurück und erlauben damit ein relativ friktionsarmes Kooperationsklima, etwas, das im Bereich der Arbeitswelt längst selbstverständlich geworden ist.

Zweifellos leidet die elektronische Informatisierung an einer sehr eingeschränkten Sinnlichkeit. Außer dem Wort stehen ihr nur das zweidimensionale Zeichen und die letztlich nur illusionäre Dreidimensionalität zur Verfügung. Andererseits aber erlaubt die Informatisierung wegen ihrer präzisen, aber dennoch neutralen Benutzerregeln ein neues Verhältnis zur Zeitökonomie, ein Reagieren auf Konzentrationsphasen und Müdigkeit, ja selbst auf Lust und Laune. (Wahrscheinlich erklärt das die unter Vernetzungsfreaks fast schon Sucht zu nennende Spielfreudigkeit.)

Die Auflösung von kulturell und sozial bestimmten Normierungen reicht zweifellos auch in den Bereich der Ideologie, betrifft also auch die Bedeutung und das Spannungsverhältnis von „Individuum" und „Masse". Die Bedingungen, daß individuelle Zugangsrechte und -möglichkeiten festgelegt werden müssen, zur Diskussion und Meinungsbildung viele Ansprechpartner notwendig sind, man aber auf eine anonyme (allerdings weltweit stetig wachsende, also vorhandene) Benutzergruppe zur Kommunikation angewiesen ist, das alles hebt die bisherigen scharfen Grenzen von Individualrecht und Massenrecht auf, macht Eigentum fragwürdig und Privatsphäre durchsichtig. Daten sind nicht mehr schützbar. Der Alleinzugriff als Symbol des Eigentums ist kaum mehr möglich, die Mehrfachnutzung der kapitalintensiven Hardware eher die Regel. Die materiellen und materialen Werte verschieben sich gegenüber immateriellen, ideellen Werten völlig. Die Ideologien selber – ohnehin angegriffene Systeme unserer politischen Situation (auch möglicherweise gerade wegen der elektronischen Vernetzung) – spielen in diesem Vernetzungssystem nahezu keine Rolle, außer sie gliedern sich, individualistisch formuliert, in das Regelsystem ein und erreichen jene Nachfrage, die sie früher schon mit vorteilsversprechenden Angeboten erreicht haben.

Möglicherweise bedeutet Informatisierung – vor allem auf dem Dienstleistungssektor – nicht nur ein näheres Zusammenrücken von Theorie und Praxis, sondern auch eine Quelle neuer kultureller Vielfalt. Denn gemäß der Erfahrung, daß quantitative Fülle immer auch höheres qualitatives Angebot hervorbringt, werden auch Fantasie und Kreativität neue äußere Selektionsmöglichkeiten für die Informationsfülle liefern (damit das Angebot überhaupt wahrgenommen werden kann) und sich auf eine neue künstlerische Formgebung der vor allem visuellen und auditiven Elemente konzentrieren. Denn Symbole, Zeichen und Klänge erfüllen nur dann optimal ihren Zweck, wenn sie hohen ästhetischen Ansprüchen genügen und nicht nur der simplen Vereinbarung oder Kompatibilität unter verschiedenen Firmen und Institutionen, durch die derzeit oft die Firmenlogoi geprägt sind. Mit der Entwicklung hochästhetischer Zeichen und ihrer entsprechenden akustischen Umsetzung werden die Ansprüche der User steigen, wird zugleich hohe Qualität normiert. Die häufigere Inanspruchnahme dieser ästhetisch ausgefeilten Lösungen von anspruchsvollen Nutzern wird sich herumsprechen und Vorbildfunktion ausüben. Das zeigen schon die bisherigen Erfahrungen im Bereich der elektronischen Spiele und der CD-ROM-Produktion. Dies bedeutet eine vermutlich scharfe Wendung in den ästhetischen Wahrnehmungsweisen. Sind sie jetzt noch eher von der „Hardware-Umwelt", von der materialen Realität, geprägt und eher hilflos dem Chaos der medialen Welt ausgeliefert, wird die zunehmende Bedeutung von Computerarbeit einerseits und die steigende Zahl von Benützern andererseits sich in Qualitätsforderungen niederschlagen. Und es ist zu erwarten, daß Benutzerfreundlichkeit bei ästhetisch hoher Qualität sich unter den Bedingungen des freien Markts nicht nur als eine Norm durchsetzen, sondern Schule machen wird: über den elektronischen Bereich hinaus in der gesamten visuellen Gestaltungssprache.

Die elektronische Revolution, die tatsächlich – im Gegensatz zu vielen als solche etikettierten politischen der letzten Jahre – eine völlige Veränderung zentraler gesellschaftlicher Zusammenhänge bewirken könnte, ist zweifellos auch eine große Chance in Hinblick auf Emanzipation, Bildung, Dienstleistung, soziale und strukturelle Verbesserungen und vor allem im Hinblick auf eine nicht mehr oder zumindest nicht derart entfremdete Arbeitsstruktur, wie sie immer noch großen Teilen der Bevölkerung zugemutet wird. Sicher bringt die elektronische Revolution auch Gefahren mit sich; diese haben allerdings – wie es scheint – eher mit moralischen Unvereinbarkeitsregeln zu tun als mit ernsthaft sozialen. Sie wird ebenso eine neue Art der Mobilität, vor allem in geistiger Hinsicht, verlangen wie die Entwicklung von Vernetzungsstechniken, die uns bislang unbekannt waren oder aus unserer Realität ausgeklammert waren.

Die öffentliche Hand – gleichgültig, ob auf Bundesebene, länderweise, in Kommunen oder in deren nachgeschalteten Verbänden – wird auf dem Gebiet der Distribution zu den großen Märkten in Konkurrenz treten. Diese werden einem mörderischen Kampf um unvorstellbare Finanzierungsbeträge ausgeliefert sein. Aber selbstverständlich kann man auch die Gesetze des freien Markts als Distributionsform sehen. Es erscheint jedoch notwendig – nicht nur aus sozialem Verantwortungsgefühl, wegen eines demokratischen Zugangs und wegen der wahrscheinlich durchaus nötigen Kontrollmechanismen –, die Bürger nicht aus der politischen Verantwortung zu entlassen und daher auch aktive politische Beteiligung an Maßnahmen und Distributionen zu fordern. Darauf zu verzichten hieße, jedwede staatsbürgerliche Souveränität aufzugeben und sich ausschließlich einer Souveränität des Geldes zu unterwerfen. ▲

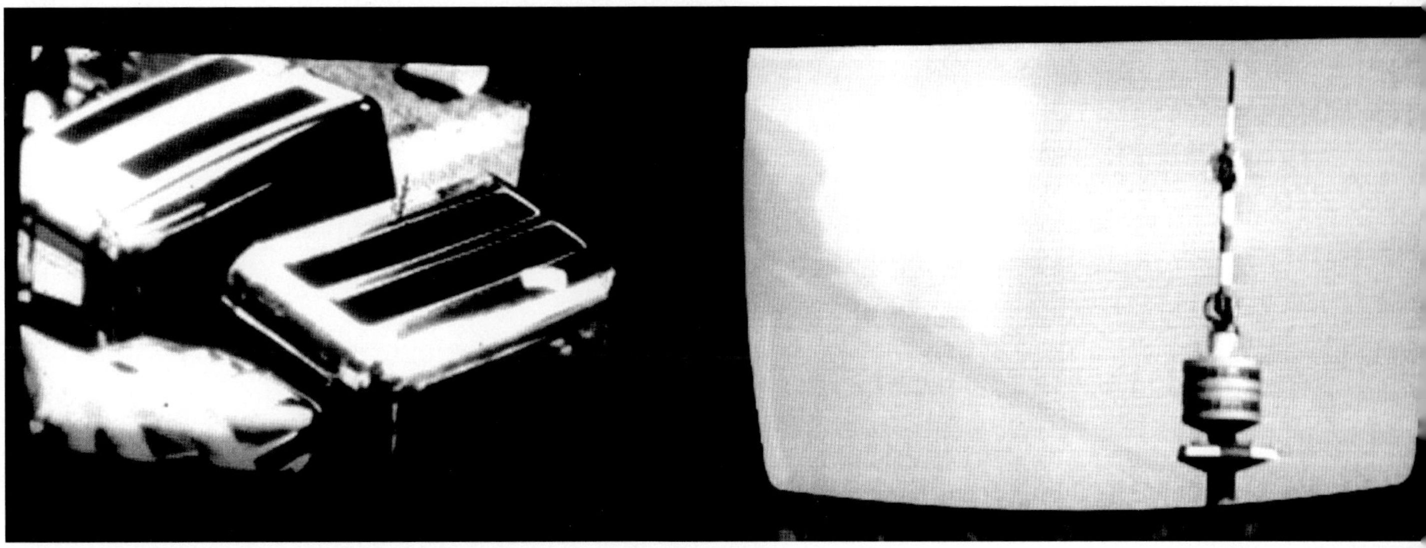

Viennaline

Werner Rosinak (Wien)

Now, in Vienna there are ten pretty women.
There's a shoulder where Death comes to cry.
There's a lobby with nine hundred windows.
There's a tree where the doves go to die.
Leonard Cohen

And then you realize: Vienna waits for you!
Billy Joel

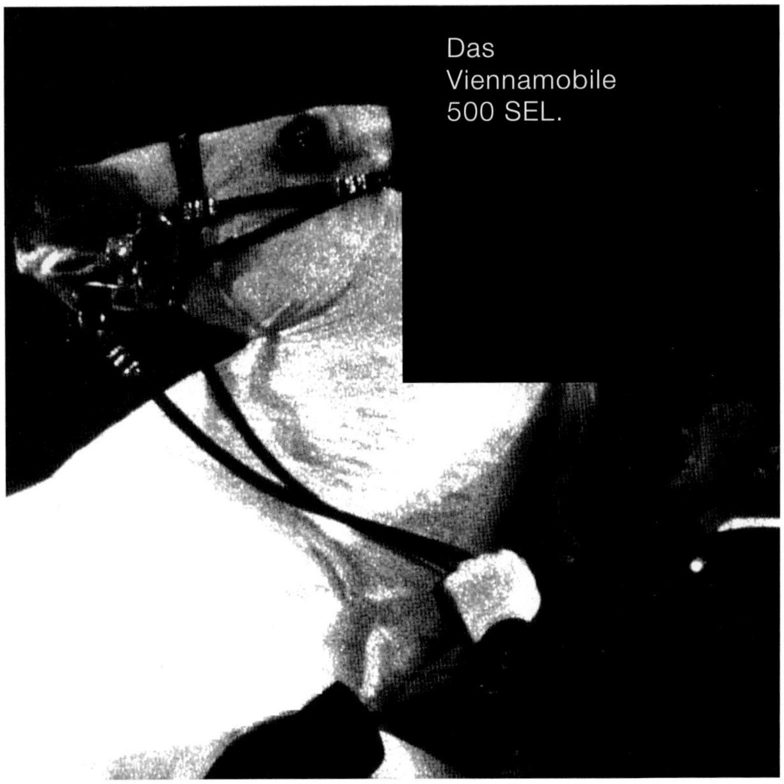

Die Chronik

Um Gottes willen! Jetzt muß nur noch Paul Auster, der Verfasser ebenso deprimierender wie realistischer Großstadtutopien ein paar Worte verlieren, und fertig ist die Bescherung. (Noch dazu hat er Verwandte, die aus unserer Gegend stammen ...). Vom Fremdenführer zum Pompfineberer. Umlernen, nach den vielen fetten Jahren der History-Mezie. Möglich, daß Herr Karl schon angekündigt hat, daß es mit dem „Geschäft" einmal aus ist. War doch ein genialer Wiener, und so verkannt!

Nein. Für alle, die sich der Stadtintelligentsia zurechnen, kann dieses Fremdbild nicht erfreulich sein: die Verwaltung der Vergangenheit. Schon deshalb nicht, weil es Genauigkeit und einen geregelten Tagesablauf verlangt. Da muß man Geschichte nicht nur schwafeln oder reflektieren, sondern präzise rapportieren, und Japaner sind schon pünktlich um acht neugierig. Chronisten sind keine Visionäre, sie ölen das alte Räderwerk, damit's nicht quietscht, das Riesenrad. Chronist ist kein attraktiver Beruf für die Stadtdenker, und deshalb ... Ja, was denn?

Der Auftrag

Der Anlaß, der keiner ist: Der neue Stadtentwicklungsplan ist kaum ein Jahr alt und schon wieder wird über die Zukunft der Stadt geredet, über Visionen. Ja, darum geht es. Nicht ein knochentrockener Text, nicht das sperrige Fachbeamtenvokabular sind gefragt; über den Horizont hinaus sollen sich Blick und Geist bemühen. Kaum jemand widerspricht diesem Diktat, obwohl doch ...

Stadt-Visionen waren zumeist: entweder harmlos oder bedrohlich. Harmlos, wenn sie spielerisch angedacht, nicht zu Ende gedacht, ohne Adresse und Tatbefugnisse durch die Salons oszillierten. Bedrohlich, wenn sie in den Köpfen der Mächtigen schon am nächsten Tag

Gestalt annahmen. Zum Glück sind die großen Städte so widerstandsfähig gegen Visionen. Ihr langer Weg, das gute Gedächtnis, die Gelassenheit lassen Visionen schlecht aussehen: Sie prallen ab an den Stadtmauern, oder sie werden umarmt und finden sich, eingebettet in die Geschichte, zurechtgestutzt wieder. Selten sind Stadtvisionen erkennbar, meistens an gesellschaftlichen Bruchstellen, an Umwälzungen in der Stadtgeschichte. Die gesprengten Ketten der engen mittelalterlichen Stadt, die industrielle Revolution, die Suburbanisierung waren solche Bruchstellen, an denen Visionen hilfreich sein konnten. Ist ein solches Ereignis in Aussicht? Reichen die abgegriffenen Metaphern aus, die Ost- und Westöffnung, die neue Gründerzeit, die Konkurrenz der Metropolen? Ist das Fenster der Handlungsmöglichkeit sperrangelweit offen, auf daß man weit und voraus sehen könnte, geradezu müßte?

Darüber kann man streiten. Wien bleibt Wien, einerseits. Wien wächst, nicht nur in die Breite, auch in die Höhe, andererseits. Schlimmer als Visionen sind nur mehr die Visionäre.

Und dennoch liegt ein Reiz darin, ein Wien der Zukunft in den Kopf zu bekommen. Wie lebt sich's in der Stadt am Firmament, fragt der Reisende. Ebenso muß er wohl nach dem Weg fragen. Visionen sind deshalb auch immer Gedanken über einen Weg, oder sie sind wertlos. Das unterscheidet sie von Utopien, für die es keinen Ort zu geben braucht, und damit auch keinen Weg.

Fragen sollte man sich auch, wem die Stadt-Visionen nützen? Wer profitiert davon, wenn die gängigen Visionsschemata beredet, in Bruchstücken umgesetzt werden? Gibt es eine stillschweigende Allianz der Visionäre, die sich in Dividenden manifestieren? Können Benachteiligte in der Stadtgesellschaft Hoffnung schöpfen, wie das zur Zeit Hugo Breitners möglich war, oder werden sie durch Visionen neuerer Art weiter ausgegrenzt?

Aller Anfang ist schwer: Zuerst einmal gehört aufgeräumt, weg mit den Schlagworten, den Prophezeiungen, den Entwicklungsbeschwörungen und den Szenarios. – So, jetzt kann die Arbeit beginnen!

Denkfallen

Mitteleuropa. West und Ost. Gesunde Stadt. Wie schnell sitzt man auf der Suche nach Visionen im Gefängnis dieser Begriffe! Die Stadt als Reagens auf Entwicklungen von außen, auf Werthaltungen, auf den Zeitgeist. Die Stadt als trainierter Hase, der schneller als alle anderen Nagetiere von Igel zu Igel hetzt. Ist jetzt Prag schon vorne? Wien als östlichste Stadt des Westens, oder umgekehrt? Ökologischer Stadtumbau – gesund und sauber? Stellt man alle diese und ähnliche Fragen gleichzeitig, müßte sie doch greifbar werden, die Denkfalle, müßte doch die Erkenntnis reifen: Visionen sehen anders aus.

Visionen benennen nach meinem Verständnis das Neue im Kontext des vorstellbaren Lebens. Welche Hoffnungen, Enttäuschungen, Sehnsüchte und Verzweiflungen erwarten mich? Gibt's noch frische Semmeln und Döner Kebab? Kann ich mir Ruhe und Lärm und Sicherheit aussuchen? Gibt es alles gleichzeitig, gibt es dieses Wienerische Entweder-Oder? Visionen müssen auf diese Fragen Antworten finden, und die Antworten haben fast nichts mit Stadtplanung und Stadtentwicklung zu tun. Deshalb sind Architekten und Planer als Lotsen in die Zukunft überfordert. Vor allem dann, wenn die Steuerleute eingenickt sind.

Tun oder nichts tun?

Vom Weg war schon die Rede. Wie kommt man zur Vision? Genügt ein Straßenbahnfahrschein, oder muß die Gesellschaft zuerst einmal umgewälzt werden? Entsteht aus dem kleinsten gemeinsamen Nenner der Ungewißheit jene Handlungsdynamik, die notwendig wäre? Was kann man tun? Nichts, reagieren oder agieren.

Einfach zuwarten. Oder: da und dort eingreifen in Entwicklungen, die andere prägen. Oder: selbst und selbstbewußt ein Ziel anstreben, Dinge in Bewegung bringen. Die Stadtpolitik des letzten Jahrzehnts unterscheidet sich weniger in den Inhalten als vielmehr in diesen Kategorien. Der Aufstieg Frankfurts zum kulturbeflissenen Finanzplatz, die Architekturhauptstadt Barcelona – beide sind Städte des Tuns, der Aktionen. Daß man sich beim übermäßigen Tun auch in die Nesseln setzen kann, sei am Beispiel Münchens nur am Rande erwähnt. Solche Städte erkennt man als Wiener vor allem am sichtbaren Engagement der Kommunen: Die Stadt setzt Zeichen, unter denen sich private Initiativen entfalten. Dieser kommunale Aktionismus kostet Geld, auch das sieht man: Einiges bleibt zurück, wird vernachlässigt zugunsten der Zeichen. Aus Geldmangel und Konfliktscheu versucht man deshalb anderswo, etwa auch in Wien, „indirektes Handeln“ nach Spielart der Grimmschen Sieben Schwaben, von denen einer vor dem Kampf mit dem vermeintlichen Drachen, der nur ein Hase ist, zum anderen sagt: „Geh, geh Du voran, ich will dahinter vor

→ Wie schön wäre
Wien ohne Wiener!
So schön wie
a schlafende Frau,
der Stadtpark wär
sicher viel grüner, und
die Donau wär endlich
so blau!
Wie schön wäre
Wien ohne Wiener!
Ein Gewinn für den
Fremdenverkehr!
Die Autos ständen
stumm, das Riesenrad
fallert um,
und die lauschigen
Gasserln wärn leer,
in Grinzing endlich
Ruh,
unds Burgtheater zu,
es wär herrlich wie
schön Wien dann wär!

aus:
Wie schön wäre Wien
ohne Wiener,
Text:
Georg Kreisler

dir stehen!“ Auf planerisch heißt das: Die Stadt setzt Rahmenbedingungen, die privaten Wirtschafter handeln. Bauen Einkaufszentren und sogar U-Bahnen, die Teufelskerle! Aber wir, die Kommune, die Stadtpolitik, wir haben die Zügel fest in der Hand. Was passiert, bestimmen immer noch wir. Sagen die Steuerleute, die eingenickt sind – wenn sie sich ein wenig zurückerinnern. Ebenso in Erinnerung gerufen sei, daß sie alle zusammen ins Wasser gesprungen sind, die Sieben Schwaben, und ertrunken.

Es gibt keine Anzeichen dafür, daß diese Spielart der Public-Private-Partnership im Stadtmaßstab trägt. Die „Stadt am Gabentisch“, als 5-Gänge-Menü mit Überraschung am Schluß, ist keine Lösung, wenn man sich Visionen leisten will. Stadt-Visionen bedürfen, ernst genommen, des kaiserlichen Satzes: Es ist mein Wille. Und, hinzugefügt: Ich hab' auch das Geld dazu. Visionen brauchen kommunales Handeln.

Also doch besser reagieren: High-Tech, Transaktionszentrum, Ost-West-Metropole? Will man erfolgreich reagieren, muß man gut beisammen sein, körperlich. Denn es geht darum, auf fahrende Züge aufzuspringen. Bis zu einem gewissen Tempo ist das nur eine Sache des Risikos. Darüber wird es schlichtweg unmöglich. Deshalb ist die Metapher vom In-einer-langen-Reihe-hinten-Anstellen zutreffender. Möglicherweise kommt man noch dran, entwicklungsmäßig, wenn man dann endlich vorne ist, an der Reihe ist. Reagieren ist darüber hinaus immer auch ein Mangel: an Phantasie, an Bewegungsdrang, an Mut. Diese Mangelerscheinungen sind für städtische Hoffnungsträger kontraproduktiv, erfordert doch das Reagieren eine gewisse, auf Übung gegründete Spontandynamik: Ist man einmal Reagierender, hat man jenes Fett angesetzt, das den Sprung auf den Intercity-Expreß zum Todeskommando macht.

Damit es noch komplizierter wird, gibt es die Mischform des reagierenden Akteurs, die Welt der Klone und Produktüberformungen. Solches Verhalten ist fraglos aktionsgeprägt, erfordert Training im Stillstand, ist „dynamisches Warten“: Wenn die Maus, das neue Produkt, die neue Stadtidee, ihr Loch verläßt, heißt es für die Katze blitzschnell zubeißen. Ich bin mir nicht sicher, ob die wienerische Anhänglichkeit an Haustiere ausreicht, diese katzenhaften Fähigkeiten – nicht zufällig spricht man bei den reagierenden Akteuren, diesen südostasiatischen Emporkömmlingen, von den fünf Tigern – zu erwerben.

Angesichts all dessen und überhaupt bleibt noch eines über: nichts tun. Es bedeutet, vor allem in Städten nicht, daß nichts geschieht. Keine Angst! Es mangelt nur an stadtpolitischen Perspektiven, an kommunaler Tatkraft. Die Erfahrung lehrt, daß dieses Stadtverhalten –

auch angesichts greifbarer Mängel und Bedrohungen – am häufigsten auftritt: Der Zerfall der Akropolis, die Autoplage, der Wildwuchs an den Stadträndern sind noch lange kein Grund, die Nerven zu verlieren und Handlungsdynamik zu gewinnen. Irgendwie führt durch alle diese Mißlichkeiten schon ein Weg durch, *muddling through*. Nichts zu tun kann aber auch positiv sein, wenn es mit Gelassenheit und der Überzeugung, daß Warten und Untätigkeit auch Qualitäten sind, einhergeht. Getragen vom Selbstbewußtsein, am richtigen Platz zu ruhen, also Igel zu sein und nicht Hase. Leider ist aber die Welt kein Märchen (mehr), und der richtige Sitzplatz kann sich von heute auf morgen als eine Schlangengrube herausstellen, in der populistische Beschwörer die Ausrottung des zumeist ausländischen „Ungeziefers" angesagt haben.

Was kann man aus all dem lernen? Es gibt kein Rezept. Weder entschlossenes Handeln noch vorsichtiges Zögern, noch zufriedenes Warten sind an sich gut oder schlecht. Erst im Zusammenwirken mit der Visionssubstanz entfalten sich Eigenschaften und Wertungen.

Die Annäherung

Nur von mehreren Seiten, nicht geradlinig kann ich mich der Vision nähern, leider. Bruchstücke sind es, die möglicherweise ein Bild ergeben, das einer ordentlichen Vision nahekommt.

Stadt für den Zufall. Die letzten Jahrzehnte waren von wenigen geopolitischen Bruchlinien gezeichnet, die kaum ein Mensch vorausgesehen hat: Ölschock, Ostöffnung. Diese Megaereignisse haben unsere Zukunftssicht nachhaltig beeinflußt, Unsicherheit und Ungewißheit sind seither angesagt. Nicht die lineare Vorausschau, das Aufspüren der unerwarteten Sprungstelle beschäftigt die Zukunftsforscher, wenn sie ein Sensorium für die unvermeidlichen Beben der Welt, der Stadt entwickeln wollen. Dem Zufall, dem plötzlichen Ereignis kann man sich nicht durch Aktionismus entziehen, möglicherweise aber gibt es erlernbare Fähigkeiten, besser damit umzugehen. Können Städte, kann Wien ein solches Lernzentrum sein? Gibt es eine Ästhetik, eine „Musik des Zufalls", die vermarktbar ist wie jene der Walzerkönige? Manches typisch Wienerische fällt mir ein: „Verkauft's mei G'wand, i fahr' in' Himmel"; kometenhafte Weltuntergangsstimmungen; „Das Glück is a Vogerl". Ja, aus dieser Sicht könnte man an die Zufallsaufspürung schon herangehen. Damit kein Mißverständnis aufkommt: Wien soll nicht der Sitz eines Weltorakels werden, sondern ganz handfest für Unternehmer und Politiker, für Fußballtrainer und Forscher ein Rüstzeug für das Ungewisse, den Zufall bieten. Die planerische Decodierung heißt: Szenariotechnik, nachschulische Ausbildung, Lerndienstleistungen, Risikofor-

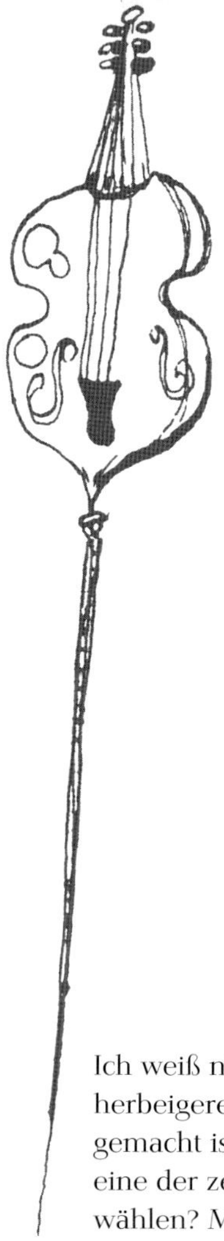

schung. Sieht man sich unser Umfeld an, muß Wien, und dies wortwörtlich, mit allem rechnen. Kann man aus diesem Faktum eine Kultur entwickeln, einen Marktartikel machen?

Stadtgeschwindigkeit. Es ist ein abgegriffenes Wort, das von der Beschleunigung unserer Gesellschaft. Zuerst der vernichtete Raum, dann die vernichtete Zeit, das Kämpfen um den Geschwindigkeitsvorteil, und jetzt der Wettlauf um die Beschleunigung. Die Städte waren und sind immer stärker die Motoren dieser Metabewegung, und sie konkurrieren am Beschleunigungsmarkt. Fast verzweifelt, möchte man meinen: Olympia, Weltausstellung, Kulturhauptstadt, Human Capital, Info-Center. Dieser Kampf ist durch zwei Elemente geprägt, die nach Clausewitz Erfolg bringen können: die brutale Überlegenheit, der Overkill; und die Nische, der partisanenhafte Nadelstich gegen den ansonsten übermächtigen Gegner. Beide Strategien prägen die Städtekonkurrenz, die mit Laufen zu tun hat, also mit Geschwindigkeit und Beschleunigung. Gemütlich kann man da nicht mittraben und sie ausstechen, die Konkurrenten, Tempo ist angesagt. So weit, so schlecht.

Ich weiß nicht mehr, wer die Städtekonkurrenz herbeigeredet hat, ob sie unvermeidlich oder gemacht ist. Welchen Zugang aber, und dies ist eine der zentralen Fragen für Wien, soll man wählen? Muß man einfach nur mitmachen beim europäischen DKT (= Das kaufmännische Talent, oder europäisch: Monopoly); oder gibt es graduelle Arten des Mitspielens bis hin zur Verweigerung? Was droht dann, in letzter Konsequenz? Hat Wien dann ausgespielt?

Ja, das sind schwierige Fragen. Am besten, man hat keine Wahl, macht einfach mit. Mehr intuitiv als rational vollständig begründbar, halte ich diesen Weg für falsch:

- Die Entdeckung der Langsamkeit ist nicht nur eine persönliche und literarische Kategorie, sie ist weltweit eine der wenigen zukunftsträchtigen, also menschheitsbewahrenden Strategien: Kann nicht auch eine Stadt damit beginnen?
- Die unsichtbare Stadt der Zukunft ist (möglicherweise) jene, die eine lebbare Rhythmik zwischen Beschleunigung und Verzögerung findet, die Zeiten und Räume dehnen und ebenso eng machen kann.
- Es ist eine der wesentlichen Traditionen Wiens, im richtigen Augenblick zu spät zu kommen. Auf Grundlage dieser Kultur der Langsamkeit gilt es eine Stadtrhythmik der Zukunft zu finden – eine Stadt zu (er)finden, die nicht nur durch Glasfaserkabeln vernetzt ist, sondern die auch zufriedene Menschen hervorbringen kann.

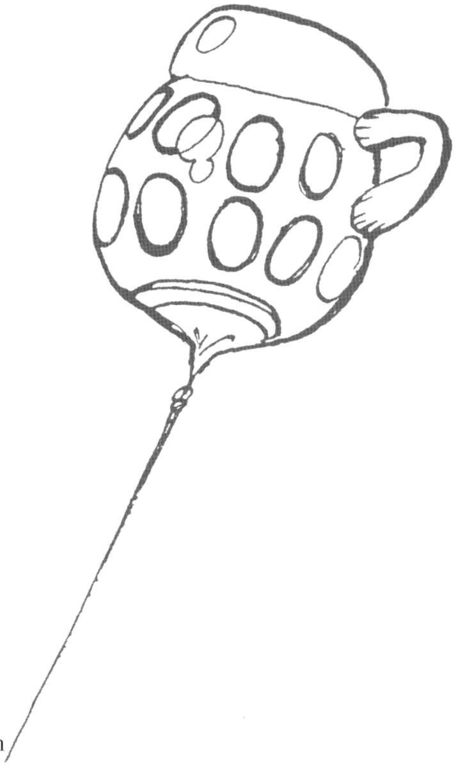

Zugegeben, mit der Langsamkeit ist kein Staat zu machen, da ist man schnell in der Defensive; vor allem unter Planern, die das Wort Entwicklung nahezu gedankenlos im Mund führen. Schmerzlich ist, daß sich auch denkende Politiker der Konkurrenz- und Wachstumslogik nicht entziehen können, daß sie dem fatalen Spiel auf den Leim gehen. Immerhin sollte man darüber nachdenken, welche urbanen Modeströmungen man auslassen kann, ohne langfristig Schaden zu nehmen.

Das spektakulärste Beispiel der Wiener Tugend des Versäumens ist unser Straßenbahnnetz: Als Überbleibsel einer nichtvorhandenen Verkehrspolitik der Nachkriegszeit, in der fast allen Städten die Straßenbahn zu langsam und im Weg war, erstrahlt diese Straßenbahn nunmehr weltweit im schönsten Glanz. Zukunftsweisend ist sie nun auf einmal, unsere Tramway. Ähnlich, wenn auch ambivalenter einzuschätzen, ist der Hochhaus-Kelch bislang an uns vorübergegangen, ohne daß Wien Schaden genommen hätte. Solche objektiven Befunde um die Sinnhaftigkeit der Langsamkeit reichen fraglos nicht aus. Es geht darum, die subjektiven, emotionalen Vorbehalte gegen das Langsamsein auf allen Ebenen aufzuweichen. In einer Welt, in der alle über Streß und Erschöpfung, über sinnloses Hetzen klagen, in der die Unerträglichkeit der Geschwindigkeit bis zum Herzinfarkt spürbar ist, sollte dies doch gelingen. Weit gefehlt, sind doch vor allem die rasenden Städter auch Stadtmasochisten, denen tägliches Leid zur smarten Herausforderung wird. Nicht umsonst heißt es kokett: Hackeln bis zum Umfallen. Dazu kommt eine Planergilde, die mit Langsamkeit nichts anfangen kann, gilt es doch zuallererst, das jeweils eigene Projekt schleunigst voranzutreiben. Eine Gesamtsicht auf die Summe dieser Planungshektik – neuerdings als Gründerzeit gründlich verwechselt – interessiert nicht und wird also verdrängt.

Dabei plädiere ich nicht für eine gleichmäßig langsame Stadt, sondern für ein Wechselspiel zwischen Be- und Entschleunigung: Wenn schon Hochhäuser und elektronische Netzwerke, dann auch Stadtbrachen als Rückzugszonen, Gelegenheiten zum Stillstand auf allen Lebensebenen, nicht nur für Senioren und als Freizeitspaß. Vieles in der Stadt ist ambivalent, das muß auch für die Stadtgeschwindigkeit stärker gelten. Nachhaltiger Fortschritt, hat Grass im „Tagebuch einer Schnecke“ geschrieben, kann auch durch Stillstand passieren. Ja, eine solche Rhythmik gilt es zu finden. Planerisch entdeutscht: der flächendeckenden Stadterweiterung Ausgleichszonen entgegensetzen, sie vom Veränderungsdruck der Spekulanten befreien und mit Qualitäten des Stillstandes ausstatten; die Möglichkeiten für die Zukunft nicht gegenwartsgierig unzulässig einengen, langfristige Entwicklungen offenhalten, nicht in zwei Jahrzehnten alles verbauen wollen.

Eine Frage drängt sich beim Leitbild eine verlangsamten Stadt auf: Um welchen Preis? Was kostet dem Wiener der bewußte Tempoverlust? Fällt Wien zurück, und wohin fällt es? Leider gibt es darüber keine Befunde. Die Wirkungen und Konsequenzen der Konkurrenzverweigerung, des Ausbrechens aus der Beschleunigungsspirale sind gänzlich unbekannt. Vermutungen gibt es genug, natürlich, im Sumpf der Werturteile, aber Fakten fehlen. So wage ich die Behauptung, daß die entschleunigte Stadt langfristig lebenswerter ist; daß sie nicht nur die Grauen Panther, sondern auch die jungen Aktivisten, die in Ruhe arbeiten und leben wollen, denen das Nachdenken über das Daherreden geht, anziehen könnte.

Partnerschaft. Die Städte werden zunehmend unregierbar: Die gestaltende Mitte verliert zugunsten oppositioneller Randgruppen, die teilweise ohne inhaltliche Konzepte agieren. Nirgendwo zeigt sich die Segmentierung der Gesellschaft, die Zersplitterung in Einzelinteressen stärker als in der Stadt: „Egoïste“ ist das Parfum der Städter. All das paßt mit dem Gestaltungswillen der Städte nicht zusammen.

Nun ist die Sozialpartnerschaft eine bewährte österreichische Erfindung. Läßt sich eine Stadtpartnerschaft denken, die einen möglichst breiten Grundkonsens in einigen wenigen zentralen Bereichen vereinbart? Der Umgang mit Ausländern, die Befreiung aus dem „Würgegriff des Autos“, der Einsatz von Zeichen und Symbolen (Expo) könnten Vertragspunkte einer solchen Partnerschaft sein. Da wird die Politik einwenden: Wie sollen wir unsere Klientel dann noch bewerben, in dieser Megakoalition? Antwort: Mit mehr Phantasie. Ohnehin kann die Stadtpartnerschaft nur ein Rahmen sein, der ausreichend politische Differenzierung zuläßt. Andererseits sollte die berufsmäßige Politik bedenken, daß sich eine solche Stadtpartnerschaft auch ohne politisches Zutun bilden könnte. Der Heldenplatz, von „SOS-Mitmensch“ als Versammlungsstätte wieder vertretbar gemacht, ist ein Zeichen für einen solchen Konsens, den die Politik beschämenderweise nicht zustande bringt. Wenn Sydney Olympiastadt wird, und diese Prognose wage ich wenige Tage vor dem IOC-Entscheid, dann wohl auch deshalb, weil es dort über dieses Ereignis einen Stadtkonsens gibt.

Nicht daß damit kritische Städter noch mehr ins Abseits gestellt würden. Aber man muß doch verlangen können, daß Rationalität stärker als bisher städtisches Entscheidungsfundament ist: Es gibt keine Alternative zu einer autoverkehrsbeschränkenden Verkehrspolitik, und genauso, wenn auch inhaltlich gegensätzlich, ist es in der Ausländerfrage. Die Stadtpartnerschaft hielte in diesem Sinne nur fest, was ohnehin der Fall ist, worüber zu streiten für den Städter Zeitverschwendung bedeuten müßte.

Eine derartige Kultur der Kommunikation, die Scheinauseinandersetzungen vermeidet, könnte – auf allen Ebenen betrieben – auch ein Exportartikel sein. Konsensuelles Stadtmanagement, die Fähigkeit zur Moderation und Meditation – „Mir wern kan Richter brauchen" – sollten auch andernorts gefragt sein. Übersetzung: Ausbildungsstätten für Konfliktmanagement, Schulen für Mediatoren und Mäßiger, Methodik-Lehrkanzeln an Universitäten sind die eine Seite. Der Stadtpolitik kann man nur wünschen, daß sie die Zeichen erkennt und handelt, statt weiter zuzuwarten.

Robuste Visionen

Dem Stadtentwicklungsplan entnehme ich den planerischen Umgang mit der Zukunft: Man denkt sich unterschiedliche Leitbilder (Szenarios) aus, die ausschließlich von der Entwicklung Europas bestimmt sind, und versucht, für diese Leitbilder zugehörige „Wien-Stilleben" zu erfinden. EU-Randstadt und Transaktionszentrum sind die zugehörigen Begriffe. Diese Vorgangsweise verkennt die Szenariotechnik grundlegend und zäumt das Pferd beim Schwanz auf. Zuerst stellt sich die Frage: Wie sehen „Wien-Leitbilder" aus? Und dann: Sind diese Leitbilder bei unterschiedlichster Umwelt (Europa und so) tragfähig und robust, oder sind sie riskant und konfliktträchtig? Nur so können eigenständige Visionen entwickelt und geprüft werden, die mehr sind als ein EG-Beitritt. Zugegeben, es ist verlockend, die Europa-Rahmenbedingungen für so übermächtig zu halten, daß sie alles andere in den Schatten stellen. Dann sollte man aber weniger von Stadtvisionen reden, sondern von Anpassungsleistungen und deren Organisation. Also: Zuerst eine Wien-Vision entwickeln, oder mehrere, und dann prüfen, ob und wie sich das Wien 2020 im Feindesland behaupten kann.

Will man ernsthaft über Leitbilder nachdenken, muß allerdings erst eine Diskussionskultur gefunden werden, von der wir weit entfernt sind. Die Inflation des stadtplanerischen Redens, die Zuhören zu einem Konzentrationsakt hat werden lassen, läßt wenig Hoffnung aufkommen. Überhaupt bedürfte es einer Auffrischung, des Einbringens neuer Sichtweisen und Blickwinkel. Solange Visionen ausschließlich die Handschrift von Architekten und Planungsexperten tragen, sollte Wien besser Wien bleiben. Wenn Claus Peymann sein Wien-Dasein mit dem „Theatermacher" beginnen läßt, dessen erster Satz ist: „Was? Hier? In dieser muffigen Atmosphäre? Als ob ich es geahnt hätte!" – dann ist das jene Art ironisch distanzierter Auseinandersetzungskultur mit der Stadt, die in der Stadtplanung, die todernst genommen werden will, so schmerzlich fehlt: Das Spielerische beschränkt sich da auf den Dekonstruktivismus, leider.

Zum Schluß

Wien hat offenbar ein Image, das jenen, die sich um die Zukunft sorgen, nicht gefällt. Die Überformung eines solchen Fremdbildes ist eine heikle Sache: Wogegen tauscht man den Lipizaner ein, kommt etwas besseres nach? Andererseits ist es schwierig, am historisierenden Image modern anzudocken, mit High-Tech oder Osterfahrungen. Genügt es nicht grundsätzlich schon, eine vergleichbar lebenswerte Großstadt zu sein? Können wir einen angemessenen Rhythmus finden zwischen Gelassenheit und Handlungsdynamik, zwischen Beharrung und Bewegung? Um jeden Preis in Bewegung zu sein ist auch nicht das Wahre, wie die Beispiele zeigen. Und es entspräche dem Wiener auch nicht, der nichts mehr will als seine Ruhe.

Irgendwo dazwischen, so meine ich, müßte ein neues Image, ein Leitbild angesiedelt sein. Gibt es ein Leitbild im Zwischenraum? Kann man solche Leerräume durch Ideen beleben, oder müssen wir uns den vorkonfektionierten Einheitssachen verschreiben? Ja, so ist das mit Visionen: Sie erzeugen keine Antworten, sondern Fragen.

Und noch etwas: Auf die Frage, ob denn der Tisch, den der Bildungsbürger beim einfachen Tischler bestellt hat, auch genau nach dem kunstvollen Plan und also ordentlich gefertigt wäre, antwortet der Handwerker: Geleimt ist er! Handwerker, der ich bin, sind mir Visionen jene Intarsien im Tisch, die nichts helfen, wenn die Tischhaxen wackeln. ▲

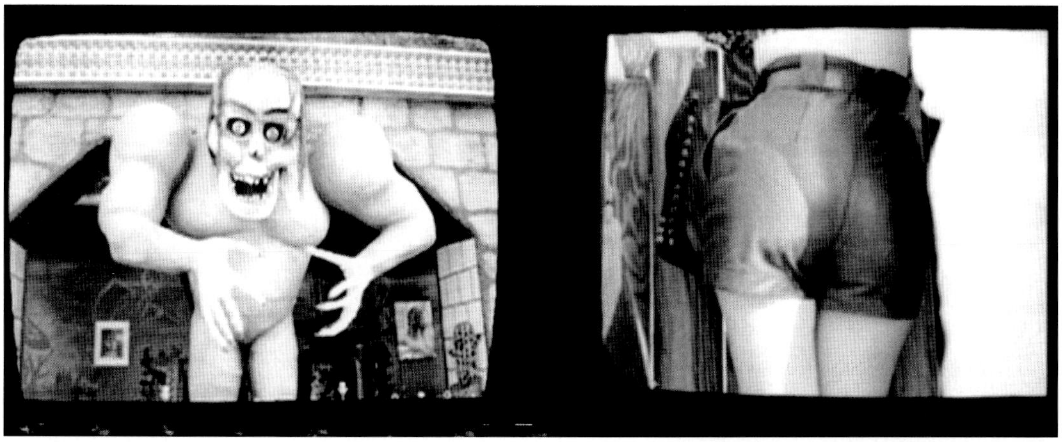

Die Ringstrafe ist eine Einbahnstrafe

Anton Schütz (London)

Die Städter und ihre städtischen und städtebaulichen Bedingungen sind das eine, die Städter als Bedingungen von Stadt und von Städtebau das andere. Städtebau schließt Städterbau ein, andernfalls ist er nur eine Art gehobene Verkehrsplanung. Nichts gegen Verkehrsplanung! Wie wichtig die ist, der mindeste Blick ins Giftgesicht dessen, der die vergangene halbe Stunde seines Lebens darauf verwendet hat, einen Parkplatz zu finden, belehrt darüber. Solch einer verflucht die Welt, identifiziert die abwesenden Besitzer der provozierend erfolgreich geparkten Wagen als zugereiste Usurpatoren und sehnt eine baldige Gelegenheit herbei, das wirkungsvoll zum Ausdruck zu bringen. Verkehrsplanung gehört zu den Basisfaktoren eines Stadtklimas, hilft lokale Basischaraktere zum Ausdruck zu bringen, und ist vor allem lebensnah – wer war nicht schon einmal in einer solchen Parksituation? Aber neben der Verkehrsplanung, neben der Aufgabe der Regulierung, Glättung, Steigerung und laufenden Ermöglichung urbanen Daseins und aller Sorten städtischen Tuns und Zutunhabens, neben der Erforschung und Auswertung der Leute in einer Stadt als Stadtbenutzer oder Stadtkunden im allgemeinen ist es auch nötig, daß dieselben Leute als Konstituentien *genau dieser* Stadt interpretiert, stilisiert, hochstilisiert werden, als lebende Monumente, als bewegliche Archive, als unkatalogisierte Magazine – eine Art städtische Selbstseelsorge, die es mit der schwarzen Seele, mit den in den betreffenden Städtern vorhandenen Reserven an Haß zu tun hat. Was Wien anbelangt, ist die Potenz der schwarzen Wienerseele sprichwörtlich. Wenn dann auch der Beobachter ein Wiener ist, geht es um Schattierungen.

Neben dem Fach Verkehrsplanung oder allgemeiner der „Selbstermöglichung von Prozessen" geht es, wenn man eine Stadt beobachtet, das heißt: wenn eine Stadt sich selbst beobachtet, und das heißt: wenn bestimmte Städter ihre Stadt beobachten oder supervisionieren, um herauszufinden, wie diese Stadt mehr (und anderes) mit sich selbst anzufangen lernt oder lernen könnte, als sie mit sich anzufangen weiß, noch um etwas zweites, nämlich das Fach Selbstsorge der Stadtseele. Wenn man so an die Sache herangeht, setzt das freilich die Formel „Stadt plus Städter gleich Stadt" voraus. Das ist mathematisch falsch, trägt aber dem Umstand Rechnung, daß diese bestimmten Städter, diese Leute, die man nur hier antrifft, die es nur hier gibt, selbst zur Definition dieser Stadt gehören. Die falsche Formel hilft einen Zugang finden zu dieser verwirrenden Gegebenheit und ermöglicht es Beobachtern, die Stadt zu vertreten bei der schwierigen Aufgabe der Selbstbeobachtung. Hilft der Stadt einen Zugang zu finden zu sich selbst.

Nun stellt sich allerdings für Wien hier ein Sonderproblem. Es ist an sich ein ganz kleines, unbedeutendes Problemchen – und doch zugleich ein riesenhaft ausgedehntes, ein Megaproblem, gemessen am noch kleineren Selbstbild des Wieners. Diese Verschränkung von klein und groß, die weitgehende Beschränkung auf es und die Genügsamkeit, die daraus spricht, bilden den eigentlichen Kern des Problems. Inhaltlich ist das Problem ein traditionelles. Ein historisches Problem, kein saisonales, und auch eines, das nicht zu beheben war durch das Verschwinden des Eisernen Vorhangs, ja nicht einmal durch das Verschwinden des prärepublikanischen Österreich einige Jahrzehnte davor. Es berührt den bereits angesprochenen Komplex *schwarze Wienerseele* und behandelt die Frage ihres möglichen Zugangs zu sich selbst. Ich möchte dieses Problem als das Zentralproblem eines neu einzurichtenden Fachs *Urbane Moralanthropologie des Bereichs Wien* vorstellen. Es ist das Problem – und richtig müßte es heißen: das Nichtproblem, die Problemlosigkeit – des Wieners, der, in den Worten des Wieners Johann Nestroy, von jedem stets „das Schlechteste denkt" und sich genau damit „noch nie getäuscht" hat. Diese abscheuliche Maxime hat schon viele Leute verwirrt – in Wien, während sie außerhalb Wiens unschwer als naiver Schwachsinn einsichtig ist, als das zentrale Dogma einer eigenartigen, systematisch aufgeblasenen Form von Bosheit. Die Maxime besagt, daß man sich durch selbstauferlegte, antizipierte Selbstenttäuschung vor späterer exogener Enttäuschung feien könne. Das Impfverfahren hilft deshalb nicht, weil man mit solchen Leuten dann streng genommen auch nicht kommunizieren, nicht einmal Geschäfte abschließen kann – Dinge, die man de facto aber täglich tut, in jeder Stadt, auch in Wien; selbst Nestroys Theatergestalten bilden hier keine Ausnahme.

Nur mit einer einzigen Sonderform von Kommunikation ist die Nestroy Maxime verträglich, und es ist darum zu vermuten, daß sie auch von ihr abstammt, nämlich mit der Beichte, genauer: mit der katholischen Form der Seelsorge seit den Zeiten gegenreformatorischer und frühneuzeitlicher Kasuistik. Der Beichtvater beurteilt das Beichtkind vom Standpunkt der Sünde *(ratione peccati)*. Er ist der Richter im sogenannten *forum internum,* dem inneren Gerichtshof, in dem es nicht um Verbrechen geht, sondern direkt um wirkliches Bösesein. Eben um „Sünde".

Nur unter diesen Bedingungen, die für die genauere Beurteilung des Nebenmenschen lediglich das Programm „Beichtkind" vorsehen, wird die Schwärze des Herzens des anderen als eines Beurteilten zum Objekt des Interesses, der Thematisierung, der Kritik. Nur dann wird die an den Beurteilenden, den Beichtvater oder seine Rollenentsprechung, gerichtete Aufgabe, nicht Opfer der eigenen Vertrauensseligkeit zu werden, das existentielle Problem. *Das* Problem. Denn alles, was der Beichtvater sieht, ist die Sünde. Damit beginnt das Interesse des Beichtvaters am Beichtkind, hier endet es auch.

Soviel zur Frage nach dem schwierigen Zugang, den die Wiener Kultur für den Umgang der Bevölkerung mit sich selbst bereithält, und zur geschichtlichen Konditionierung und (weitgehend) Beeinträchtigung der Urbanistik und besonders des Städterbaus in Wien.

Die alltäglichste Problemform ist hier wohl der Wiener *Grant*, jener Abkömmling der Nestroyschen Wiener Seelenschwärze und entferntere, aber dennoch unverkennbare Abkömmling der katholischen Einteilung der Menschen in Beichtkinder und Beichtväter. Der Grant wirkt auf Verhalten ein und wirft damit ein genuin urbanistisches Problem auf. Er ist jedoch selbst nur ein Beispiel. Nur ein Beispiel für das, was es gibt in einer Stadt. ➟

Wir machen jetzt von der theologischen einen Sprung, wie man das in Wien nennt, zur philosophischen Fakultät. Dieser ganze Bereich gewinnt an Verständlichkeit, wenn man sich die Frage der Stadt, die Frage nach ihrer gewaltigen Rolle im Leben ihrer Städter, noch etwas genauer ansieht. „Das gibt es nur in Wien": Es erweist sich, daß die Frage nach dem, was „es gibt", die Frage nach der Stadt selbst ist. Die Stadt *ist* das „es gibt": *sie* gibt, was „es gibt". Die Stadt gibt, und die Redensart „Das gibt es nur bei uns" ist eine Redensart von Städtern, die über ihre Stadt sprechen. Gewiß, andere Sprachen kommen ohne „geben" aus, aber die deutschsprachige Zwangslage hat den Vorteil, eine Möglichkeit zu eröffnen, die Möglichkeit einer Aussicht auf einen Sachverhalt: Die Stadt bestimmt, was alles vorkommen durfte an einem Tag im Leben soundso vieler Millionen Leute. Die Stadt hat gegeben, hat genommen, und wen das erstaunt und wem das nicht recht ist, der muß damit selbst fertigwerden, weitere Erklärungen sind nicht vorgesehen oder geschuldet, und insofern müssen auch die Städter selbst dem, was in ihrer Stadt geschieht, weitgehend machtlos zusehen – und naturgemäß erst recht die Urbanisten und Stadtplaner.

Die Stadt behält sich vor, Ansprüche erklärungsunbedürftig zurückzuweisen. Stadt und Städter: Was in einer Stadt los sein und am Leben sein und also stattfinden darf, was *droit de cité* hat, Recht, Gegenstand von „es gibt" zu sein, ist eine Funktion einer hochkomplexen und oft chaotischen (chaostheorieentsprechenden) Verhältnislage von Stadtpartikeln und Städterpartikeln. Wie eine Stadt mit Geschichte auskommt, was zum Beispiel Wien mit seiner neu aktualisierten Position, zugleich östlicher als gewisse andere Orte und westlicher als wieder andere zu sein, anfangen kann und was nicht, hängt von der Lage auf dem Straßensektor und von der Lage auf dem Vorurteilssektor ab, und von ihrem im einzelnen stets unvorhersehbaren Interplay. In dieser Hinsicht ist die Stadt, die *Polis,* auf einmal gar nicht politisch, jedenfalls nicht in dem Sinn, daß das, was in der Stadt wirklich geschieht, irgendwie als direktes Resultat von Beschlüssen aufgefaßt werden könnte oder die städtische Balance der Interessen- oder Machtquanten abbildete. Richtiger ist es wohl, die Stadt als das Ergebnis eines unbestimmten Gelingens aufzufassen. Diese entscheidende Eigenschaft hat die Stadt mit der *Mayonnaise* gemeinsam, deren Gelingen ebenfalls von so vielen teils unbekannten, teils bekannten, aber unbeherrschbaren Faktoren abhängt. Städter und besonders Stadtplaner können wie der Christenmensch in der berühmten Gnadenlehre des Kirchenvaters Augustinus nicht einmal genau wissen, was möglich ist und was nicht. Von einer bestimmten Größenordnung aufwärts geht in einer Stadt simultan mehr vor, als selbst dem bestausgerüsteten Datenumsetzer auch nur bekannt sein kann.

Nur in Kleinstädten kann es deshalb Demiurgen geben, und nur Kleinstadtverwaltungen können *sich* als Demiurgen geben. Nur Kleinstädte haben eine Szene, das heißt einen Ort in *ihnen,* auf dem passiert, was passiert. Das gilt selbst von der Kleinstadt Weltdorf – vom planetarisch zerstreuten, inhaltlich aber homogenen Weltarchipel der Reichen: Hotelbereiche, Flughäfen, Stadtkerne *all over the world.* Auch hier erlebt man das Spezifikum des Dorfs und z. T. der Kleinstadt: das Wesentliche *erscheint* – zumindest in Geschäftsauslagen. Was die Arbeit in spezifischen, von der dörflichen Gesamtweltstadt stets unterschiedenen Großstädten so erschwert und besonders die Arbeit *mit* ihnen und *an* ihnen, ist die Tatsache, daß das meiste, was geschieht, nicht erscheint, daß die Stadt, die Großstadt nicht nach dem Vorbild der Versammlung verstanden werden kann, nicht nach dem Modell des Treffens aller Leute mit allen, der *Liturgie,* im Ursprungssinn dieses nebelhaften Wortes (etwa: „Handwerk der Volksgestaltung"), sondern, wie Luhmann es von der modernen Gesellschaft als solcher gezeigt hat, als das Zugleichvorkommen einer großen Anzahl von einander unbekannten und voneinander unabhängigen Kommunikationen. Was von der Gesellschaft richtig ist, ist es noch mehr von der Stadt, mit ihren unzähligen Büros, Zimmern, Telefonleitungen, Kaffeehaustischen, Orten, an denen stets Leute miteinander kommunizieren – aber immer nur mit bestimmten Leuten, und fast nie, oder nur in untypischen Grenzfällen, mit allen Leuten. Die Stadt erscheint nicht; sie ist, handgreiflicher als die Gesellschaft, aufgesplittert in zugleich nebeneinander ablaufende, einander unzugängliche basale Einheiten oder Stadtatome. Das Wesentliche spielt sich unterhalb der szenen- oder bühnenspezifischen Verpflichtung zu *erscheinen* ab. Bei Nichtstädten ist das anders. Dorfbewohner und Kleinstädter können übereinander auf dem laufenden sein, können sich gegenseitig überwachen und beherrschen. Mit Nestroy indistinkt von jedermann das Schlechteste zu denken, hat auch schon unter solchen Bedingungen wenig Sinn. Großstädter, Großstädte, Großstadtplaner müssen jedoch außerdem mit Unbestimmtheit leben, mit der ständigen Selbstsubversion einer sich nicht mehr überblickenden Stadtgesellschaft.

Und „Integration"? Auch damit werden Stadtplaner und Stadt in die illusorische Rolle des Demiurgen bzw. Selbstdemiurgen hinein- und emporgepreßt. Nennt man das Material, mit dem sie's zu tun haben, „Vielheit", ist es schon fast zu spät. Es ist definitiv zu spät, wenn man, angesichts des alten Verdachts, es müsse was g'schehn, meint, es obliege ihnen, diese *Vielheit* in eine übergreifende *Einheit/Ordnung* zu bugsieren. Mögliches Gegenargument: „Aber was, wenn die Vielheit nicht da ist? Sollte sie dann nicht geplant und durchgesetzt werden von denen, die dazu in der Lage oder Position sind? Und ist Integration nicht genau dies?" – Ganz richtig. Integration ist Pflichtsache und muß geleistet werden. Nur, wie in allen Fällen von Pflicht ist damit aber noch nicht entschieden, ob das Geleistete auch von Erfolg gekrönt wird (Mayonnaise!). Kommt es, statt auf Integration, nur auf das Viele an, das es zugleich nebeneinander gibt? Ist die urbane Vielheit, wie in gewissen expressionistischen Romanen, nur das Korrelat eines Simultan-Vielen? Was bliebe dann zu tun? Zu hoffen, daß es genügend Leute gibt, die das gut aushalten. Zu hoffen auf ein nichtwienerisches, unidiosynkratisches, auf ein in sich selbst, seine eigenen Schwächen und Schwärzen so wenig wie nur möglich verliebtes und noch weniger sich selbst verhaßtes Wien. Zu hoffen auf ein gemischtes Wien, das andere Unterscheidungen kennt als zwischen Selbstwiederholung und Artfremdem.

Wie das in Erfüllung gehen soll, ist eine andere Frage. Diese liegt auch wieder auf theologischem oder doch posttheologischem Gebiet. Wo ist der Gott, der Wien liebt? Der Allwissende, dem die Liebeskräfte dennoch nicht versagen? Der Herrgott muß ein Wiener sein, sagt das Wienerlied – symptomatisch und verheerend sowohl vom theologischen wie vom Wiener Standpunkt aus. Der Herrgott muß ein

Wiener sein, muß, denn der Wiener würde keinen anderen Herrgott akzeptieren als einen seinesgleichen. Unschwer ist die verzweifelte Frage des Wieners zu erkennen: In wessen Welt dürfte er, der Wiener, denn existieren, außer in einer von einem Wiener Herrgott geschaffenen? Welcher nichtwienerische Gott würde denn die Wiener Ausnahmestellung nicht mißverstehen? Hier ist der Wiener nun freilich kein Einzelfall. Die diplomatischen Beziehungen der diversen Allmächtigen, deren Fronvögte und Untergebene die Erde bevormunden, ist eine gefährliche, durch ein paar Jahrzehnte ökonomischer Konjunktur des sogenannten „Westens" nicht aus der Welt oder doch nur aus der Welt, nicht aber aus der Geschichte und am wenigsten aus der erwartbaren Zukunft zu schaffende Fehler- und Katastrophenquelle. Die Götter der Religionen sind die identitätsstiftenden Hausgötter lokaler und leider oft auch tribaler Spezifizitäten. Der Wiener Herrgott macht da keine Ausnahme.

Der Wiener selbst ist in Versuchung, sein Wien zu hassen, weil der Wiener fühlt, daß er nicht der Herrgott ist, der Wiener Herrgott, der sein Wien liebt. An ihn, den Wiener Herrgott, wendet er sich deshalb mit seinem Wienhaß, und erhält immerwährende liebende Audienz. Von einem anderen Standpunkt als dem des Wiener Herrgotts über Wien Gesagtes zu hören scheint dem Wiener ein an sich sinnloses Unterfangen. Nur das Geld hat eine Bresche in die Front dieser politiko-theologischen Symbiose geschlagen, und darin liegt vielleicht eines der bedeutenderen Resultate der jüngsten Geschichte Österreichs, und besonders Wiens. Das Geld ist ganz unwienerisch, es ist international, es hat trotzdem Schmäh, und vieles in der lokalen Kulturgeschichte innerhalb der letzten zwanzig Jahre hat einen mehr oder weniger engen Bezug zum Begriff der Plutokratie. Plutokratiebegriff und Plutokratiekritik waren die entscheidenden politisch-christlichen, militant-christlichen Werte im Spektrum von Ständestaat und christlicher Arbeiterbewegung bis hin zu gewissen Verbreitungsformen des Nationalsozialismus. Auch jene Thomas Bernhardschen „von mehreren Schock Goldketten behangen ins Krapfenwaldlbad springenden sozialistischen Minister" wurden noch von einem Protzen- und Plutokratiekritiker beobachtet (und die Gelungenheit der Pointe zeigt, wie erfolgreich Plutokratiekritik noch heute wirkt). Wir leben in der Zeit der Revanche der Plutokratie an den christlichen Werten. Nur: Pluto ist kein Allmächtiger. Pluto spendet Komfort, Geld macht sinnlich, bildet jedoch keine Identitäten aus, und ist ungeeignet für die Rolle des „großen Anderen" (Lacan). Schwer einen solchen großen Anderen zu finden. Wo versteckt, wo zeigt er sich denn gerade jetzt? Sehr schätzungsweise kann man sich über den je gegenwärtigen Verbleib dieser großen Zuschreibefigur orientieren, wenn man genau darauf sieht, wie die Politiker sich ausstaffieren. Zeige mir eure Politiker, und ich sage euch, wer euer großer Anderer ist. Hier ist festzustellen: In Abwesenheit ungebrochenen Bewußtseins („Persönlichkeiten") flüchtet sich das „Große" in Paraphernalia der Macht. Die Goldketten spielen dann nur eine untergeordnete Rolle. Dann noch eher Kleidungsstoffe, Brillenschnitte, Tonfälle etc. Der Befund zeigt: Hier auf dem Gebiet der Machtparaphernalia bleiben nicht die christlichen, wohl aber die konservativen Werte tonangebend.

Diese Konservatismen sind feierlich und majestätisch und finden sich an Politikern. Das Neue entsteht anderswo. Wenige würden diese Neuheiten nicht begrüßen, besonders was Wien anbelangt. Und wer in der Lage ist, sich eine Flugkarte kaufen zu müssen, um Wien zu sehen, wird es unter solchen Bedingungen besonders gerne tun. Die grantigen, abstoßenden Zonen der Identität Wiens hingen an der *austerity* der „christlichen Werte". Gar kein Zweifel. Pluto innoviert. Detto. Aber es ist doch nur eine Revanche, ein beschränkter Erfolg, ein heuriger Cupsieg. Und nächstes Jahr?

Das große, umfassende Symbol des Wiener Immergleichen, der schweren Last Wiens und der schwierigen Lust am Wienersein, Wiens eigentliche architektonische Sünde (und davon ununterscheidbar: Sünde) ist die Wiener Ringstraße. Die Ringform, wie auch die Kronenform, sind symbolische Äquivalente einer philosophischen Kategorie, der Notwendigkeit oder, trennschärfer ausgedrückt, der Nichtkontingenz. Ringe, Kronen, Kreise sind m. a. W. hochspezifische Ausdrücke der Negation von Anderssein, des Ausschlusses anderer, die Wirklichkeit in ihrer Majestät gefährdender Möglichkeiten. Alle anderen Straßen führen von A nach B. Eine Ringstraße führt an jedem Punkt in sich selbst zurück. Andere Monumente können von Christo verpackt werden, die Ringstraße kann nicht mal dies. Wünsche sind zollfrei, und ich wünsche mir einen Architekten, der die Wiener Ringstraße in ein Möbiussches Band umbaut – samt den Prachtbauten, die damit gänzlich oder teilweise in die Erde versinken würden. ▲

Wienerinnen und Wiener ausländischer Herkunft mit nur teils österreichischer Staatsbürgerschaft reflektierten in mehrstündigen Interviews über die Stadt, deren Bewohner und ihre eigene Rolle und Zukunft in dieser Stadt. Die beiden Personenkreise repräsentieren unterschiedliche Altersgruppen, Berufserfahrungen und soziale Schichten von Ausländern: Den beruflich etablierten und von der „Wiener Bevölkerung" akzeptierten – weil nicht offensichtlich erkennbaren? – „Ausländerinnen" und „Ausländern" von Blue Danube Radio stehen Wiener Jugendliche gegenüber, die vorwiegend aus klassischen türkischen Gastarbeiterfamilien stammen, nun in Wien ihre Existenz aufzubauen versuchen und in Schule, Beruf und Alltag unmittelbar mit Problemen und Möglichkeiten der Integration konfrontiert werden.

Der fremde Blick von innen

Redakteurinnen und Redakteure von Blue Danube Radio (Wien)
Joanna Bostock
Jane Duke
Tilia Herold
Tasha Faltys-Linden
Kate Farmer
Gennie Johnson
Andy Lee
Angus Robertson

Ankunft und erste Eindrücke

▼ Nun, ich muß sagen, daß ich im allgemeinen sehr gespannt auf Österreich war. Ich hatte keine vorgefaßten Ideen. Als ich ankam, war ich überrascht, daß die Leute viel freundlicher waren, als ich erwartet hatte – wenn auch nur oberflächlich. Die Menschen haben sich für mich interessiert, oft sogar noch mehr, nachdem sie erfahren hatten, daß ich aus Großbritannien stamme.

▼ Ich kam in den späten sechziger Jahren an, und das Klima war zu dieser Zeit ganz anders. Die Aggression und die Feindseligkeit damals haben mich überrascht.

▼ Wien ist seither, glaube ich, viel offener und internationaler geworden. Ich glaube zwar nicht, daß die internationale Gemeinschaft wirklich willkommen ist, aber an der Oberfläche funktioniert es. Man hat die internationale Gemeinschaft als einen Teil von Wien akzeptiert und ihre Nützlichkeit erkannt, aber ich habe nicht den Eindruck, daß den Menschen hier die Situation wirklich paßt. Für die meisten gibt es zwei Klassen von Ausländern. Es gibt die Gastarbeiter und es gibt die Ausländer, die nicht wirklich als Fremde betrachtet werden. Aber im großen und ganzen ist die Einstellung noch immer von Feindseligkeit geprägt. Die Leute waren am Anfang unfreundlich, und sie sind es noch immer. Wenn man etwas braucht oder um etwas bittet, ist das nicht gerade einfach.

▼ Es passiert immer an Stellen dort, wo die Menschen eigentlich freundlich sein sollten – vor allem auf Ämtern. Gerade Ämter haben doch häufig mit Leuten zu tun, die sich vor Ort verloren oder unsicher fühlen, besonders wenn sie gerade erst in Wien angekommen sind. Und ausgerechnet dort findet man oft niemanden, der eine andere Sprache als Deutsch spricht. Ich bin mehrmals in einer Schlange gestanden hinter Japanern, Polen, Menschen aus Ländern, in denen man Englisch oder Französisch als Zweitsprache verwendet, aber eben nicht Deutsch. Besonders in diesem Bereich bräuchte man also Fremdsprachenkenntnisse. Und gerade hier spricht man oft nur Wienerisch.

▼ Ich hatte nur einmal Glück, und zwar beim E-Werk: Ich kam an, und die Frau, die mich betreute, war sehr freundlich und sehr hilfreich. Das zweite Mal hat jemand anderer Dienst gehabt, aber ich habe dieselbe Erfahrung gemacht. Ich weiß es natürlich nicht, aber ich könnte wetten, daß die Mitarbeiter in diesem Fall geschult worden sind, mit uns freundlich und zuvorkommend umzugehen. Ganz andere Erfahrungen macht man, wenn man auf ein Amt in einem Bezirk mit hohem Ausländeranteil geht. Da scheint niemand zu wissen, was Dienstleistung ist. Oder: Man betritt ein Restaurant und hat das Gefühl, das Personal ärgert sich, daß man Aufmerksamkeit und Bedienung erwartet. Oder: Man geht in ein Geschäft, wird ignoriert und muß fragen: „Können Sie mir bitte helfen?"

▼ Mir ist auch anderes passiert: Ich war einige Male in Geschäften im 16., 17. oder auch 18. Bezirk, in Geschäften, in denen das Personal

In zweiter und dritter Generation

Redakteurinnen und Redakteure der Zeitschrift ECHO
Sonja Mrasek
Bülent Öztoplu
Funda Sel
Mehmet Sel
Neslihan Turan

▼ Es muß eine gewisse Balance geben. Türken haben zum Beispiel bestimmte Lebensarten, also Teegarten, Moschee, Gebetshof und solche Dinge. Fehlen die, fühlen sie sichfremd.

▼ Unter Integration stelle ich mir vor, daß die Ausländer ihre Kultur weiterführen können. Ausländer sollen sich hier wohl fühlen. Aber das verlangt, daß man gemeinsame Ziele hat und keine Ängste aufbaut. Wenn man sich zum Beispiel gemeinsam freut über einen Erfolg von Österreich, nicht als Nation, sondern als Gesellschaft – das ist Integration. Wo kann man noch gemeinsame Ziele haben? Bei Wohlstandswünschen, daß der Lebensstandard steigt, daß es einem ein bißchen besser geht. Aber sonst hat die Mehrheit andere Ziele und andere Wünsche als die Minderheiten. Solange das so ist, kann man nicht von Integration reden.

▼ Man sollte als Ausländer nicht nur das Wahlrecht bekommen, sondern auch die Einbürgerung sollte leichter werden. Die langen Wartezeiten und das viele Geld dafür verhindern gemeinsame Ziele und machen Angst. Wenn man auf gesetzlicher und politischer Ebene Gleichberechtigung hat, kann man integrieren. Ich spüre schon bei uns Jugendlichen die Vorteile, wenn wir bei Ausweiskontrollen auftreten und sagen können: „Ich bin Staatsbürger." Das bringt Selbstvertrauen. Diese Ängste hingegen, das Abgeschobenwerden, keine Arbeit mehr, die verhindern die Integration.

▼ Zum Zusammenleben von Inländern und Ausländern innerhalb einer Stadt gehört so viel. Das Problem ist, daß man einfach viel zu wenig weiß voneinander. Auch weil sich die Ausländer doch untereinander abkapseln, was sicher nur wenig Kontakt mit Englischsprechenden hat; und ich sage also ganz absichtslos, einfach aus Gewohnheit, zu meiner Begleitung etwas auf englisch, worauf das Verkaufspersonal plötzlich anfängt, auch englisch zu reden.

„Geteilte" Erwartungen

▼ Man erwartet nicht Feindseligkeit, aber sie ereignet sich. Man erwartet nicht Freundlichkeit, aber sie ereignet sich. Diese Zwiespältigkeit prägt das Leben als Ausländer hier.

▼ Ich bin nicht überzeugt, daß Unfreundlichkeit nur gegen Ausländer gerichtet ist. Jeder bekommt diese Feindseligkeit zu spüren, auch die Wiener. Nur, für uns ist es schwieriger, weil wir nicht wissen, wie man damit umzugehen hat, weil wir es persönlich nehmen.

▼ Ja, genau das meine ich: Ein Wiener reagiert anders darauf; er ist das gewohnt. Nehmen wir ein auffälliges Beispiel: Wenn ich in England am Gehsteig mit jemandem zusammenstoße, weil ich nicht aufgepaßt habe, entschuldigt sich auch die Person, mit der ich zusammengestoßen bin! Wir sind einfach so erzogen worden. Hier sagen beide: „Kennan's net aufpassen?"

▼ Ich bin eher der Ansicht, daß man, wenn man beschließt, in Wien, in Österreich zu leben, nicht versuchen sollte, der österreichischen Lebensweise zu entkommen, wie es viele von uns, glaube ich, tun. Ich finde es falsch, dauernd nach Dingen zu suchen, die nicht mit der hiesigen Lebensart übereinstimmen. So wird man nie wirklich dazugehören und kann auch nicht glücklich sein.

Es wird erwartet, daß man sich anpaßt. Erst dann darf man bleiben.

▼ Nein, ich glaube, es wird erwartet, daß man sich seiner Position bewußt ist. Das ist eine Hackordnung. Und als Ausländer kann man einem Inländer nicht gleichgestellt sein. Also, wir sind Bittsteller. Wir kommen und sagen: „Entschuldigen Sie bitte, ich spreche kein Deutsch, können Sie mir helfen?" Und dann haben wir Glück, oder auch nicht. Und das geht solange, wie diese Hackordnung funktioniert und keiner sagt: „Ich bin Steuerzahler, egal aus welchem europäischen Land ich komme, und habe genau dieselben Rechte wie Sie." Aber das, glaube ich, ist in jedem Land so.

Kategorien der Gleichheit

▼ Ich habe mit einer Freundin gesprochen, die aus der ehemaligen DDR kommt. Seit 10 Jahren ist sie hier, mit einem Österreicher verheiratet und betrachtet sich selbst als Österreicherin. Und sie hat mir erzählt, daß ihre Familie und ihre Freunde vorhätten, auch hierher zu übersiedeln. Ich sagte: „Wunderbar!" Und sie darauf: „Nein, überhaupt nicht! Ich will nicht, daß Ostdeutsche nach Österreich ziehen." Die Erstgeneration von osteuropäischen Flüchtlingen will also auch nicht, daß eine Zweitgeneration von Osteuropäern ihr folgt. Also: Es sind nicht nur die Österreicher, die so denken.

▼ Man muß aber auch sagen: Österreich war immer vorbildlich, wenn es darum ging, Flüchtliche aus Osteuropa aufzunehmen. Da war man sich einig, und alle waren in Krisenzeiten hilfreich und großzügig. Nur jetzt ist das

nicht richtig ist, aber doch natürlich, weil ihnen die Wiener nicht entgegenkommen. Aber es sind eben auch verschiedene Mentalitäten. Die Türken sind lauter, und es geht einfach um die Tradition und die Familie, und es sind große Familien mit vielen Kindern, und man ist immer beisammen, man hat immer Besuch, man ist einfach lauter, das summiert sich dann. Und das gibt es bei den Wienern nicht sosehr. Einfach da dieses Verständnis entwickeln, daß die anderen halt anders sind. Das ist, glaube ich, leider nicht so fortgeschritten. Wenn da irgendwie daran gearbeitet werden würde!

▼ Ich meine, ich bin nicht so optimistisch, daß eine große Moschee gebaut wird und der Muezzin zum Gebet ruft und das vielleicht in jedem Bezirk – ich weiß auch gar nicht, ob das der Sinn der Sache sein soll. Denn wo bleibt dann der Unterschied zwischen verschiedenen Städten? Ich meine, der Reiz ist ja, daß ich in die Türkei fahre und die Städte, die Lebenskultur und die Situation dort anders sind. Wenn ich überall alles sehen kann, ist das nicht gut.

▼ Was fehlt, ist die Offenheit der Menschen, die Offenheit, irgendwas Neues kennenzulernen, den ersten Schritt zu wagen, die Ängste abzubauen. Einfach diese Offenheit zeigen, zugehen auf die Menschen, wenn sie schon nicht zu uns kommen, und sagen: „He, hör einmal zu, ich bin so und so. Wie wär's, wenn wir uns einmal kennenlernen?"

▼ Das ist oft ein Teufelskreis. Also Türken werden von Wienern als was anderes angesehen, dadurch schließen sich dann die Türken enger zusammen, dann treten sie in Gruppen auf, und dann wird die Angst zwischen Wienern anders: Jetzt gibt es in Wien Straßen und ganze Gegenden, in denen es kaum noch österreichische Familien gibt. Und da werden die Menschen, glaube ich, ängstlich und denken: „Mein Gott, jetzt ist aber Schluß!" Nach dem Fall des Eisernen Vorhangs haben die Leute naturgemäß so reagiert. – „Na servas, jetzt werden die alle hierher ziehen!" Wenn man sich die jüngere Geschichte Wiens anschaut, den Ungarn-Aufstand 1956, Prag 1968, die Situation in Bosnien, dann versteht man, daß es sich hier nicht nur einfach um Fremdenhaß handelt, sondern daß es eigentlich begreifliche Reaktionen sind.

▼ Wie erleben wir die Reaktionen verschiedener Personengruppen uns gegenüber? Im allgemeinen kann man, glaube ich, sagen, daß vor allem die Pensionisten sehr mißtrauisch und fremdenfeindlich sind. Sie sperren immer gleich zu. Ein Beispiel: In meiner ersten Wohnung, wo ich als Untermieter wohnte, war die Hauptmieterin über 80. Meine Mitbewohner waren eine französische Sprachlehrerin und ein algerischer Maler; die Vermieterin sagte uns, wir sollten die Tür immer zusperren, weil man wegen der vielen Ausländer nicht vorsichtig genug sein könne. Wir drei schauten uns an und dachten uns unseren Teil. Anders die Jungen, die auf der modischen Welle schwimmen: Da gehört es geradezu zum guten Ton, „SOS-mitmenschlich" zu sein. Die haben keine Probleme mit Ausländern. Unter Lehrlingen wiederum gibt es manchmal eine unglaublich rassistische Tendenz.

▼ Sicherlich prägt die Sozialstruktur die Einstellungen. Aber es hängt auch davon ab, um welche Ausländer es sich handelt. In London ist das auch nicht anders. Wenn man ein Ausländer ist, der weiß ist, wird man besser behandelt, als wenn man aus Afrika oder Indien kommt. Es gibt dort also genauso ein „Tschuschen-Syndrom" wie hier.

▼ Es gibt aber auch so etwas wie einen Zeitfaktor. Ein Beispiel: In zehn, fünfzehn Jahren spielt ein Bursch, der noch in Banja Luka geboren ist, im österreichischen Fußball-Nationalteam – dann ist er „einer von uns".

▼ Ja, das stimmt. Bevor es im englischen Fußball keine schwarzen Nationalhelden gab oder BBC keine schwarzen Nachrichten-Präsentatoren hatte, gab es sozusagen überhaupt keine Identifikationsfiguren. Aber trotzdem, auch wenn sie Helden werden: Verlieren sie ein Match, wird man hier sagen: „Die Arschlöcher verlieren!" – gewinnen sie, wird es heißen: „Mir g'winnen wieder!"

▼ Ja, aber auch in Großbritannien war es so, daß, wenn ein Ausländer in eine Straftat verwickelt war, sich die Zeitungen sofort auf den „indischen Arzt" gestürzt haben. Da waren immer gleich rassistische Anmerkungen im Spiel. Das ist mittlerweile vom Presserat untersagt worden. Nationalität oder Herkunft dürfen nur genannt werden, wenn sie für den Hergang wirklich von Bedeutung sind. In diesem Punkt könnten sich österreichische Zeitungen etwas abschauen.

Segregation und Durchmischung

▼ Was positive Vorschläge angeht: Es wird sich nicht verhindern lassen, daß sich Immigranten in bestimmten Stadtteilen und je nach ethnischer Zugehörigkeit ballen werden. Und wollen. Wichtig ist nur, daß es auch gemischte Gebiete, eine gemischte Stadt gibt, damit man überall leben kann, wo man möchte.

▼ Im Grunde funktioniert dieses Modell sehr gut. Aber leider nur dann, wenn die Stadtverwaltung dahinter ist, wenn Beamte oder Politiker ihren Einfluß geltend machen können. Wichtig wäre es z. B., den ethnischen Minderheiten gezielte Förderungen zu geben.

▼ In Wien gibt es Gegenden, die überwiegend von Türken bewohnt sind und in denen auch Nicht-Türken problemlos wohnen können. In Chinatown in San Francisco z. B. könnte ich nie wohnen. Ich wäre nicht nur einfach unerwünscht, es wäre schlicht zu gefährlich. Ich habe dort einfach nichts verloren. Das ist etwas, was es hier bisher nicht gibt. Es gibt wohl Gegenden, in denen ich ungern wohnen würde – aus verschiedensten Gründen, aber nicht etwa, weil ich mich fürchten würde.

▼ Warum das hier nicht passiert, liegt, glaube ich, daran, daß Wien so viel kleiner ist als New York, Paris oder London. Die ganze Stadt ist auf das Zentrum, den ersten Bezirk, ausgerichtet. Viele Arbeitsplätze, viele unternehmerische Möglichkeiten, Freizeitangebote etc. sind hier konzentriert.

und Türken noch größer. Dann sagt man: „Finger weg, ich will mit denen nichts zu tun haben! Die sind eine Gruppe, die sind stark."

▼ Es gelingt den Türken aber auch nicht, Kontakt zu Österreichern zu bekommen. Und das wirkt dann auf Wiener, als hätten die gar keine Lust, Wiener kennenzulernen. Ich weiß natürlich, daß das nicht stimmt, aber die Mehrheit glaubt das leider.

▼ Das größte Hindernis ist doch die Sprache. Ich meine, ich rede jetzt von meiner eigenen Familie, mein Vater ist Arbeiter, meine Mutter ist Hausfrau, und damals hat es noch nicht so viele Deutschkurse gegeben. Oft mangelt es an Geld, daß man da nicht teilnehmen kann, oder man ist eben allein und will nicht hingehen. Man lernt einfach die Sprache nicht. Und man versteht nicht alles im Fernsehen. Und man spricht dann auf der Straße niemanden an. Wenn meine Mutter zum Arzt geht, nimmt sie mich immer mit, obwohl sie jetzt mittlerweile schon Deutsch kann. Manchmal ärgere ich sie, indem ich einfach nicht rede und verstumme, und dann muß sie reden. Dann sehe ich, sie kann es.

▼ Es ist auch unsere Aufgabe, also die Aufgabe der zweiten, dritten Generation, da etwas zu initiieren, etwas auf die Beine zu stellen, für Verbesserungen zu kämpfen; wichtig ist, daß wir eben auch bis zu unserem Tod dahinterstehen. Und die, die neu kommen, die jetzt kommen oder in zehn, zwanzig Jahren, die haben es dann vielleicht nicht mehr so schwer wie wir oder wie unsere Eltern. Also wenn wir da nichts tun können, dann haben die genau dasselbe Problem wie wir.

▼ Die Sache sehe ich ein bißchen anders. Also für die erste Generation gab es damals keine Starthilfe, und jetzt immer noch nicht. Für dich ist es nicht so ein großes Problem, weil du in die Schule gehst, weil du die Sprache beherrschst und Kontakte hast. Aber für die Leute, die nach Wien kommen, gibt es das Problem wieder: die Sprache und die kulturellen Gegebenheiten – das kannst du auch nicht von heute auf morgen ändern. Es muß schrittweise geschehen, weswegen zum Beispiel eine Moschee für die erste Generation wichtig ist, für die Anerkennung. Und wenn sie diese Sicherheit haben, daß die Leute ihre Kultur respektieren, ihre Religion respektieren, dann können sie sich ein bißchen öffnen. Es geht schrittweise. Es muß natürlich auch andere Institutionen geben, aber im Moment übernehmen die

▼ Ich glaube, das ist vollkommen richtig. Aber auch wenn alle gleich viel Geld und die gleichen Ressourcen hätten, die Türken etwa würden trotzdem in Gruppen zusammenleben wollen, weil sie vieles gemeinsam haben: Herkunft, Ideen, Traditionen und kulturelle Werte. Sie würden einfach nicht ohne ihresgleichen leben wollen. Würde man versuchen, diese Konzentrationen zu unterbinden, Maßnahmen zu setzen, die darauf abzielen, die verschiedenen Bevölkerungsgruppen zu durchmischen, gäbe es keine nationalen Identitäten mehr. Warum sollte man das tun? Wer hätte auch das Recht dazu?

▼ Ich halte es überhaupt für falsch, wenn Regierungen versuchen, Segregation zu verhindern. Diese ethnischen und kulturellen Gruppenbildungen sind einfach ganz natürliche Prozesse. Wenn überhaupt, dann sollte die Regierung in der Weise eingreifen, daß sie die Gruppen eher auseinanderhält. Das ist meine Meinung.

▼ Einmal angenommen, Wohnungspolitik könnte theoretisch so aussehen: Da ist eine Familie aus dem ehemaligen Jugoslawien; der wird im neunten Bezirk eine Wohnung zugewiesen. Die türkischen Familien, die siedeln wir im zweiten an, damit es keinen so hohen Ausländeranteil im neunten gibt. – So werden doch die sozialen Probleme in keiner Weise gelöst. Natürlich werden Angehörige einer ethnischen Gruppe etwa trotzdem alle an denselben, ihren spezifischen Bedürfnissen entsprechenden Orten einkaufen. Und da die Gruppen klein sind, werden sie nach wie vor ein in sich geschlossenes Sozialleben führen. Genau hier müßte man ansetzen und den Leuten zumindest die Möglichkeit bieten, mit anderen Leuten mehr Kontakt und Austausch zu haben.

▼ Wenn man – natürlich nicht mit Gewalt – eine entsprechende Infrastruktur schaffen könnte, so daß es in jedem Bezirk, sagen wir, zwei türkische oder chinesische Straßen oder was immer gäbe, wären diese in etwa 10 Jahren in das Wiener Leben integriert. Wenn man die Entwicklung nicht irgendwie zu lenken versucht, bekommt man Gegenden wie Little Italy oder Chinatown, wo Leute seit 20 Jahren wohnen und noch immer kein Wort der Sprache von New York beherrschen.

Was ist machbar?

▼ Ich bin in in den 50er Jahren in England aufgewachsen, und da waren alle erkennbaren Nicht-Engländer Immigranten. Heute sind alle farbigen jungen Leute Engländer, weil sie schon dort geboren sind. Seit etwa fünf Jahren stellen diese Leute auch die ersten Politiker auf Stadt- oder Landesebene. Wien müßte so klug sein, schon vorbeugend Maßnahmen zu ergreifen, denn ähnliche Probleme werden auch auf Wien zukommen. Nehmen wir die tschechischen Flüchtlinge von 1968, deren Kinder jetzt ja schon längst mit der Schule fertig sind. Wieso kann man sie nicht gleich in die Lokal- und Sicherheitspolitik einbinden?

Moscheen alle möglichen Funktionen. Die Moschee ist nicht nur ein religiöser Ort, sondern auch Beratungsstelle. Die Kinder können dort Türkisch lernen, die türkische Kultur kennenlernen. Auch Wohnungen werden dort vermittelt. Deswegen sind andere Institutionen und Beratungsstellen so wichtig – sonst kapseln sich die Ausländer ab.

▼ Ich bin eher pessimistisch, solange die anderen Integrationseinrichtungen nur von der Stadt kommen. Sie werden kein Erfolg sein, wenn man sie nicht mit den Menschen, den Inländern und Ausländern gemeinsam aufbaut. Das kann einfach nicht funktionieren. Ein fundamentaler Mentalitätsunterschied liegt darin, daß Wiener bei jedem kleinen Konflikt das Problem auf Institutionen übertragen, die Polizei, das Arbeitsamt, das Finanzamt. Wenn sich zwei Leute auf der Straße streiten und einer den anderen angreift, wird er sofort angezeigt. Wenn du irgendwas nicht zahlst, kommt nach dem ersten Mahnen die Polizei. Bei uns gibt es noch immer andere Konfliktlösungen. Zuerst kommt die Familie, um den Konflikt zu lösen, dann die Verwandtschaft, dann die Gemeinschaft – Freunde. Es wird immer eine Lösung gefunden, ohne Staat. Das hat mit unserer Geschichte zu tun, weil der türkische Staat sowieso entfremdet war von der Bevölkerung. Aber hier ist, glaube ich, die Gesellschaft so verstopft – sagt man verstopft? – und einfach so faul. Und das zentrale Organ Staat, das regiert alles, jede Kleinigkeit, und dadurch wird alles so kompliziert.

▼ Man kann gewisse Sachen nicht so einfach beschreiben. Aber ich wünsche mir

▼ Wenn man hier geboren ist, hat man nicht unbedingt die österreichische Staatsbürgerschaft. Die Eltern müssen Österreicher sein. Das ist etwas, was sich beispielsweise ändern läßt. Dann würden sich die, die hier geboren sind, auch als Österreicher fühlen.

▼ Man könnte doch zum Beispiel sagen: Wer hier vor 1975 geboren wurde, hat automatisch Anspruch auf die österreichische Staatsbürgerschaft, sofern er seine bisherige zurücklegt, Militärdienst leistet etc. Diese Leute sind dann eben nicht mehr Türken oder Kroaten, sondern Österreicher, und als Österreicher können sie sich auch für den Staatsdienst oder als Gemeindebedienstete oder für was auch immer qualifizieren. Nur, das bei den Leuten hier und im Innenministerium durchzusetzen ... – da weiß ich nicht, wie die politische Konstellation dafür ausschauen müßte.

▼ Das ist der entscheidende Punkt, und über diese Frage, wie nämlich die Wiener auf so eine Regelung reagieren würden, über diese Frage, was realistisch und möglich ist, haben wir noch überhaupt nicht gesprochen.

▼ Was die Polizei angeht, muß man etwas über das Ausbildungsniveau der Bewerber, die aufgenommen werden, sagen: Ich möchte das jetzt nicht bewerten, aber in Großbritannien hat die Polizei einen eigenen Rekrutierungsvorgang für Universitätsabsolventen. Mir scheint, daß das etwas ist, was man auch hier einführen könnte. Der Polizei wäre mit besser ausgebildeten Leuten sicher geholfen. Und noch etwas: Wenn man schon nicht Leute aus der Türkei oder sonstwoher bei der Polizei einstellen kann, warum nicht zumindest Kontaktpersonen für die gemeinsame Sicherheit? Es wären keine Polizisten, aber es gäbe wenigstens eine Art Zusammenarbeit in Fragen der Sicherheit und Kriminalität, und die Kommunikation wäre besser. Außerdem sollte man die gesamte Ausbildung der Polizei anders organisieren.

Alltagsprobleme – Alltagsbewältigung

▼ Ein Ort, an dem es anscheinend zwischen Ausländern und Österreichern sehr harmonisch zugeht, ist der Naschmarkt. Das ist ein praktisches Beispiel. Ich weiß, daß die Österreicher dorthin gehen, um auch griechische und türkische Produkte zu kaufen. Sie haben damit etwas von einer fremden Kultur in die eigene Kultur übernommen.

▼ Man muß bei allen diesbezüglichen Maßnahmen genauso an die Wiener, die Einheimischen, denken. Vielleicht sogar noch mehr, damit sie nicht den Eindruck gewinnen, zu etwas gezwungen zu werden, sondern das Gefühl haben, etwas zu bekommen, bereichert zu werden. Und da ist der Naschmarkt, glaube ich, ein gutes Beispiel. Die beste Form der Integrationsförderung wäre überhaupt die totale Deregulierung der Geschäftszeiten. Ich bin überzeugt, daß es die Wiener sein würden, die ihre Geschäfte rund um die Uhr offenhalten.

▼ Noch ein ganz anderer Punkt: Derzeit ist es ja so, daß Ausländer im Prinzip keine politischen Rechte haben. Aus meiner Sicht ist das einer der Hauptfaktoren, warum es den Österreichern so leicht gemacht wird, auf Ausländer hinunterzuschauen. Jeder, der Steuern zahlt und seit fünf Jahren hier lebt, sollte auf lokaler Ebene wählen können.

▼ Österreich ist es unbenommen, dieses Recht allen Steuerzahlern einzuräumen; EU-Bürgern muß es dieses Recht sowieso zugestehen, obwohl sich die zuständigen Stellen ja auch in diesem Punkt spreizen. Nur: Nach jetzt immerhin 25 Jahren Wien-Erfahrung glaube ich, daß es schwer sein wird, das den Lokalpolitikern klarzumachen.

Schlafmützige Beschränkungen

▼ Meines Erachtens ist Wien zur Zeit eine der schönsten Hauptstädte Europas. Eine der sichersten. In der Lebensqualität fast unerreicht. Wenn man sich die Stadt leisten kann. Es ist ungeheuerlich, daß Wien einfach nicht akzeptiert, daß Marktwirtschaft nicht protektionistische Marktwirtschaft bedeutet, sondern freie.

▼ Das hat Auswirkungen auf die Beschäftigungsstruktur und das soziale Netz, denn sobald die Preise sinken, können es sich viele Firmen einfach nicht mehr leisten, zusätzlich zum Bruttogehalt beträchtliche Summen für Sozialleistungen abzuführen. Diese Dinge sind also nicht nur für uns als Konsumenten wichtig, sondern haben auch auf die Wirtschaft Auswirkungen. Bleibt Wien bei seinem Protektionismus, dann gibt es mit Sicherheit bald eine lange Dürreperiode. Wenn Leute, die sich in Budapest, oder Firmen, die sich in Prag angesiedelt haben,

einen gesellschaftlichen Cocktail, weil jede Gesellschaft Vorteile und Nachteile hat. Man kann das nicht als Rezept sehen, aber man kann anfangen, in diese Richtung zu diskutieren. Cocktail bedeutet: Was können wir von Minderheiten noch lernen, außer ihrer Küche? Was können wir geben, was können wir nehmen? Es soll nicht darum gehen, andere Kulturen zu kaufen, zu konsumieren. Nein, man soll versuchen, gemeinsam etwas zu produzieren. Wir sind ja eigentlich privilegiert, weil wir zwei Sprachen haben und die beiden Kulturen ganz gut kennen und weil wir in der Lage sind, positive Eigenschaften der türkischen Kultur mit positiven Eigenschaften der österreichischen Kultur zu kombinieren.

▼ Bis zu einem gewissen Grad finde ich das Abkapseln, das freiwillige „Ghetto" wichtig, weil das für die Identität nowendig ist. Ich bin nicht dafür, daß man alle Kulturen in einem Wohngebiet mischt, das ist im Moment nur schwer möglich. Das kann erst später passieren, durch mehr gegenseitiges Verständnis. Man kann es ja einmal mit zwei Kulturen probieren, einige Modellprojekte machen. Das muß nicht heißen, daß es überall solche Wohnprojekte geben soll, in allen Bezirken. Dann kann man sehen, wie es sich bewährt. Und dann kann man es mit mehreren Kulturen versuchen. Aber ich sehe im Moment keine Möglichkeit, alle Kulturen bunt zu mischen, zumindest in der ersten Generation nicht. Das ist auch sprachlich nicht möglich. Sehr viele Leute der ersten Generation beherrschen die Sprache immer noch nicht, ehemalige Jugoslawen, Türken. Sie können sich nicht verständigen, so einfach ist das nicht.

▼ Durch diese Ghettoisierung gibt es aber andererseits keine Integration. Da sind dann die Türken in einem Grätzel, die leben mit ihrer türkischen Tradition, mit ihrer türkischen Kultur, und wenn sie dann in der Bürokratie irgendwas erledigen müssen, dann gehen sie halt hinaus. Aber das ist dann Ausland für die. Das hat dann mit dem Land beziehungsweise der Stadt nichts zu tun. Und das wollen wir sicher nicht. Ich persönlich will das nicht. In einem Ghetto hat man nichts von der anderen Kultur, mit der man gemeinsam leben sollte.

▼ Da ist noch ein wichtiger Punkt: Man soll in die Bürokratie, man soll in die Staatsapparate, man soll bei Gericht und Polizei Minderheiten einbeziehen. Ich stelle mir zum Beispiel einen Kontaktbeamten vor, der türkischer Herkunft ist. Die Polizei muß für Minderheitenauf Qualität gehen wollen, dann kommen sie nur dann wieder nach Wien, wenn sich hier diesbezüglich etwas ändert. Man muß hier endlich einmal begreifen, was Wettbewerb ist, und daß Wettbewerb auch Service bedeutet. Die Wiener sind sehr konservativ und mögen keine Änderungen. Sie müssen viel dynamischer werden. Alles ist hier so restriktiv, damit es keine Gewinner gibt. Davor haben die Wiener Angst.

▼ Wenn ich zwei Millionen Schilling hätte und eine Boutique eröffnen wollte, würde ich einen Befähigungsnachweis brauchen. Ich dürfte nicht einmal mein eigenes Geld aufs Spiel setzen. Ich müßte irgendeine Behörde aufsuchen und sagen: „Ich bin in der Lage, ein Geschäft zu führen, und ich werde das beweisen." Und dann brauche ich jemanden, der einen Gewerbeschein besitzt.

▼ Nehmen wir ein anderes Beispiel: Man sitzt in einem Café und will ein Bier trinken, und die armen Mädchen, die dort arbeiten, rennen wie verrückt hin und her und versuchen, 14 Tische gleichzeitig zu bedienen. Wenn das Café doppelt so viele Mitarbeiter hätte, könnte es den Umsatz um das Dreifache steigern. Viele Wiener haben eben keinen Geschäftssinn.

▼ Und der Dienstleistungsbereich ist vom internationalen Standard weit entfernt. Mein Mann arbeitet schon seit vielen Jahren bei der UNO, und er sagt, die Leute dort sind völlig verzweifelt, weil sie einfach nicht verstehen, was los ist: Sie schauen sich eine möblierte Wohnung an und fragen nach den Kästen. Was bekommen sie zu hören? – „Kästen? Wenn Sie Kästen wollen, dann stellen Sie welche herein, aber, wenn Sie sie einbauen lassen, müssen Sie sie nachher wieder entfernen." Es ist alles immer so schwierig; nicht einmal für Geld geht jemand auf unsere Wünsche ein. In Amerika werden z. B. nur frisch ausgemalte Wohnungen neu vermietet. Die Einstellung hier schreckt Leute, die nach Wien kommen wollen, einfach ab.

▼ Noch ein Punkt zu den Öffnungszeiten: Die Technik entwickelt sich weiter, und die Computerwelt hat trotz aller Regulierungen die Gesetze überholt. Wenn die interaktive Situation ihre Eigendynamik beibehält, dann hat Wien den Anschluß versäumt. Dann sitzt man vor seinem Bildschirm, macht *catalogue-shopping* und pfeift auf den kleinen Laden um die Ecke. In England war es früher nicht erlaubt, am Sonntag offen zu haben. Aber kleine Geschäfte wie der Greißler um die Ecke haben es einfach gemacht. Dann sind ihnen immer mehr Supermarktketten gefolgt, dann Kaufhäuser.

▼ Die wurden bestraft, haben sich aber in den letzten zwei Jahren über die Strafen hinweggesetzt. Die haben gesagt: „Das zahlen wir! Wir setzen soviel Geld um, daß uns die Strafe nicht juckt!" Die Behörden sind mit dem Strafen nicht nachgekommen. Was ist der Regierung übriggeblieben? Vor einem halben Jahr haben sie den Geschäften erlaubt, am Sonntag offenzuhalten. Man muß ja nicht aufmachen, kein Mensch schreibt einem das vor. Es müßte hier in Wien zu einem tiefgreifenden Umdenk-

probleme besser ausgebildet werden und mehr Toleranz zeigen, vielleicht geht das auch durch Minderheitenvertreter innerhalb der Polizei. Die Polizisten wissen nicht, wie sie mit einem ausländischen Jugendlichen umgehen sollen. Und deswegen kommt es meistens zu Auseinandersetzungen. Noch dazu sind es meist junge Polizisten, die leben wirklich ihre Egos aus unter der Uniform, und das ist eine Imageverschlechterung für die Stadt. Der Wiener Integrationsfonds ist an sich ein gutes Konzept, solche Stellen können eine Übersetzer- und Vermittlerrolle übernehmen. Aber ich weiß nicht, ob es sinnvoll ist, die Außenstellen zum Beispiel im Amtshaus unterzubringen.

▼ Für Ausländer muß man vor allem in der Politik etwas machen. Minderheiten haben zwar Pflichten, aber kaum Rechte. Man redet und entscheidet über Minderheiten, ohne die Betroffenen zu fragen. So kann Integration nicht funktionieren. Deswegen muß man so schnell wie möglich im politischen Bereich etwas tun. Wenn jemandem die Politik der Regierung nicht paßt, kann er dann seine Stimme einer anderen Partei geben. Das ist das Risiko in der Demokratie. Die Regierungen wollen dieses Risiko nicht eingehen. Aber man sollte dieses Risiko auf sich nehmen, weil jetzt die zweite und dritte Generation bald erwachsen sein werden. Und die sollen zum Beispiel über die Gestaltung des Bezirks mitentscheiden, über Parks und so. Sie sollen das kommunale Wahlrecht haben.

▼ Es geht nicht nur um Einfluß, den wir erreichen wollen, sondern es geht um Verbesserungen, grundsätzliche Verbesserungen. Zum Beispiel muß man unbedingt etwas für die prozeß kommen. In einem Land, in dem 70 Prozent der Eltern sagen: „Nein, um Gottes willen, nicht fünf Tage Schule, dann können wir ja nicht einmal am Samstag vormittag einkaufen gehen", wird der nötige Druck allerdings, glaube ich, kaum zustande kommen. ▲

→ wir ham den Tierschutzverein, wir ham den Kinderschutz-, wir ham den Rentnerschutzverein, und der ist gar nichts nutz, wir haben außerdem den Mutterfreuden-Schutzverband und einen Schutzverband fürs teure Vaterland, wir ham den Denkmalschutz, wir haben auch den Jugendschutz und einen Schutzverband, der schützen soll vor Schund und Schmutz, doch es gibt jemand, den man überhaupt nicht schützt, ich möchte hoffen, daß man mich da unterstützt: Schützen wir die Polizei! Vor Verdruß und Schererei!

aus: Schützen wir die Polizei, Text: Georg Kreisler

Freizeitgestaltung von ausländischen Jugendlichen am Wochenende tun. Wenn du in einen Jugendclub gehst oder in ein Jugendzentrum, da wird um zehn Uhr zugesperrt, Samstag und Sonntag ist überhaupt nichts los, man darf nicht rauchen, man darf nicht trinken. Es muß mehr Räumlichkeiten geben, die die Jugendlichen selbst verwalten können, auch mit Betreuung. Und das hat natürlich mit Freizeit, Sport, Musik, Kunst und all dem zu tun. Und es muß auch mit der Diskriminierung und der Ausgrenzung von Jugendlichen in Lokalen und auf öffentlichen Plätzen Schluß gemacht werden. Es muß polizeiliche Maßnahmen geben gegen Leute, die eine Nation oder eine Minderheit angreifen. Ausländer sollen sich beschweren können, sollen darauf vertrauen können, daß etwas geschieht, wenn sie jemand beschimpft.

▼ Und es braucht mehr soziale Projekte, mobile Projekte, Straßenprojekte. Daß da jemand irgendwo wartet, bis die Leute kommen – das klappt nicht. Man muß zu den Leuten gehen. Man muß neue Sachen machen, zum Beispiel mit Telekommunikation, und verfolgen, was sich da tut. Wer steht heute noch auf Basteln? Da wären Hip-Hop- und Rap-Aktionen schon was anderes!

▼ Ich bin überzeugt, daß es mit Mitgestaltungsprojekten funktionieren kann. Man muß den Leuten Vertrauen geben, daß sie die Verantwortung für eine Aufgabe tragen. Dadurch kann sich etwas entwickeln. Wenn man das Gefühl hat, das ist mein Wohngebiet, das ist unsere Siedlung, da machen wir gemeinsam was, und ich habe auch das Recht, meine Meinung zu äußern, und es geht demokratisch zu, man versteht meine Bedürfnisse, dann ist das eine Entwicklung. Die Leute machen alles, von A bis Z, die Verwaltungsaufgaben haben sie unter sich aufgeteilt, und es funktioniert alles. Wenn man das Gefühl hat, ich habe auch einen Wert in dieser Gesellschaft, ich kann auch, ich habe auch eine Stimme und kann mitgestalten, dann funktioniert Integration. ▲

Auf dem Weg ins nächste Jahrhundert

Wiens Antwort auf Fragmentierung, Individualisierung und Globalisierung

Hannes Swoboda (Wien)

Der folgende Beitrag beschäftigt sich mit Wiens Weg in die Zukunft. Der Analyse der spezifischen Situation der Stadt sind einige generelle Gedanken über Tendenzen in unseren westlichen Gesellschaften vorangestellt. Dies erscheint im Zusammenhang mit der Diskussion kommunalpolitischer Grundsätze besonders angebracht, funktioniert doch die „Lebenswirklichkeit in Großstädten als Frühwarnsystem", wie erst kürzlich der Hamburger Bürgermeister Voscherau feststellte.[1]

Man mag sich fragen, ob Einschätzungen allgemeiner Art im Bereich der Kommunalpolitik überhaupt Bedeutung zukommt. Doch bereits nach einer auch nur groben Analyse konkreter Fragen etwa des Wohnbaus oder der Verkehrspolitik wird man feststellen, daß diese auf tieferliegende Zusammenhänge verweisen. Ohne bestimmte politische Fehler zu verniedlichen oder gar zu leugnen, gilt es der auch in Österreichs Medien zusehends um sich greifenden Personalisierung von Mängeln und Vorzügen im politischen Bereich entgegenzuwirken und auf die umfassenden gesellschaftlichen Ursachen der aktuellen politischen Situation abzuzielen.

Nach einem Abriß des gesellschaftlichen Wandels und – damit in Zusammenhang – der absehbaren technologischen Entwicklungen soll die Bedeutung von Minderheiten für die Zukunft von Städten untersucht werden: die „Ausländerfrage" wird vor allem Städte auch in den nächsten Jahren vorrangig beschäftigen. Im Anschluß daran wird versucht, aus diesem Blick auf die gegenwärtigen gesellschaftlichen Verhältnisse politische Konsequenzen für Städte generell und für Wien im speziellen zu ziehen. Wenn sich auch viele Autoren in dieser Hinsicht pessimistisch zeigen, scheinen Fehler und Mängel nicht unbehebbar. Was Strategien zur „Rettung" der Gesellschaft – vor allem auch der der Großstädte – betrifft, dürfte Wien nicht nur gute Voraussetzungen haben, sondern fühlt sich auch berechtigt und verpflichtet, Wege aus der Krise zu suchen.

1 Gesellschaftlicher Umbruch oder Zusammenbruch?

Die Realität zeitgenössischer Städte. Wenn wir von Stadt reden, unterstellen wir eine Einheit, die inzwischen von vielen hinterfragt wird. Gibt es sie überhaupt noch, die Stadt, die Politiker und Planer bei ihren Analysen und beim Entwerfen ihrer Strategien vor Augen haben, oder lösen sich Städte wie die Gesellschaft insgesamt in zusehends zahlreichere Gruppen und Individuen auf, die eher gegeneinander wirken als gemeinsame Ziele verfolgen? Haben die neuen Kommunikationstechnologien die räumliche Ballung von Menschen hinfällig macht?

Identität und Zusammenhalt in den Städten scheinen zunehmend in Frage gestellt. Auch Hartmut Häußermann und Walter Siebel etwa sehen die Stadt in einem sehr skeptischen Licht, wenn sie meinen, daß „Städte [...] für die zunehmend international organisierte Wirtschaft fast beliebig austauschbare Standorte geworden" sind.[2] Und der französische Philosoph Pascal Bruckner beschreibt in seinem Werk „Die demokratische Melancholie" den Rückzug des „wankelmütigen Bürgers" ins innere Exil und begreift die Gesellschaft als „die Art und Weise, in der die Bürger im Inneren eines vorgegebenen Rahmens voneinander getrennt leben und sich auf dieselbe Weise der Teilnahme am Gemeinwohl entziehen".[3] Immer weniger kann man unter den Begriff Stadt etwas – regional, sozial und gesellschaftlich – Einheitliches subsumieren. Infolge der Auflösung gesellschaftlicher Bindungen schwindet die Solidarität innerhalb von Klassen, Schichten und Gruppierungen.

Die Erweiterung der materiellen und immateriellen Spielräume verstärkt diese Anomie des gesellschaftlichen Lebens. In der

Erlebnisgesellschaft tritt die „Beziehungswahl“ an die Stelle der „Beziehungsvorgabe“.[4] Dies erzeugt große Unsicherheiten, ein gesteigertes Anlehnungsbedürfnis und eine Sehnsucht nach neuen kollektiven Mustern. Hier wittern rechte Ideologien und Gruppierungen ihre große Chance, und Ausländer sind ihnen der geeignetste Ansatzpunkt dazu, sind diese doch sichtbarster Ausdruck der gefürchteten Ambivalenz: Der Ausländer ist Fremder und dennoch nicht Feind, ist nicht Feind und dennoch nicht Einheimischer. Diese Ambivalenz erscheint ihnen bedrohend, soll beseitigt werden und einer neuen Ordnung Platz machen.

Auch das Umsichgreifen von Gewalt und Kriminalität in vielen Städten der Welt verweist auf die Notwendigkeit einer sicheren und Sicherheit vermittelnden urbanen Öffentlichkeit als Garant gegen Abschottungs-, Abwehr- und Selbstverteidigungstendenzen, die das Gemeinschaftsleben auf ein Minimum reduzieren. Städte müssen einen Beitrag zur Vermeidung von Gewalt liefern. Gelingt es der Kommunalpolitik nicht, die gefährdeten Städte zu retten, droht die flächenfressende, „isolationistische“ und privatisierte „Antistadt“.

In den Vereinigten Staaten und der sogenannten Dritten Welt gibt es bereits zahlreiche solcher Antistädte: von neuen Stadtmauern umgebene und elektronisch überwachte Siedlungen, in die Fremde nur auf direkte Einladung hin eingelassen werden. Viele Reiche haben sich so ihre sicheren Enklaven geschaffen; die Armen sind dazu verurteilt, auf der anderen Seite der Abgrenzungen in zusehends größerem Elend zu leben. Und daß da Europa nicht nachstehen kann, war nur eine Frage der Zeit, wie Entwicklungen in Großbritannien und Italien zeigen.[5]

Das Ringen um Gemeinsamkeit. Diese Zuspitzung vor Augen sieht sich Kommunalpolitik herausgefordert, alles zu unternehmen, um ein sicheres und alle verbindendes Netz zu schaffen. Daß sich Politik heute mit der Entwicklung und Umsetzung von Konzepten schwerer tut als noch vor zwanzig Jahren, daß Projekte, die noch in den fünfziger und sechziger Jahren als Wohltaten angesehen und befürwortet wurden, nun kritisiert und oft grundsätzlich abgelehnt werden, tut dem keinen Abbruch.

Gerade Kommunalpolitik muß sich zunehmend mit der Entmonopolisierung des Sachverstandes, der Informalisierung der Zuständigkeit, der Öffnung von Entscheidungsstrukturen, der Herstellung partieller Öffentlichkeit sowie mit Selbstgesetzgebung und Selbstverpflichtung auseinandersetzen. Und im Begriff der Selbstverpflichtung kommt auch zum Ausdruck, was notwendig ist, um in einem neuen System der Politik zu tragfähigen Entscheidungen zu gelangen: die Kompromißfähigkeit und -bereitschaft aller in relevante Entscheidungen involvierten Gruppierungen und Individuen. Und es sind nicht wenige und alles andere als homogene Gruppen, denen sich die Politik als „Machtinstanzen in unserer Gesellschaft“ gegenübersieht.[6]

Angesichts dieser Vielzahl artikulierter Interessen hilft das auch heute immer wieder empfohlene Rezept nicht, nach bestem Wissen und Gewissen einfach zu handeln und die gewählte Strategie „ohne Rücksicht auf Verluste“ durchzusetzen. Andererseits muß natürlich der Versuch, es allen bzw. möglichst vielen recht zu machen, gleichermaßen hilf- und erfolglos bleiben. ➞

→ Das Problem für jeden Wiener: Man kann es in Wien nicht mehr aushalten, aber woanders auch nicht.

Helmut Qualtinger

Fragmentierung durch Minderheiten. Die umrissenen sozialen Prozesse sind überdies Begleitfaktoren einer Entwicklung, durch die sich Städte zusehends in ein Spektrum unterschiedlicher Minoritäten auflösen. Los Angeles stellt in dieser Hinsicht einen Extremfall dar. Es gibt dort praktisch keine Mehrheitsbevölkerung mehr; überdies zerfällt die Gesellschaft in verschiedenste „lifestyle minorities".[7] Und in politischer Hinsicht lassen sich abermals zahlreiche Gruppierungen wie „populistische Traditionalisten", „ethnische Konservative", „liberale Aktivisten" etc. unterscheiden. Mehrheiten kommen in einer solchen Gesellschaft nur mehr durch sehr komplizierte, kaum vorhersagbare „Wählerkoalitionen" zustande.[8]

Dieser Prozeß der Fragmentierung und Minorisierung – „Die Mehrheit sind immer die anderen" – ist in manchen US-Städten so weit fortgeschritten, daß es mangels einer umfassend engagierten sozial orientierten Politik immer wieder zu Unruhen kommt. Es geht hier allerdings nicht darum, den Teufel an die Wand zu malen: Der Hinweis auf die Vereinigten Staaten will nur die möglichen Konsequenzen des schwindenden gesellschaftlichen Zusammenhalts verdeutlichen und die Notwendigkeit einer sozialen und moralischen Klammer argumentieren, ohne die Minorisierungstendenzen in einen Auflösungsprozeß münden müssen.

Der Kampf um das Städtische. Der Zerfalls- und Anomieprozeß kennzeichnet auch die internationale und vor allem die europäische Staatenwelt. Nicht nur der Ostblock ist zerfallen; viele Staaten haben sich aufgelöst, und dieser Prozeß ist nicht zu Ende. Zum Teil mit Waffengewalt wird versucht, „eindeutige", auf dem Nationalitätenprinzip beruhende Staaten zu gründen. Der Zerfall Jugoslawiens und die Zerstörung seiner Städte ist wohl der bislang traurige Höhepunkt dieser Tendenz in Europa.

Stadtfeindschaft als Ablehnung von Ambivalenz, Zwiespältigkeit und Risiko gesellschaftlicher Entwicklungen gefährdet auch unsere Städte, jedenfalls deren friedliche Weiterentwicklung. Der Kampf um die Städte geht weiter. Selbst Francis Fukuyama, der in einem Artikel vorschnell bereits das „Ende der Geschichte" propagiert hatte, mußte schließlich eingestehen, daß „wir nicht mit Sicherheit sagen [können], ob den Menschen [...] die neue Umgebung auf Dauer gefallen wird. Vielleicht werden sie nach einiger Zeit zu einer neuen, noch weiteren Reise aufbrechen".[9] In diesem Sinne kann es gerade für Städte kein „Ende der Geschichte" geben, sondern nur immer wieder neue Anstrengungen, die eigene Charakteristik und Identität zu stärken – was Veränderungen nicht ausschließt, sondern voraussetzt.

2 Die technologischen Herausforderungen

Zu den unmittelbaren sozialen Gefährdungen gegenwärtiger urbaner Gesellschaften gesellen sich neue technologische Entwicklungen als Bedrohung. Die Entwicklung der neuen Technologien schreitet manchmal so schnell voran, daß sich mancher vielleicht an den Satz Mark Twains erinnern mag: „Als wir das Ziel aus den Augen verloren, verdoppelten wir unsere Anstrengungen."

Die Beschleunigung des Lebens, diese für alle erfahrbare Gleichzeitigkeit von Ereignissen, hat nicht zu unterschätzende Auswirkungen auf das Zusammenleben: „Das Netz schiffbarer Transportwege und Eisenbahnlinien verwandelt sich in eine Struktur der Luftwege und Telekommunikationsmittel, die den Raumbegriff revolutioniert. Nicht die Herrschaft über ein Territorium ist fortan wichtig, sondern der Zugang zu einem Netz."[10] Das Eingebundensein in das Global Village bleibt nicht ohne gesellschaftliche Konsequenzen, denn allzu oft ist die internationale Kommunikation über weltweite

Netze mit dem Rückzug in die Einsamkeit verbunden: „Die zeitgemäßen Höhlen sind High-Tech-Höhlen".[11] Die Verbindung an sich wird wichtig und ersetzt Ziele und Bedeutungen, jedenfalls solange, bis die verdrängte Emotionalität und der Verlust gesellschaftlicher Bindungen nach rascher und unmittelbarer Befriedigung und neuen sozialen Grenzziehungen verlangen. Statt internationale Offenheit und Solidarität herzustellen, erzeugen die weltweiten Verbindungen oft nichts anderes als den Wunsch nach neuen Abgrenzungen und manchmal sogar autoritären Strukturen, die dem Orientierungslosen einen neuen Zusammenhalt versprechen.

Eine soziale Verankerung gegen die Entwurzelung könnten und müßten nicht zuletzt die Stadt und deren Teile, Viertel und Quartiere bieten – eine Stadt freilich, die Heimat ohne Ausgrenzung und Ausschließung zu schaffen vermag. Diese Stadt müßte neue Bindungen und Solidarität begünstigen, Differenzen anerkennen und der allgemeinen Beschleunigung und Gleichzeitigkeit Momente der Entschleunigung, Langsamkeit und Ungleichzeitigkeit entgegensetzen können. Die über Jahrhunderte entwickelte Stadt mit ihren übereinander und nebeneinander gelagerten Schichten, mit ihren Zwischenräumen und un- bzw. wechselhaft definierten Räumen birgt in dieser Hinsicht vielfältige Möglichkeiten. Allerdings nur dann, wenn sie sich als Stadt zu wehren weiß – vor allem gegen zerstörende Geschwindigkeiten. In ihrer Analyse des Wiener Gürtels brachten A. Krischanitz und L. Redl „die Aufladung des Straßenraums mit Geschwindigkeit" und den daraus resultierenden „Krisenzustand der Stadtstraße" auf den Punkt: „Durch die Fabrikation von Geschwindigkeit entstanden der Verlust von Nähe (das Grätzel ist fußläufig) und der Verlust der Ferne (Distanzen schrumpfen), eine fast expressionistische Situation der Gleichzeitigkeit. Das Mittel des Fahrens wird zum eigentlichen Zweck. Der in den Lebensbereich der Stadtstraße eingedrungene Verkehr wird zum Feind, hält Städte in permanentem Kriegszustand. Die Stadt ist zum organlosen Körper geworden, auf dem kanalisierte Bewegungsströme sich überschneiden."[12]

Können die neuen Kommunikationstechnologien die Transformation der Städte einerseits dramatisch verschärfen, bieten sie andererseits die Chance, den „stadtzerstörenden" Individualverkehr etwa durch Telearbeit einzudämmen und neue attraktive Orte der Begegnung (Fußgängerzonen, Plätze etc.) zu schaffen. Die Begrenzung und Kontrolle des städtischen Autoverkehrs ist mit dem Funktionieren einer Stadt durchaus vereinbar, wenngleich eine solche Strategie immer auch auf Widerstände und Protest stößt. Ungleich schwieriger ist die Beeinflussung der Entwicklung der weltweiten Kommunikationstechnologien und -medien. Hier ist der Gefährdung des ohnehin schon deutlich geschwächten sozialen Zusammenhalts besonderes Augenmerk zu schenken. Auch und vor allem kommunalpolitisch ist der zunehmenden Vernetzung und Monopolisierung der großen Medienkonzerne der aktive Bürger gegenüberzustellen, der vom Konsumenten fremder zum Produzenten autonom zusammengestellter Programme werden kann. Je intensiver sich lokale Zusammenarbeit und Gemeinsamkeit in diesem Bereich gestalten, desto mehr wird die Entwicklung auf diesem Gebiet zur Schaffung lokaler Identitäten beizutragen in der Lage sein.

3 Neubewertung der Solidarität

Meine erste These lautet also, daß den Städten zunehmend die Existenzgrundlagen entzogen wurden bzw. werden. Zuletzt verloren die Städte („Stadtluft macht frei") mit der Verallgemeinerung der Bürgerrechte ihre besondere rechtliche und politische Basis. Mit der Globalisierung – in wirtschaftlicher und technologischer Hinsicht – verlieren sie nun zunehmend auch ihre jeweilige Einmaligkeit und Besonderheit. Was bleibt sind ökologische Vorteile (z. B. geringer Landverbrauch) und der Beitrag zum sozialen Zusammenhalt. Gerade dieser ist aber extrem gefährdet, und daher müssen die kommunalen Gegenstrategien an diesem Punkt ansetzen. →

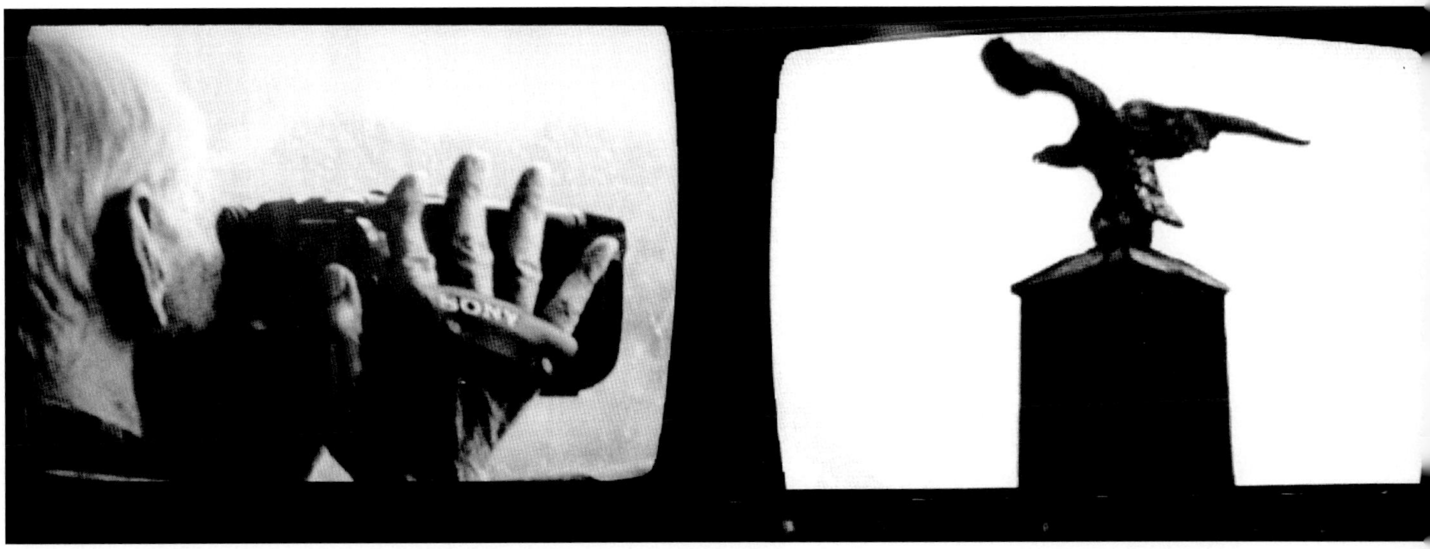

Nicht der Vollendungszwang der Moderne muß im Vordergrund stehen, sondern die Neugründung von sozialen Netzen.

Solidarität versus Entsolidarisierung. Es sind also intensive von Solidarität getragene Anstrengungen notwendig, um die Probleme der Städte von heute lösen zu können. Es darf keine Gleichgültigkeit gegenüber den sozial Schwächeren und den Verlierern im notwendigen Modernisierungsprozeß geben, auch wenn sich viele dagegen sperren: „Daß die Dinge schlecht stehen, ist nichts Neues; für eine große Anzahl von Menschen pflegten die Dinge auch zu den besten Zeiten schlecht zu stehen. Was wahrhaft neu ist, ist, daß die Dinge, die für einige Menschen schlecht stehen, den Menschen, für die die Dinge gut stehen, nur selten Anlaß zu Beunruhigung sind. Letztere haben akzeptiert und erklärt, daß sie nur wenig tun können, um das Los der anderen zu erleichtern."[13] Und Joseph Heller charakterisiert in seinem neuesten Roman „Endzeit" eine seiner zentralen Figuren mit den Worten: „Er behielt es für sich, daß er mittlerweile ein weiterer Angehöriger der soliden Mittelklasse war, der nicht scharf darauf war, die Steuern erhöht zu bekommen, um die elende Lage derer zu verbessern, die keine zahlten. Er wollte lieber mehr Gefängnisse."[14] Leider gilt allzu oft das marokkanische Sprichwort: „Vorsicht vor dem Hungrigen, der sich satt ißt."

Das Versprechen einer sozial orientierten Politik darf insbesondere auf kommunaler Ebene nicht zurückgenommen werden. Im Gegenteil: Die nächsten Jahre müssen Jahre verstärkter Solidarität sein, insbesondere mit denen, die eine Wohnung brauchen, mit denen, die einen Arbeitsplatz benötigen, mit denen, die durch die Mobilität anderer behindert werden, mit den Zuwanderern und mit allen, die sich durch die Zuwanderung in ihren Arbeits- und Lebensverhältnissen bedroht fühlen.

Begründbare Werte versus moralische Unterforderung. Will man Politik nicht nur als Reaktion auf vergangene Entwicklungen verstehen, sondern auch als Gestaltung der Zukunft, wird man nicht umhinkönnen, sich bestimmter gesellschaftlich relevanter Werte zu besinnen und diese in der Politik zu vertreten. Diese Werte z. B. der Solidarität und Hilfe sind den neuen Tendenzen zu Individualisierung und Selbständigkeit nicht antagonistisch gegenüberzustellen. Sie müssen vielmehr mit diesen „Werten" in Einklang gebracht werden, ihnen jedoch dort Grenzen sezen, wo sich Individualismus und Freiheit von einzelnen Individuen oder Gruppen gegen die Verwirklichungschancen anderer richten. In „Wir brauchen eine antiautoritäre Wertedebatte!" meinte Daniel Cohn-Bendit daher: „Die neuen Werte werden sich gegen alte moralische Weisungen, gegen

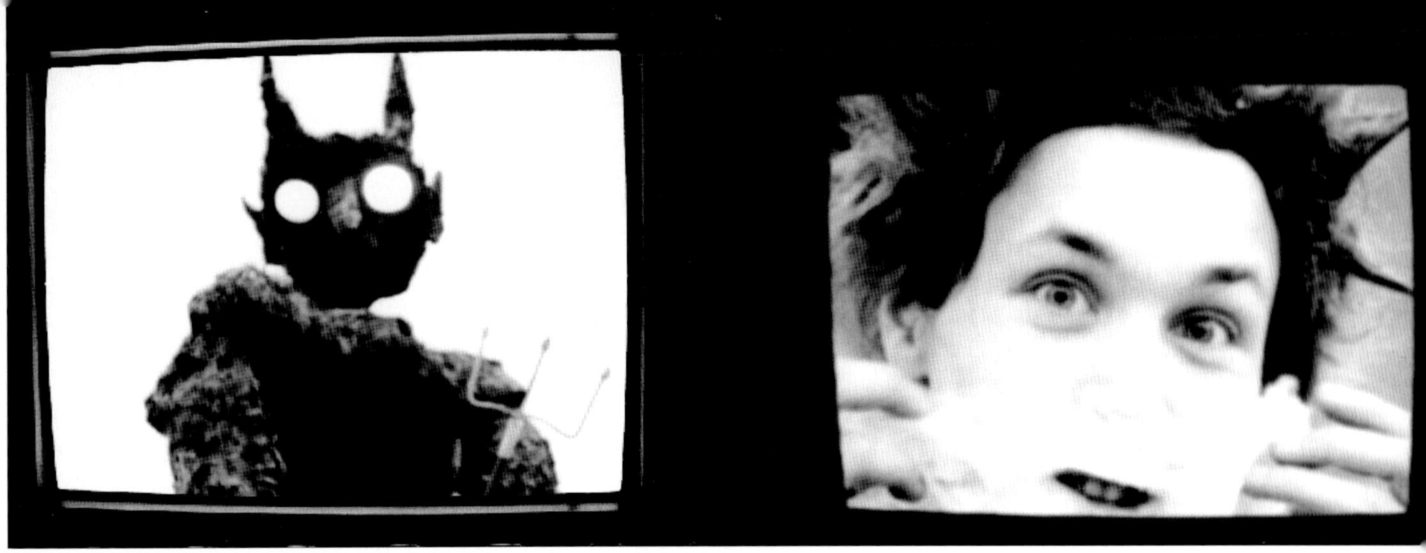

Vorurteile und Rassismus durchsetzen müssen. Die Frage ist, wie geben wir uns und unseren Kindern die Kraft, den Mut und vielleicht auch die Demut, diese zu verinnerlichen und anzunehmen und vor allem: sie zu leben. Wie vermitteln wir, unter Verzicht auf hohle Floskeln, daß es Grenzen der individuellen Entfaltung gibt, wie erklären wir das Maß zwischen individueller Durchsetzungsfähigkeit und der Notwendigkeit solidarischer Interaktion?“[15]

Zumindest ein Teil der Jugend scheint manchmal nur darauf zu warten, Werte der Solidarität und Unterstützung zum Ausdruck zu bringen und praktisch werden zu lassen. Aber wahrscheinlich versagen Politik und Politiker besonders bei der Vermittlung von gesellschaftspolitischen Zielen. Der Bau von mehr und besseren Sozialwohnungen, die stärkere Rücksichtnahme auf die schwächsten Verkehrsteilnehmer, ökologische Beschränkungen bei der Stadtentwicklung, die friedliche Kooperation mitteleuropäischer Städte – all dies sind doch Zielsetzungen, die von gesellschaftlichen Werthaltungen getragen sind und für die es sich zu streiten und wenn notwendig zu kämpfen lohnt.

Solidarität versus Neokonservatismus. Eine Politik der Solidarität unterscheidet sich deutlich von konservativen Ansätzen, die den Staat schwächen möchten. Den alten und neuen Rechten ist die Verantwortung des Staates für die Wohlfahrt der Bürger zu stark, die Rolle des Staates in der inneren und äußeren Sicherheit hingegen zu schwach.

Während sich die Reichen weltweit in ihre neugeschaffenen und durch privat finanzierte Sicherheitsdienste gesicherten Ghettos zurückziehen, werden die Verbindungen zu den Enklaven der Neuen Armut der „Dritten Welt“ und den unterprivilegierten Minoritäten immer lockerer und nebensächlicher. Zwar ist die Tendenz zur Segregation in europäischen Städten und insbesondere in Wien keineswegs so ausgeprägt wie etwa in den Vereinigten Staaten: Aber wenn konservativen Werthaltungen und der schleichenden Segregation nicht beständig durch politische Maßnahmen entgegengearbeitet wird, könnte selbst in Wien eine kaum rückgängig zu machende Spaltung der Gesellschaft in eine wohlhabende Oberschicht, die in gut versorgten und durch einen starken, sich auf Sicherheitsaufgaben konzentrierenden Staat geschützten Wohnvierteln lebt, und in verschiedene Gruppierungen der in- und ausländischen Unterschicht ohne Aussicht auf Unterstützung durch einen schwachen Staat, der sich zunehmend der sozialen Verantwortung entledigt, Wirklichkeit werden.

4 Prüfstein Minderheitenpolitik

Einen besonderen Prüfstein für eine sozial orientierte Kommunalpolitik stellt sicherlich die „Ausländerpolitik“ dar, in deren Bereich in den letzten Jahren allzu einfache Rezepte angeboten wurden, die von einem gleichermaßen moralisch verwerflichen wie wirtschaftlich unsinnigen „Ausländer raus!“ bis hin zur undifferenzierten Kritik einer kontrollierten Zuwanderungs- und vorsichtigen, wenngleich sicher unvollständigen Integrationspolitik reichten. Sowenig außer Frage steht, daß die Entwicklung Wiens in den letzten zwei Jahrhunderten ohne massive Zuwanderung ebenso anders verlaufen wäre wie ohne Auswanderung und Vertreibung, so auffällig ist das besondere Spannungsverhältnis zwischen Vielvölkerstadt und Ausländerfeindlichkeit. Luigi Reitani etwa sieht „Fremdenhaß und fremde Einflüsse“ in kaum einer anderen Stadt so nebeneinander existieren wie in Wien – „Nicht nur von Fremden ist die Vielvölkerstadt Wien bestimmt, sondern auch gegen sie. Schizophrenie ist hier zur Hause.[16]

Neue Gründerzeit? Die seit Mitte der achtziger Jahre wieder positive Wanderungsbilanz, die sich in einem Bevölkerungswachstum Wiens mit einem zunehmenden Ausländeranteil niederschlug, und die mit dem Fallen des Eisernen Vorhanges verbundenen Folgen waren vielen Anlaß, von einer „neuen Gründerzeit“ für die Stadt zu sprechen. Die Anzahl der jährlich gebauten Sozialwohnungen erhöhte sich innerhalb von drei Jahren auf etwa das Doppelte; noch nie wurden soviele Schulen erneuert bzw. erweitert und neue Schulen gebaut. Es wird nicht zuletzt von der gesamteuropäischen Wirtschafts- und Migrationsentwicklung abhängen, ob diese sozial und ökologisch orientierte „Gründerzeit“ bloß ein kurzes Aufflackern war.

Durch die verstärkte Stadterweiterung im Sinne eines „Anwachsens“ an das bestehende Siedlungsgebiet bzw. der Entwicklung von „Vorstädten“ an den Achsen des öffentlichen Verkehrs werden die Konzentrationstendenzen eher zunehmen, da die neuen Wohnungen faktisch bzw. teils rechtlich für die Zuwanderer vor der wirtschaftlichen und rechtlichen (Staatsbürgerschaft!) Integration nicht zur Verfügung stehen. Deren Konzentration in den alten Stadtvierteln bietet natürlich soziale Konfliktpotentiale. Festzuhalten ist in dieser Hinsicht allerdings, daß die Integrationsmöglichkeit für die Zuwanderer in den Privathäusern der älteren Stadtteile oft leichter war, als sie in den neuen Stadtteilen gewesen wäre: Flexible Mietenstrukturen, das Vorhandensein von Kellerlokalen für die Errichtung kleiner Gewerbebetriebe und die Nähe von Märkten machten und machen oft eine reibungslosere Integration möglich.

Von einer Zwangsghettoisierung zu sprechen verkürzt das Problem. Vielfach suchen Zuwanderer bestimmte Stadtviertel auf, um ein Stück Heimat wiederzufinden, das ihnen Unterstützung, Solidarität und Freundschaft verspricht. →

Manche Konflikte oder gar tätliche Auseinandersetzungen, wie sie in den „Sozialsiedlungen“ anderer Großstädte – man denke etwa an die Jugendkrawalle in den französischen Vorstädten – beinahe auf der Tagesordnung stehen, sind Wien aufgrund dieser Einwanderungs- und Siedlungsstruktur erspart geblieben. Dies tut freilich der Notwendigkeit keinen Abbruch, sich den durch die Zuwanderung entstehenden Problemen im Wohn- und Schulwesen zu stellen.

Eine noch vor der aktuellen Öffnung der Grenzen zu den kommunistischen Nachbarstaaten von der Stadtplanung Wien in Auftrag gegebene Studie mit dem Titel „Wien 2010 – Entwicklungstendenzen bei wachsender Bevölkerung und offenen Grenzen“ hatte die Entwicklungsoptionen der Stadt szenarienartig zu antizipieren versucht. Während die „stabilen“ Szenarien von einem Bevölkerungswachstum von rund 6000 Menschen pro Jahr ausgingen, veranschlagte das Extremszenario eine jährliche Zunahme der Stadtbevölkerung um 12000 Einwohner. Nicht zuletzt der Umstand, daß im ersten Drittel der 90er Jahre die tatsächliche Zuwanderung und Bevölkerungsentwicklung die Extremannahmen bei weitem überstiegen, ließ das Drängen auf eine geregelte und kontrollierte Zuwanderung angebracht erscheinen.

Kontrollierte Zuwanderung als Integrationsvoraussetzung. Die Schlußfolgerung dieser Szenarien des Jahres 1989, nämlich eine stabile Entwicklung bei flexibler und kontrollierter Zuwanderung anzustreben, gilt noch heute und sollte für Wien langfristig Gültigkeit bewahren, denn: „Städte bilden sich von außen und ernähren sich von außen. Einwanderung ist eine Lebensbedingung der Stadt. Eine Stadt, die sich gegen Fremde wehrt und abschottet, sperrt sich gegen Entwicklung und erstarrt. Ausländerfeindlichkeit ist ein Warnzeichen in Sachen Lebensfähigkeit der Stadt selbst. Ausländerfeindlichkeit ist letzten Endes Stadtfeindschaft.“[17] Die keineswegs zu unterschätzenden Probleme und Konflikte, die eine starke Zuwanderung mit sich bringt oder verschärft, sprechen nicht prinzipiell gegen Migration, aber für ein vernünftiges und nach Möglichkeit kontrollierbares Maß der Zuwanderung.

Ängste. Zuwanderung erzeugt offensichtlich Ängste verschiedenster Art. So befürchtet man, daß der erworbene Wohlstand wieder verlorengehen könnte, daß man gezwungen sein könnte, vom Erreichten abzugehen, es mit anderen zu teilen. Die Zuwanderer erinnern darüber hinaus so manche an ihre eigene frühere Position bzw. die ihrer Vorfahren, an Situationen, in die sie als

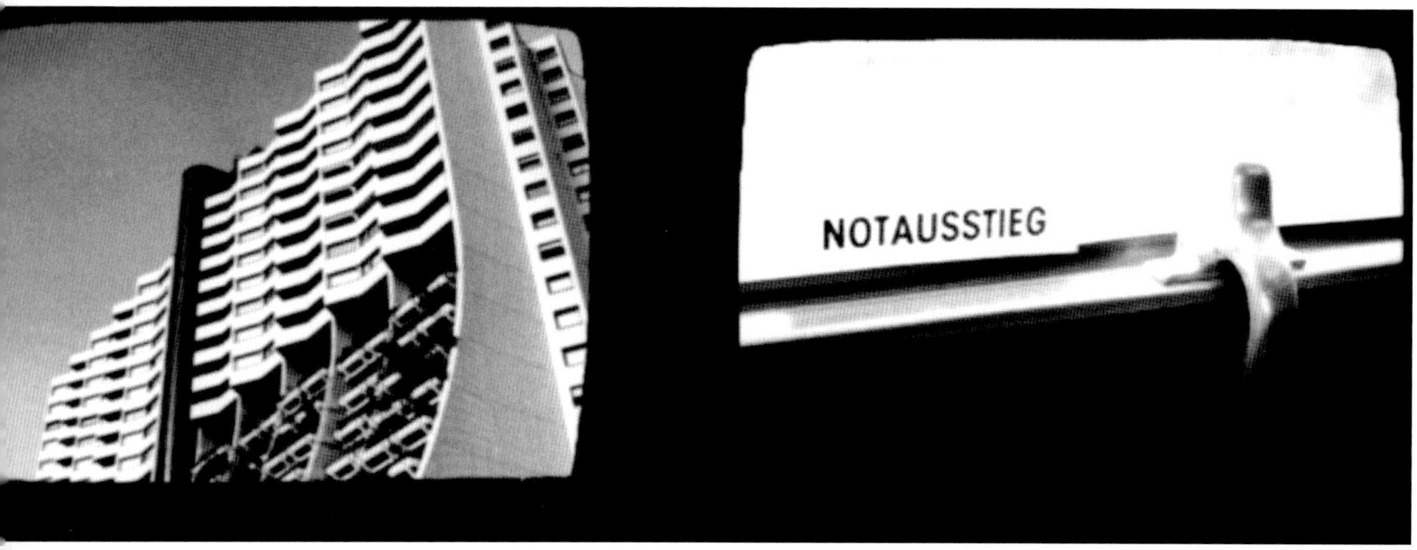

„Einheimische" zurückzufallen fürchten, insbesondere wenn sie selbst den Anpassungsprozeß erst knapp hinter sich oder gar erst vor sich haben; oft sind es paradoxerweise die gerade Zugewanderten, die sich – nach dem Motto: „Der letzte macht die Tür zu" – gegen die weitere Zuwanderung am radikalsten verschließen.

Begegnet muß diesen Ängsten primär durch Handlungen werden: durch mehr Wohnungen, mehr Schulen, ein ausreichendes Arbeitsplatzangebot etc. Gerade dies gestaltet sich aber bei der gegenwärtigen Wirtschafts- und Finanzlage schwierig. Funktionierte in Wien zwar die Ankurbelung im Wohnungs- und Schulbau hervorragend, könnte es hinsichtlich des Ausbaus der Infrastruktur, insbesondere der leistungsfähigen öffentlichen Verkehrsmittel bald zu einem Engpaß kommen. Und was den Arbeitsmarkt betrifft, verschlechtert sich die Lage aller Gruppen, die der Gastarbeiter freilich überdurchschnittlich.

Politisch geschürt wird vor allem die Angst davor, zum Opfer krimineller Handlungen zu werden. Und in der Tat ist die Kriminalität in vielen Städten gestiegen; so auch in Wien. Sieht man sich jedoch die Zahlen an, kann keineswegs pauschal von einer steigenden Ausländerkriminalität gesprochen werden. In einer im Auftrag der Stadt Wien über die Kriminalitätsentwicklung der letzten Jahre angestellten Untersuchung kamen die Autoren zu dem Schluß, daß sich, was die jünger als 60 Jahre alte Erwachsenenpopulation der Stadt betrifft, trotz der „unvergleichlich ungünstigeren Lebenslage" unter „den ‚Gastarbeitern' weniger strafrechtlich inkriminierte Personen befinden als unter den strafmündigen Österreichern":[18] Relativ selten kommt diese Gruppe mit Eigentumsnormen in Konflikt – mehr als 80 Prozent der Anzeigen gegen Ausländer betreffen Ausländer ohne Gastarbeiterstatus. Das heißt also, daß die Öffnung der Grenzen zwischen den zwei Hälften Europas mit ihren unterschiedlichen Wohlfahrtsniveaus, Lebens- und Zukunftschancen die Kriminalität in Wien erhöht hat – nicht aber der höhere Anteil der ausländischen Wohn- und Arbeitsbevölkerung, zumindest solange diese auf welcher Ebene auch immer in den Wohlfahrtsstaat integriert werden konnte.

Begreift man „Gruppenegoismus und Fremdenhaß" als „anthropologische Konstanten", wie dies H. M. Enzensberger in seinem Essay „Die große Wanderung" tut, ist klar, worauf es in diesem Zusammenhang ankommt: Wir müssen lernen, mit diesen Phänomenen umzugehen, müssen zu verhindern versuchen, daß die Ängste politisch funktionalisiert werden. Das Problem liegt weniger in den „natürlichen Tendenzen der Aus- und Abgrenzung", sondern vielmehr in den Strategien politischer Rattenfänger, die diese Tendenzen für ihre Zwecke zu mißbrauchen suchen und sich dabei alles andere denn zimperlicher Methoden bedienen.[19]

Wiens Geschichte ist geradezu prototypisch für eine multikulturelle, von fremden Einflüssen bestimmte Entwicklung. Musik und Architektur zeugen ebenso von der „gemischten" Vergangenheit der Stadt wie Ortsnamen und Begriffe aus dem Alltag und mundartliche Bezeichnungen. Sind vielleicht gerade deshalb die Ab- und Ausgrenzungsversuche in dieser Stadt so stark ausgeprägt?

Identitätsverlust durch neue Kulturen? Eine Identitätsgefährdung wird auch in der angeblich drohenden Islamisierung unserer Städte gesehen. Tatsächlich gibt es einige Bezirke, in denen die Anhänger des Islam die Bürger der zweitstärksten Religionsgruppe Wiens (des evangelischen Glaubensbekenntnisses) an Zahl übersteigen. Der höchste Wert beträgt allerdings 8,3 Prozent der Bevölkerung, und im Wiener Durchschnitt sind es nicht mehr als 4,1 Prozent. Eine Moschee und ein islamischer Friedhof in einer Stadt von der Größe Wiens werden wohl kaum deren christliche Identität in Frage stellen.

Bassam Tibi, ein „Islamist" der 68er-Bewegung und heute Politikwissenschaftler in Göttingen, sieht in diesem Zusammenhang zwei Wege: eine begrenzte Zuwanderung und die Unterstützung eines liberalen Euro-Islam: „Nur ein Euro-Islam als entpolitisierter liberaler Islam ist in Europa integrationsfähig. Diese kulturelle Voraussetzung muß einhergehen mit ökonomischer und sozialer Integration der Betroffenen, die jedoch nur dann möglich ist, wenn europäische Regierungen nur soviele Einwanderer zulassen, wie der Arbeitsmarkt verkraftet."[20] Der syrische Philosoph Sadik al-Azm unterstrich jüngst in einem Artikel seine Einschätzung, daß sich auch islamische Gesellschaften zusehends „in Richtung Privatisierung, Individualisierung und Verinnerlichung der Religion" entwickeln: „Ich bin der Überzeugung, daß dieser Prozeß irreversibel ist, und gerade dagegen rebellieren die Fundamentalisten so erbittert: daß der Islam hierzulande einst das sein wird, was das Christentum in Europa heute ist."[21] Ein solcher Wandel wäre jedenfalls nicht nur positiv für die menschenrechtliche Situation in den islamischen Ländern selbst, sondern auch für ein friedliches, auf gegenseitiger Anerkennung basierendes Zusammenleben in der Mittelmeer-Region und in allen europäischen Städten, in denen islamische Bürger leben.

Rechte und Pflichten. Für eine aktive Minderheitenpolitik ist Solidarität unabdingbar. Diese bedarf allerdings einer adäquaten wirtschaftlichen und sozialen Basis. Zu glauben, daß man Toleranz von Amts wegen verordnen kann, ist Unsinn. „Tolerant kann nur sein, wer einmal die Erfahrung gemacht hat, daß er nicht überrollt wird. Die Räume für diese wichtigste Erfahrung bereitzustellen, das wäre geglückte Stadtentwicklung."[22]

In Wien ist seit Jahrhunderten die Anwesenheit verschiedener Sprachen, Ethnien und Kulturen Teil der Normalität. Selbst die brutalsten Versuche, dies zu verhindern, waren letztlich zum Scheitern verurteilt. Die „produktive Wendung" der immer wieder neu entstehenden Spannungen läßt allerdings oft auf sich warten; gerade wirtschaftlich schwierige Zeiten scheinen eine ungünstige Voraussetzung für eine positive Entwicklung zu sein. Politik muß erst recht Voraussetzungen dafür schaffen, daß es gelingt, ein dem städtischen Raum jeweils entsprechendes Zusammenwirken von Integration und Eigenständigkeit zu realisieren.

Entscheidend für den sozialen Frieden und den Abbau der Ängste vor Identitätsverlust ist die gegenseitige Anerkennung von Rechten und Pflichten. Wie es einerseits die Pflicht gibt, anderen in ihrer Not zu helfen und sie aufzunehmen, besteht andererseits die Pflicht, die Grundlagen der Identität der Gastgeber, deren „Hausordnung", zu akzeptieren. Agnes Heller, die Ungarn im Jahr 1977 verlassen mußte, sieht diese „Hausordnung" in zweifacher Hinsicht bestimmt: „Erstens: Die Gäste oder Asylsuchenden haben den staatlichen Gesetzen zu gehorchen, auch wenn sie aus Staaten kommen, in denen andere Gesetze gelten. Den Gesetzen zu gehorchen heißt nicht, sie auch zu lieben, sondern meint nur die Verpflichtung, nicht gegen sie zu verstoßen. Da die Gesetze schon bestanden, ehe die Gäste eintrafen, treten jene, die in das Haus kommen, in ein Rechtssystem ein. Zweitens: Die Asylsuchenden wandern nicht nur in einen Staat ein, sie wandern auch in eine Gesellschaft ein. Sie müssen auch jenen ungeschriebenen Gesetzen folgen, die die Mindestvoraussetzungen menschlichen Umgangs in dieser Gesellschaft ermöglichen." Und abschließend betont sie in ihren zehn Thesen zum Asylrecht: „Der moralische Anteil, den der Ausländer an dieser Verpflichtung hält, unterscheidet sich zwar von dem des Hausherrn, doch entsprechen sie einander wechselseitig. Sie müssen in ihrem Verhältnis so symmetrisch werden, wie es nur menschenmöglich ist."[23]

5 Kommunalpolitik zwischen Individualisierung und sozialer Verantwortung

Wenn es also stimmt, daß spezifische soziale und gesellschaftspolitische Phänomene nicht nur zur Entfremdung zwischen Regierenden und Regierten führen, sondern den gesellschaftlichen Zusammenhalt generell gefährden, so muß hier der Ansatzpunkt einer jeden Politik liegen. Dies gilt im besonderen Maße für die städtische Politik. Denn einerseits sind Städte von drohenden gesellschaftlichen Krisen besonders gefährdet, andererseits bergen gerade Städte eine ungeheure Integrations- und Erneuerungskraft. „Totgesagte" Städte wie New York und Neapel erleben immer wieder einen neuen Aufschwung.

Gerade Kommunalpolitik läßt sich daher nicht auf einzelne Bereiche der Sachpolitik reduzieren, so wichtig auch der sprichwörtliche „Kanaldeckel" für das tägliche Leben des einzelnen Stadtbürgers sein mag. Neben der notwendigen Vorsorge für ein angenehmes und reibungsloses Alltagsleben durch effiziente Verwaltung und Dienstleistungen sind es vor allem zwei zentrale Aufgaben, denen sich städtische Politik zu widmen hat.

Die Schutzfunktion der Politik. Politik muß sich wieder ihrer Schutzfunktion besinnen. Viele Bürger gehören zu den Verlierern gesellschaftlicher Entwicklungen, sind oder fühlen sich in Gefahr, Sicherheit und Wohlstand zu verlieren. Ihnen muß Verständnis, Schutz und Hilfe signalisiert und entgegengebracht werden.

Gesamtgesellschaftliche Entwicklungen können bloß beeinflußt, verzögert und geringfügig umgelenkt, jedoch kaum verhindert wer-

den. Aber angesichts der Fülle von sozialen und technologischen Neuerungen braucht es für alle Gruppen der Gesellschaft, die Gefahr laufen, unter die Räder zu kommen, Orte, Institutionen und Menschen der Orientierung und der Zuflucht, zumindest der Hilfe und Unterstützung, also der Solidarität. Wenn in diesem Zusammenhang eine ausreichende Versorgung mit erschwinglichen Wohnungen und das Ziel der Vollbeschäftigung in den Vordergrund rücken, dann geht es nicht nur um diese Leistungen an sich, sondern vor allem auch um Signale an diejenigen, die sich aus eigener Kraft nicht ausreichend zu helfen imstande sind.

Von besonderer Bedeutung für eine Stadtpolitik, die weit mehr als reale Leistungen im Sinn hat, ist die „Ausländer"- bzw. „Minderheitenpolitik". Wien wird immer eine Stadt der Zuwanderung sein, der ohne dieser ein Stück an notwendiger Lebenskraft und Identität fehlen würde. Aber Zuwanderung heißt auch: zusammenrücken, teilen, Fremde aufnehmen. Niemand ist gegen die damit verbundenen Ängste gefeit. Viele können diese Ängste selbständig verarbeiten, manche vielleicht nur verdrängen – viele hingegen brauchen Unterstützung und die Gewißheit kontrollierter und kontrollierbarer Zuwanderungsströme. Städtische Politik muß darauf abzielen, es nicht dazu kommen zu lassen, daß sich die möglicherweise selbst vor nicht allzu langer Zeit zugewanderten Einheimischen nicht mehr und die erst jüngst Zugewanderten noch nicht zu Hause fühlen, daß sich die einen schon hinausgedrängt, die anderen noch nicht integriert fühlen. Keinesfalls aus den Augen zu verlieren ist auch, daß sich die Probleme, denen sich heute die Politik in bezug auf ethnische Minderheiten gegenübersieht, in naher Zukunft im Bereich der zusehends zahlreicheren sozialen Minderheiten und life-style minorities stellen werden.

So unumgänglich reale Leistungen – Wohnungen, Arbeitsplätze, Sozialprojekte – für eine Lösung des Problems sind, so notwendig ist der solche Maßnahmen begleitende Versuch, zwischen Mehrheit und Minderheit bzw. zwischen den verschiedenen Minderheiten zu vermitteln. Städtische Politik muß die Voraussetzungen für eine konstruktive Austragung und Bewältigung der entstehenden Konflikte herstellen. Gerade weil Wien trotz vieler Unkenrufe von unterschiedlichsten Seiten seine Integrationskraft unter Beweis gestellt hat, ist es prädestiniert, im Rahmen einer modernen Ausländerpolitik weitere Schritte der Integration zu setzen: Die Schulen, der Integrationsfonds, das URBAN-Projekt mit Unterstützung der EU im Bereich des Gürtels etc. können diesbezüglich wertvolle Arbeit leisten. Dabei ergibt sich allerdings das Paradox, daß Wien für Zuwanderer um so attraktiver wird, je erfolgreicher sich seine Integrationspolitik gestaltet. Hoher Zuwanderungsdruck ist ja in Wirklichkeit stets Indiz für die Qualität einer Stadt.

Konfliktregelung durch aktive Bürger. Neben Sachleistungen und deutlichen Signalen der Unterstützung für die sozial Schwachen muß eine Stadtpolitik der Zukunft auch vermehrt Anregungen zur Teilnahme und Selbstorganisation vermitteln. Das Bekenntnis zu einer aktiven Politik und zur manchmal auch verstärkten Übernahme politischer Verantwortung darf keinen Gegensatz zu einer politischen Haltung darstellen, welche Bürgerbeteiligung und Selbstorganisation nicht nur duldet, sondern auch aktiv fördert und als wesentlichen Motor der Gesellschaft betrachtet. Das Engagement der Bürger – allerdings nicht nur zum Schutz persönlicher Interessensphären – ist ein entscheidender Faktor zur Überwindung von Isolation und Entfremdung. Europa, Österreich und Wien haben hier noch einiges zu gestalten. Nicht daß es an Initiativen mangelt, wenn es etwas zu verhindern gilt, aber die Bereitschaft zu konkreter Kooperation und eigenständiger Erfüllung wichtiger Gemeinschaftsanliegen und -aufgaben ist keineswegs ausreichend entwickelt. Vielleicht wurden in der Vergangenheit zu viele Initiativen und Ideen unterdrückt oder zumindest zuwenig unterstützt.

Gerade im Rahmen der Stadtplanung wurden einige zum Teil sehr erfolgreiche Versuche der Bürgerbeteiligung unternommen, die das generell neue Selbstverständnis der Planung unterstreichen: weder kann noch soll alles „von oben" und „für alle Zeiten" bestimmt werden. Die Stadtplanung muß vielmehr Eckdaten setzen, Rahmen abstecken, bestimmte Entwicklungen in Gang setzen und andere ausschließen. Sie muß sich vor allem darum bemühen, Möglichkeiten offenzuhalten und neue soziale und ökologische Grundhaltungen zu propagieren.

6 Restriktionen und Chancen einer Kommunalpolitik von morgen

Die Restriktionen einer historisch gewachsenen Stadt. Wie ist es eigentlich um die Veränderbarkeit Wiens bestellt? Hat eine Stadt wie Wien überhaupt eine städtebauliche Zukunft, oder stellt sie einer Modernisierung infolge ihrer historisch gewachsenen Substanz nicht baulich und geistig zu viele starre Strukturen entgegen? Sicherlich eignet der von vielen als fertig angesehenen Stadt nicht jene Anpassungsfähigkeit, die sich manche wünschen. Aber ist dieser Nachteil nicht oft ein Vorteil? Ist es negativ zu bewerten, daß sich Wien den Anforderungen des Individualverkehrs gegenüber in mehrfacher Hinsicht als resistent erwiesen hat? Ist es nicht als positiv anzusehen, daß Wien über eine zunehmende Zahl von teils natürlich gewachsenen, teils geplanten Orten „überholter" Kommunikation wie Fußgängerzonen, Plätzen, kleinen Parks usw. verfügt? Konterkarieren nicht gerade diese Orte der Langsamkeit und Bedächtigkeit die um sich greifende Entfremdung und Segregierung? Bieten sie nicht allen Arten von „Minderheiten" die Möglichkeit des Aufenthalts und der Begegnung? Kommen nicht gerade die älteren Viertel und Grätzel dem Traum von einer Gesellschaft entgegen, die immer auch ein wenig Gemeinschaft und damit Gemeinsamkeit enthält?

Sicher: Auch die älteren, traditionell gewachsenen Stadtteile müssen sich ändern, weiterentwickeln; die Stadt insgesamt muß wachsen, wenngleich mit Behutsamkeit und in Grenzen. Und so einfach wiederholen lassen sich Wachstums- und Entwicklungsprozesse der Vergangenheit nicht. Die wirtschaftlichen, insbesondere die Eigentumsverhältnisse haben sich geändert, der Flächenbedarf für Wohnraum steigt weit mehr als der für Arbeitsplätze, unterschiedliche Trägheitsmomente spielen eine Rolle etc. Dennoch: Auch hier zeigt das Umschwenken auf eine größere Vielfalt und Kleinteiligkeit selbst in großen Stadterweiterungsprozessen Erfolg. Über Jahrhunderte gewachsene Stadtviertel können allerdings nicht als Maßstab für neue, relativ rasch geschaffene Stadtviertel dienen, vor allem nicht in den ersten Jahren oder gar Monaten der Fertigstellung. Bei aller, teils auch berechtigten Kritik: In keiner anderen Stadt wurden soziale Wohnbauten mit einer vergleichbaren Qualität geschaffen wie in Wien, und dies gilt auch und erst recht für die jüngst geplanten bzw. fertiggestellten Projekte.

Doch zurück zu den alten Stadtvierteln. Der Kampf ums Neue im alten Rahmen wird in Wien besonders heftig geführt, was sich etwa an den Diskussionen um das Museumsquartier nachvollziehen läßt. Die kommunalpolitischen Instanzen einer Stadt, die ob ihrer baulichen Struktur und ihres Ambientes international so geschätzt und gelobt wird, müssen um jede Neuerung ringen. Alles andere wäre dieser Stadt unwürdig – wohin auch immer das Pendel im Detail ausschlagen mag. Das Museumsquartier wird – mit und ohne Leseturm – in einigen Jahren zu einem der interessantesten Kulturkomplexe Europas gehören.

Wie Wien die baulichen Ergänzungen im Inneren, wie etwa das Haas-Haus, und an seiner Peripherie zu verkraften und seine Identität zu bewahren weiß, so werden auch die neuen Kommunikationstechnologien in dieser Stadt der Kommunikation ihren Ort finden. Sofern die neuen Formen die noch vorhandenen alten nicht verdrängen, sondern diese ergänzen bzw. sich mit ihnen arrangieren (Stichwort: Cyber-Café), wird auch in diesem Bereich die Modernisierung zur Stärkung der städtischen Identität beitragen.

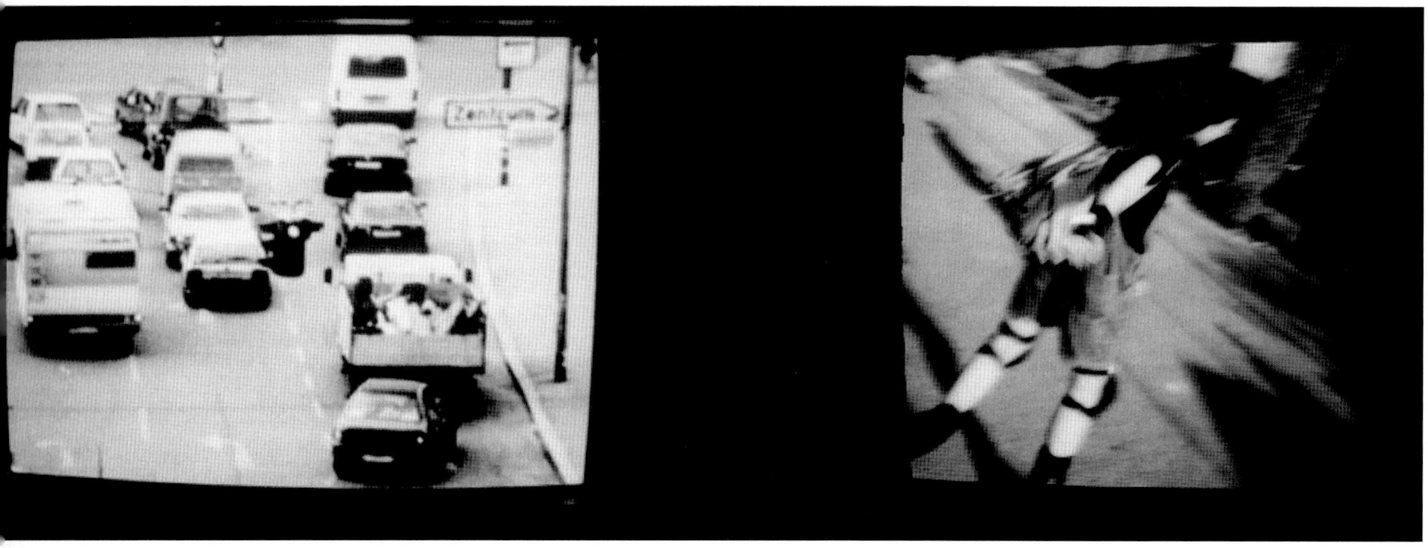

Die kompakte Stadt als ökologische Orientierung. In der Vergangenheit wurde bei Entscheidungen über die städtische Entwicklung den aus gewissen Maßnahmen resultierenden ökologischen Belastungen für die Zukunft zu wenig Augenmerk geschenkt. Der steigende Flächenverbrauch ist ein Beispiel dafür.

Allein von 1971 bis 1988 sind fast 1500 Hektar unbebaute Flächen einer baulichen Nutzung zugeführt worden, was einem Mehr von etwa 12 Prozent entspricht. Im Wiener Umland hingegen wurden in diesen Jahren gar 2160 Hektar Land verbaut, was einen Zuwachs von etwa 20 Prozent ergibt. Und wäre in Wien genausoviel Boden pro Einwohner bebaut worden wie im österreichischen Durchschnitt, wäre inzwischen das gesamte Stadtgebiet vollständig verbaut. Die in Diskussionen oft vorgebrachte Empfehlung, mit der Siedlungsentwicklung ins Umland auszuweichen, ist also keineswegs als ökologisch durchdacht einzustufen. Im Gegenteil: Die Stadt muß gemeinsam mit der niederösterreichischen Umlandregion zu einer geordneten und das heißt gebremsten Siedlungsentwicklung finden. Es gilt, einen sparsamen Flächenverbrauch durchzusetzen – und dies nicht zuletzt deshalb, weil sich Energieverbrauch und Dichte der Verbauung indirekt proportional zueinander verhalten.

Aufgabe der kommunalen Stadtentwicklungs- und Verkehrspolitik kann es daher nur sein, im Zentrum und in den zahlreichen Subzentren auf Verdichtung hinzuarbeiten und sich für die Aufhebung funktioneller Trennungen sowie eine neuerliche Verzahnung von Wohnen und Arbeiten, von Freizeit und Kultur einzusetzen. Führt der Verzicht auf Flächenausdehnung auch zu größerer Enge, garantiert er andererseits mehr Autonomie und verfügbare Zeit. Die erhöhte Komplexität dieser relativ dichten Einheiten vermag darüberhinaus nicht nur Urbanität zu reproduzieren, sondern auch jenes Minimum an Sozialbeziehungen zu schaffen, das Halt und wechselseitige Unterstützung gewährt.

Innovations- und Investitionsoffensive. Es liegt auf der Hand, daß der Fortschritt des technischen Wissens und Könnens die wirtschaftliche und gesellschaftliche Entwicklung in wesentlichen Zügen bestimmt. So verändern die modernen Kommunikationstechnologien die Art und Weise des individuellen und kollektiven Zusammenlebens, sie definieren wirtschaftliche Standorte neu, werten diese ab oder auf.

Eine Stadt wie Wien, die auf Vollbeschäftigung setzt, die eine Stadt qualifizierter Arbeitsplätze und damit hoher Einkommen bleiben möchte, muß sich diesen neuen Technologien gegenüber offen zeigen. Entsprechende Investitionen sind notwendig, um international wettbewerbsfähige Leistungen und Dienste offerieren zu können; ohne solche Angebote wären alle Bemühungen um die Ansiedlung moderner Betriebe vergebens. Wiens Ziel, Investitionshauptstadt Mitteleuropas zu werden, hängt wesentlich von der Aufgeschlossenheit und Investitionsbereitschaft in neue Technologien ab. Dabei geht es weniger um neue Produktionsprozesse als vielmehr um den Ausbau regionaler und überregionaler Dienstleistungen unter Ausnützung des lokalen Know-hows und regional entwickelter Fertigkeiten und Innovationen.

Trotz der gegebenen Gefahren und Probleme einer „durchtechnologisierten“ Gesellschaft muß Kommunalpolitik die Chancen in diesem Bereich wahren und nützen – und das nicht nur wirtschaftlich. Nicht ablehnende Furcht gegenüber den neuen Technologien darf der Maßstab der Politik sein, sondern begründete Skepsis hinsichtlich mancher Folgen auf der Grundlage des Willens zur vernünftigen, nutzbringenden Anwendung. So könnte sich für

Wien auch ein zusätzliches Instrument der ökologisch orientierten Verkehrspolitik ergeben. Gelänge es, nur 10 Prozent der täglichen Fahrten auf Wiens Straßen durch die Schaffung dezentraler – nicht unbedingt in die einzelne Wohnung verlegter – Arbeitsplätze zu vermeiden, wäre dies ein wesentlicher Schritt in die richtige Richtung.

Die modernen Kommunikationsmittel bieten darüber hinaus zusätzliche Möglichkeiten der Bevölkerungsmitwirkung und der autonomen Gestaltung freier Kommunikationsräume. Politik muß sich darum bemühen, daß für die Bürger nicht das passive Konsumieren der international abgestimmten Programme im Vordergrund steht; sie soll diese vielmehr in die Lage versetzen, ihre Kommunikationsbedürfnisse eigenständig zu gestalten.

Globale Dimensionen der Stadtpolitik. Bereits der Hinweis auf die internationalen technologischen Entwicklungen und die dadurch bedingte permanente Entwertung bestehender Qualifikationen und Arbeitsplätze, die durch die krassen Unterschiede der Wohn- und Arbeitsbedingungen weltweit, aber auch in Europa vorangetrieben wird, hat die globalen Abhängigkeiten deutlich gemacht. Auch in einer mit großen Kompetenzen und mit starkem politischen Willen ausgestatteten Stadt wie Wien wird heute der autonome Entscheidungsspielraum zusehends enger. Dem kann allerdings – wenngleich auch nur in begrenztem Ausmaß – durch stadtaußenpolitische Initiativen entgegengearbeitet werden.

Städtische Politik hat sich in diesem Zusammenahng in erster Linie auf die Vermarktung der Standortqualitäten und mögliche Städtekooperationen zur Erarbeitung kommunaler Lösungsansätze zu konzentrieren. Stadtaußenpolitik heißt jedoch mehr. Je deutlicher Schicksal und Entwicklung einer Stadt von äußeren Ereignissen (Entscheidungen in Brüssel, Entwicklungen in Ex-Jugoslawien etc.) abhängen, desto mehr haben auch politische Einheiten wie Städte die Aufgabe, sich global oder zumindest regional zu engagieren. Hier heißt es, international Koalitionen einzugehen und Tendenzen zu unterstützen, die den Interessen Wiens entgegenkommen. Angesichts der Vielzahl der globalen und regionalen Zusammenhänge und Abhängigkeiten darf sich eine Großstadt wie Wien bei der Verfolgung ihrer Ziele nicht ausschließlich auf die nationale Außenpolitik verlassen. Außerdem kann und darf Solidarität nicht an den Grenzen einer Stadt oder eines Landes Halt machen. Unterstützung von Regionen, Ländern und Städten, die nach Diktatur und Unterdrückung schwierige Schritte in Richtung Freiheit und Demokratie wagen, sind auf internationale Hilfe angewiesen.

Eine aktive Stadtaußenpolitik vermag überdies auch zu helfen, nach wie vor bestehende oder neugeschaffene Grenzen zu überwinden. Städte müssen vorhandene bzw. sich abzeichnende Einigungsprozesse abstützen und bereits existierende Netze enger knüpfen. Nicht zuletzt aufgrund seiner Lage hat Wien hier eine Aufgabe, die im Ausland oft höher eingeschätzt wird als bei uns selbst. In diesem Sinn bedeutet Globalisierung der Welt keineswegs, daß man in der Überzeugung, ohnehin nichts bewirken zu können, die Hände in den Schoß legen sollte. Erstens kommen noch immer viele Dinge in lokalen Zusammenhängen zustande, und spezifische Standortbedingungen beeinflussen auch globale Entscheidungen. Und zweitens entledigt uns die Globalisierung nicht der Verpflichtung, die internationalen Prozesse mitzusteuern. Wien ist keine beliebige Kleinstadt am Rande eines Kontinents, sondern UNO-Zentrum im Herzen Europas und im Nahbereich uns unmittelbar betreffender Konfliktzonen. Wenn sich daraus keine überregionalen und globalen Verpflichtungen ergeben, woraus dann?

Öffentliche Verantwortung bei weniger Obrigkeitsstaat. Die Zerfalls- und Differenzierungsprozesse der Gesellschaft, die wachsenden Migrationsströme, die Konfliktherde in Europa, im Nahen Osten und im Norden Afrikas, die Globalisierung von Informationstechnologien und Wirtschaftsprozessen, all dies betrifft Wien so wie viele andere Städte, manche mehr, manche weniger. In einer solchen Situation ist es Aufgabe der Politik, sowohl Schutz zu gewähren als auch die An- passung an die neuen weltweit bestimmenden Strukturen vorzubereiten.
Es gilt, die Modernisierung der Stadt unter ökologischen Zielsetzungen voranzutreiben, die kulturelle Identität der Stadt in der sich rasch wandelnden und globalisierenden Welt zu stärken und sich international zu engagieren, um die entscheidenden Trends im Rahmen des Möglichen zu beeinflussen.

Vielleicht kann eine „alte" Stadt, die sich durch Vielfalt und Heterogenität auszeichnet und gezielt die „Kreativität der Langsamkeit" pflegt, diesen Wandel besser bewältigen als manche andere. Dabei sollten wir Bündnispartner suchen. Deshalb ist für uns ein neues gemeinsames Europa wichtig, und deshalb hört für uns Europa nicht an den Ostgrenzen Österreichs auf.

Um die Aufgaben der Zukunft zu bewältigen muß sich überdies Österreichs und damit Wiens demokratisches Selbstverständnis weiterentwickeln – nicht hin zu einer Dritten Republik, sondern zu einer zivilen Gesellschaft solidarischer Bürger, die Verantwortung zu übernehmen bereit sind.

Politik wird damit keineswegs überflüssig. Die erfolgreichsten Städte und Regionen Europas sind die mit einer engagierten Politik. Auch eine zivile Gesellschaft braucht Politik und Politiker mit klaren Zielen, sozialen Werten und einem starken Selbstbewußtsein. ▲

1 Henning Voscherau, Frankfurter Rundschau, 30. 12. 1993
2 Hartmut Häußermann/Walter Siebel, Neue Urbanität; Frankfurt/Main 1987
3 Pascal Bruckner, Die demokratische Melancholie; Hamburg 1991
4 Gerhard Schulze, Die Erlebnisgesellschaft; Frankfurt/Main, New York 1992
5 Joe Ragale, Financial Times, 11./12. 02. 1995
6 Ulrich Beck, Die Erfindung des Politischen; Edition Suhrkamp, neue Folge, Band 780
7 Untersuchung des „Los Angeles County", 1994
8 US-News and World Report, 10. 07. 1995
9 Francis Fukuyama, Das Ende der Geschichte; München 1992
10 Jean Marie Guéhenno, Das Ende der Demokratie; München/Zürich 1994
11 P. Gross, Die Multioptionsgesellschaft; Frankfurt/Main 1994
12 L. Redl, Die Stadt im Durchschnitt, Wien 1994
13 Zygmunt Baumann, Moderne und Ambivalenz; Hamburg 1992
14 Joseph Heller, Endzeit, Frankfurt/Main 1994
15 Daniel Cohn-Bendit, Wir brauchen eine antiautoritäre Wertedebatte; in: D. Cohn-Bendit, Thomas Schmidt, Heimat Babylon – Das Wagnis der multikulturellen Demokratie; Hamburg 1992
16 Luigi Reitani, Vielvölkerstadt versus Ausländerfeindlichkeit: Über eine besondere Schizophrenie der „Wiener Seele"; in: H. Swoboda (Hg.), Wien. Identität und Stadtgestalt; Wien, Köln 1990
17 Magistrat Wien (Hg.), Wien 2010 – Entwicklungstendenzen bei wachsender Bevölkerung und offenen Grenzen; IFES, IWS, KDZ, Wien 1990
18 G. Hanak, A. Pilgram, Ziffern zur Aufklärung – Kriminalitätsentwicklung in Wien unter dem Einfluß von Ostgrenzöffnung und Migration; in: Magistrat Wien (Hg.), Wien – Sichere Stadt, Bd. 47 der Beiträge zur Stadtforschung; Wien 1993
19 Hans Magnus Enzensberger, Die große Wanderung – 33 Markierungen; Frankfurt/Main 1992
20 Bassam Tibi, Islamischer Fundamentalismus auf dem Vormarsch; Salzburger Nachrichten, 31. 12. 1993
21 Sadik al-Azm, Der Weg führt in die post-islamische Gesellschaft; Der Standard, 5./6. 1. 1994
22 Zygmunt Baumann, Wir sind Landstreicher; Süddeutsche Zeitung Nr. 265, 1993
23 Agnes Heller, Zehn Thesen zum Asylrecht, Die Zeit Nr. 46, 1992

Höhepunkt Wien und der Dritte Ring

Michael Sorkin (New York/Wien)

Aus einer Reihe von Gründen ist Wien im großen und ganzen der für moderne Metropolen charakteristischen Seuche entgangen und hat sich nicht ausgebreitet. Wenn auch nach Süden hin aufgebläht, ist die Stadt eine noch immer äußerst, wenn nicht einzigartig kompakte Einheit. Diese Stringenz ist jedoch durch neuerliches Wachstum bedroht, und das planerische Betonen einzelner Fragmente verdrängt ein Empfinden für Grenzen, das dauert.

Die hier vorgestellten Bilder verstehen sich als erste Schritte einer Studie der Ränder Wiens, einer Beschreibung der Stadt am Höhepunkt. Das Vorhaben wird von der Überzeugung getragen, daß die Einzigartigkeit und Beständigkeit Wiens in bestimmter Weise Funktionen von Begrenzungen sind und daß es daher für Städte sowohl vernünftig als auch notwendig ist, die Formen ihrer eigenen Vollendung selbst zu suchen.

Die entscheidende organisatorische Geste einer solchen Strategie ist die Schaffung eines Dritten Rings, dessen innerer Radius sich auf acht bis zehn und dessen äußerer Radius sich auf etwa 25 Kilometer beläuft. Wie frühere Begrenzungen ist dieser neue Ring defensiv. In diesem Fall jedoch besteht die Absicht nicht darin, die Stadt vor einer Invasion von außen, sondern das Umland vor dem Vordringen der Stadt zu schützen. Wenn der genaue Charakter dieser Begrenzung auch nur im Lauf der Zeit herausgearbeitet werden kann, steht doch fest, daß er bunt sein und reagieren können muß. Die Bestimmung dieser Begrenzung als Schutzzone des Unterschieds will verschiedenste Untersuchungen anregen, die sich dem Wesen der Wiener Ränder widmen. Im folgenden finden sich einige Vorschläge zu möglichen Ansätzen.

Meiner Einschätzung zufolge sollte dieser Ring

- ein Gefühl des Überganges von den Maßstäben des städtischen zu jenen des dörflichen Lebens an der Peripherie vermitteln;
- in Richtung auf das Herz der Stadt hin grüne, zum Teil auch landwirtschaftlich nutzbare Räume öffnen bzw. schaffen, und zwar nicht bloße Radialvektoren, sondern eine Netzstruktur, ein autonomes Zirkulationssystem (oder anders gesagt: der Vorstellung Raum geben, das Haus verlassen und unbehindert nach Innsbruck, Paris oder auch nur bloß durch die Stadt wandern zu können);
- in einem auf die nähere Umgebung abgestimmten Maß wachsen, um sowohl ein reiches lokales Empfinden zu ermöglichen als auch übermäßig zentripetale Beziehungen zur Innenstadt abzubauen;
- überall Seen und Wasserstraßen zulassen (ich würde mich unter anderem für eine intensive Verstärkung der bereits bestehenden Form der Seedörfer aussprechen);
- die Erweiterung der gegebenen städtischen und ländlichen Strukturen innerhalb der dritten Ringzone im Geist der Abgrenzungsmembran Wiens sorgfältig gestalten und begrenzen. ▲

Ränderstudie Entwicklungszone Grün Öffentlicher Raum/ Gärten

Ränderstudie

Entwicklungszone

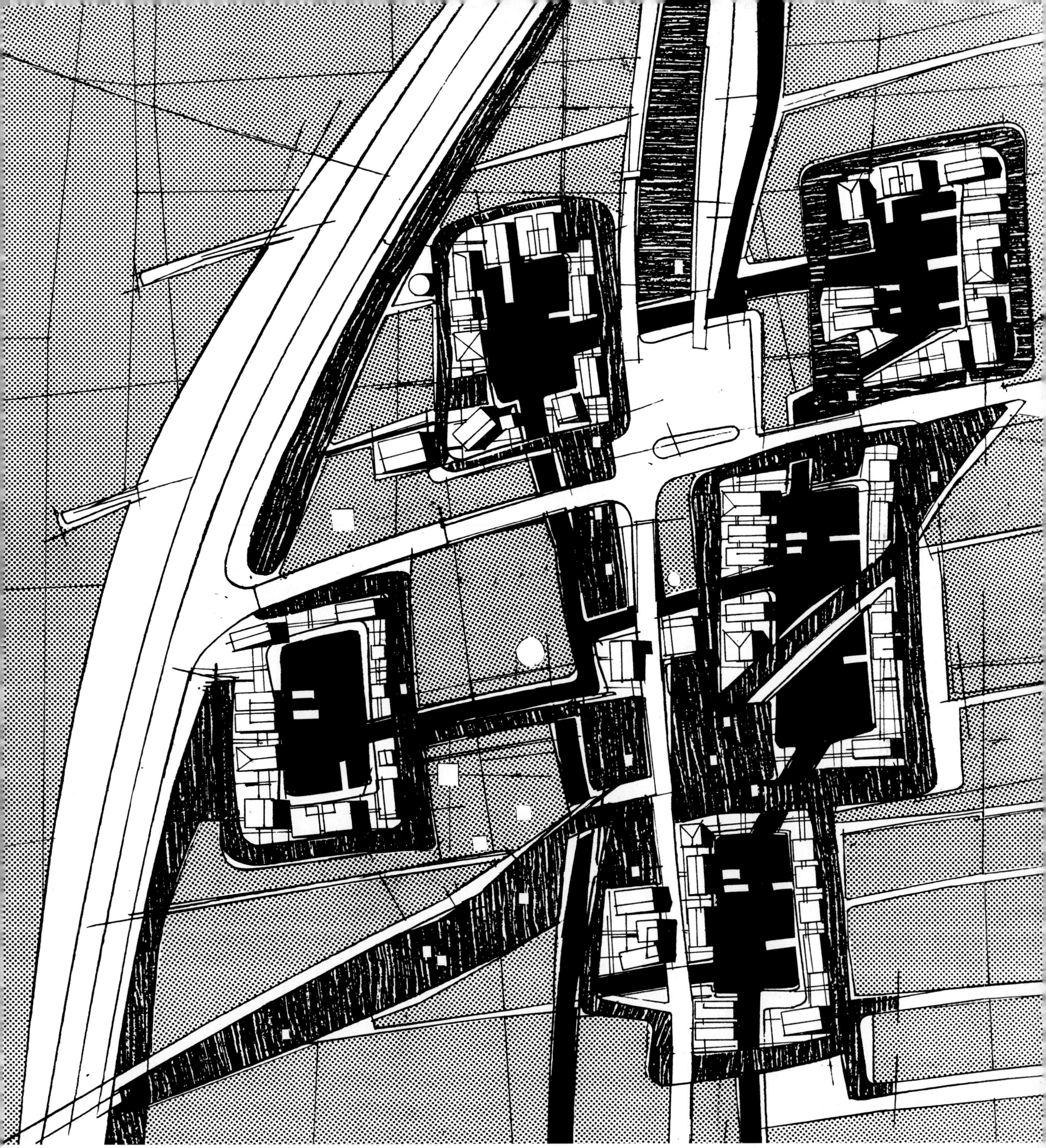

Seedorf

Attraktivität durch Liberalisierung

Wien als Standort für internationale Investoren

Kurt Dalmata (Zürich)

„Der Zusammenbruch der kommunistischen Systeme in Österreichs Nachbarschaft und die daraus resultierende Öffnung und Marktorientierung dieser Länder sowie der Beitritt Österreichs zur Europäischen Union haben für Wien weitgehende Chancen als Standort für internationale Investoren und als Tor zu den osteuropäischen Märkten eröffnet." – So oder ähnlich lautet die banale Aussage, die durch endlose Wiederholung Gefahr läuft, zum Mythos zu verkommen.

Tatsächlich haben Österreich und speziell Wien die Chancen in den benachbarten Reformstaaten in einigen Bereichen gut genutzt. Wiens Bedeutung als Drehscheibe, Mittler etc. zwischen den EU-Ländern (und der Schweiz) und den osteuropäischen Ländern wird sicher noch einige Jahre wachsen, unterliegt aber einem Zyklus, der durch die zunehmende Attraktivität der direkten Präsenz in diesen Ländern bestimmt wird. Neben den Verbesserungen in den Bereichen des allgemeinen politischen und sozialen Umfeldes, der Wirtschaftspolitik, der Infrastruktur, der Ausbildung etc. werden diese Länder weiterhin auf Lohnkostenvorteile setzen.

Langfristig muß Wien als Standort trachten, nicht nur in Hinblick auf die aufstrebenden Märkte Osteuropas, sondern im globalen Wettbewerb zu bestehen. Zahllose Untersuchungen bieten breite Darstellungen der „harten" (kostenmäßig meßbaren) und „weichen" Kriterien, die für die Standortwahl investierender Unternehmen ausschlaggebend sind. In den meisten Fällen wird bestenfalls eine grobe und unzureichende Differenzierung nach Branchen vorgenommen, die letztlich nur sehr allgemeine wirtschaftspolitische Empfehlungen gestattet.

Bei einigen wichtigen „harten" Kriterien wie der Steuerbelastung, der Verkehrsinfrastruktur, dem Angebot von Werbeflächen und Büroraum etc. hat Wien eine gute Ausgangsposition. Sogar in höherem Maße noch gilt das für die „weichen" Kriterien wie das Angebot qualifizierter Mitarbeiter, die Verfügbarkeit allgemeiner geschäftlicher Dienstleistungen, die Attraktivität der Stadt, das Kultur- und Bildungsangebot, Freizeitmöglichkeiten, Wohnqualität etc.

Bei der Beurteilung und vermeintlichen Verbesserung der Standortqualität durch die Politik werden (nicht nur in Österreich) in der Wirtschaftspolitik Ansätze der staatlichen Intervention am Markt gewählt, die im System der Marktwirtschaft nichts anderes als ordnungspolitische Sündenfälle sind. Nach meiner Ansicht ist die beste Industriepolitik jene, die nach marktwirtschaftlichen Grundsätzen und unter Einhaltung gewisser sozialer, ethischer, ordnungs- und umweltpolitischer Rahmenbedingungen die langfristige Wettbewerbsfähigkeit eines Standortes erhält und fördert.

Der weitverbreitete (meist durchaus gutgemeinte) Ansatz, dieses oder jenes Problem müsse durch direkte politische Intervention gelöst werden, führt auf die Dauer in die Irre. Die Politik sollte in weiser Selbstbeschränkung die Attraktivität des Standortes weniger durch direkte Eingriffe als vielmehr durch Liberalisierung und ordnungspolitisch am Markt orientierte Maßnahmen fördern und dabei auch „ewige" Tabus berühren. Offene Märkte mit geringer Regelungsdichte und mit Innovationsmöglichkeiten sind das beste Argument im Wettbewerb um Investoren. Wegen der hohen relativen Bedeutung des Raumes Wien für Österreich und der weitgehenden zentralen Kompetenz des Bundes in vielen Bereichen besteht diese Herausforderung sowohl für die Bundespolitik als auch für die Landes- und Gemeindepolitik.

„Liberalisierung" (in der Schweiz bezeichnenderweise: „Wiederbelebung") bietet ein unerschöpfliches Betätigungsfeld für Politiker, die Standortpolitik betreiben wollen. Leider klaffen in den meisten Ländern politische Absicht und Realität weit auseinander. Erfahrungen in Deutschland und in der Schweiz, wo traditionell der „große Wurf" in der Gesetzgebung versucht wird, sind bisher wenig überzeugend. Der gute Wille endet meist in vollendeter Abstraktion. Die österreichische und die Wiener Politik könnten aus den Fehlern anderer lernen, auf die „große Geste" verzichten und den aussichtsreicheren Weg der (politisch mühevollen) einzelnen Maßnahmen gehen.

Generell sollte man sich an eine Durchforstung jener Gesetze und Verordnungen machen, die aus der Sicht potentieller Investoren Abschreckungen oder zumindest administrative Belästigungen darstellen. Das Spektrum reicht von der Baugesetzgebung über steuerliche Bestimmungen, arbeitsrechtliche Regelungen, Gewerbevorschriften, Hindernisse für die wissenschaftliche Forschung bis hin zu unklaren Kompetenzverteilungen. Die grundlegende Fragestellung hierbei könnte lauten: Was geschieht, wenn diese oder jene Regelung ersatzlos gestrichen wird? Überwiegen bei den Folgen dieser Aufhebung die Vorteile?

Viele Aspekte der Gewerbeordnung (wie Ausübungsbeschränkungen, Bedarfsprüfungen, Genehmigungsverfahren und undurchsichtige Verordnungen) bedürfen der weiteren Liberalisierung. Die Aufgabe des prohibitiven Grundsatzes: „Was nicht ausdrücklich erlaubt ist, ist verboten", wäre ein wesentlicher Schritt, den Standort für internationale Unternehmen attraktiver zu machen.

Genehmigungsverfahren müßten transparent gemacht und beschleunigt werden. Eine auf vereinfachten Regelungen basierende, terminierte Entscheidungspflicht für den gesamten Antrag mit gleichzeitiger Pönale- und Schadenersatzpflicht wäre durchaus sinnvoll.

Die Liberalisierung des Arbeitsmarktes und der Arbeitszeiten ist in den meisten EU-Ländern als ein Mittel zur Ansiedlung von Unternehmen und zur Verminderung der Arbeitslosenzahlen im Gespräch. Gerade Österreich mit traditionell verantwortungsvollen Gewerkschaften könnte hier rasch handeln.

Ladenöffnungszeiten sind aus unerfindlichen Gründen in Österreich, Deutschland und der Schweiz ein Tabu. Die großzügigeren Regelungen in einigen westeuropäischen Ländern und in den USA zeigen, daß eine Liberalisierung der Öffnungszeiten für die Konsumenten und damit auch für in Wien tätige Ausländer sinnvoll wäre.

Die Zwangsmitgliedschaften bei Kammern sind in ihren Kostenwirkungen auf Unternehmen unterschiedlich, werden aber von potentiellen ausländischen Investoren meist mit totalem Unverständnis gesehen. Ein System, das sich mit seinen Dienstleistungen nicht dem Wettbewerb stellen muß, keine Kostentransparenz zeigt und keine Alternativen anbietet, vermittelt nicht das Bild einer offenen, marktorientierten Wirtschaftsordnung. Das oft zitierte Argument, daß bei Aufhebung der Zwangsmitgliedschaft der soziale Friede ernsthaft gefährdet wäre, klingt für Ausländer drollig. Nur Institutionen, die Zweifel an der Nachfrage nach ihrem Dienstleistungsangebot haben, müssen die Mitgliedschaft erzwingen. Auch im Lichte des Standortwettbewerbes erscheint hier eine Liberalisierung notwendig.

Die öffentliche Verwaltung muß sich tatsächlich als Dienstleister verstehen. Sie steht mit dem Standort Wien im nationalen und internationalen Wettbewerb und unterliegt daher auch harten Anforderungen an die Produktivität.

Unternehmen, die wettbewerbsfähig bleiben wollen, müssen sich heute schneller neuen Gegebenheiten anpassen. In vielen Fällen hat sich gezeigt, daß die mit großzügigen Bedingungen ausgestattete Frühpensionierung von Mitarbeitern eine Investition in die Zukunft sein kann und aus Gründen der Kosten, der Flexibilität der Entscheidungsstrukturen und der Wettbewerbsfähigkeit einer garantierten Beschäftigung vorzuziehen ist. Die zunehmende Notwendigkeit einer „schlanken" Administration und ihre Beurteilung nach Produktivitätskriterien legen den Analogieschluß für die öffentliche Verwaltung nahe. Ein Detail am Rande: Die Schweiz hat bei einer ähnlichen Bevölkerungszahl nur halb so viele Beamte wie Österreich. Niemand wird behaupten, daß die Schweizer Bundes-, Kantonal- und Gemeindebehörden zu wenig administrative Tätigkeit entfalten!

Die kostengünstige Verfügbarkeit einer breiten Palette von Dienstleistungen und Technologien im Bereich der Telekommunikation rangiert bei ausländischen Unternehmen (vor allem im Dienstleistungsbereich) sehr oft unter den wichtigsten Kriterien einer Standortwahl. Niemand kann heute die zukünftigen Entwicklungen vorhersagen. Schwärmen manche Experten in den höchsten Tönen von den Data Highways von morgen, hört man von anderen, wie z. B. Bill Gates: "It's not going to happen."

Die Lösung für dieses Dilemma der Einschätzung zukünftiger technischer Möglich-

→ In Wien muaßt erst sterben, damit sdi hochleben lassen, aber dann lebst lang.

Helmut Qualtinger über den Ruhm in Wien

Numerische Straßenordnung in Wien (Experiment)

Das Projekt beschreibt den Versuch, Wiens Straßen nicht mehr begrifflich, sondern nach einem geographischen System zu ordnen und zu benennen. Anhand eines modifizierten Plans des ersten Wiener Gemeindebezirks, des historischen und sozialen Zentrums, wird sichtbar, daß eine kodierte Straßenkennung (Vorbild New York) nur in Kombination mit einem vorausgeplanten architektonischen Raster (z. B. New York, 1811: The Manhattan Grid) funktionieren kann.

Kodierungssystem

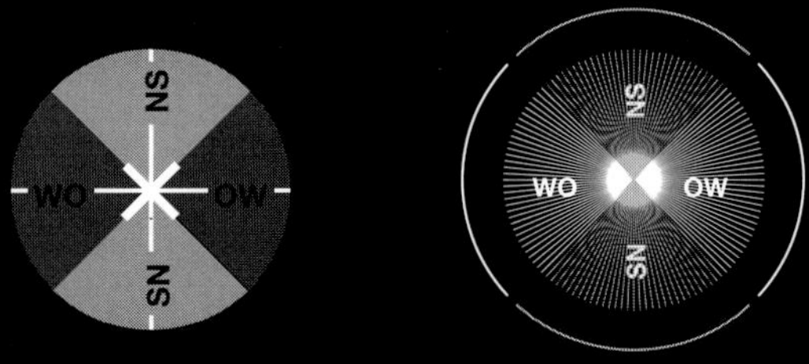

Platz (P) 14: ehemals Michaelerplatz

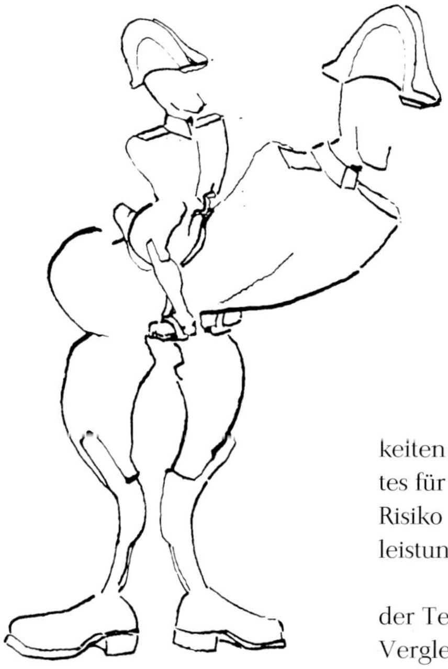

keiten liegt wohl nur in der Öffnung des Marktes für private Unternehmer, die auf eigenes Risiko und im Wettbewerb innovative Dienstleistungen anbieten.

Das österreichische Angebot im Bereich der Telekommunikation ist im internationalen Vergleich zur Zeit kostenmäßig und oft auch technisch nicht wettbewerbsfähig. Die Privatisierung der Dienstleistungen und die Öffnung gegenüber neuen Technologien in diesem Bereich würden auch österreichischen Unternehmen die Möglichkeit bieten, beim Ausbau der Telekommunikationsstrukturen auf den osteuropäischen und anderen aufstrebenden Märkten mitzuwirken.

Die Verfügbarkeit hochqualifizierter Arbeitnehmer ist ein weiteres wichtiges Kriterium für die Standortwahl, das mit dem wachsenden Interesse an der Ansiedlung sogenannter „sauberer" Industrien mit hoher Wertschöpfung weiter an Bedeutung gewinnen wird.

Die Erkenntnis, daß die Ausbildungsmöglichkeiten der Massenuniversität an ihre Grenzen gestoßen sind, ist nicht neu. Gleichzeitig ist aber die Idee einer Elite-Ausbildung politisch verfemt. Ich sehe eigentlich keinen Grund, warum Wirtschaftshochschulen wie St. Gallen, INSEAD (Fontainebleau), IMEDE (Lausanne) in Österreich nicht existieren sollten. Elite-Ausbildungsstätten sind notwendig und stehen, wenn der Zugang zu ihnen (wie in der Schweiz und Frankreich) offen ist, auch im Einklang mit demokratischen Grundsätzen. Sowohl in den Wirtschaftswissenschaften als auch in den technischen und naturwissenschaftlichen Fächern kann Wien auf bedeutende Traditionen zurückblicken und sollte diese stärker betonen und nutzen. Gerade anspruchsvolle akademische Institutionen, die nach amerikanischem Muster mit der Wirtschaft kooperieren und den internationalen Wettbewerb nicht scheuen, kreieren einen Markt, der per se die Attraktivität eines Standortes erhöht.

Immer wieder fällt bei Diskussionen um die Steigerung der Attraktivität eines Standortes für ausländische Unternehmen das Schlagwort „City Marketing". Solche Bemühungen können sehr nützlich sein, wenn sie die Anstrengungen verschiedener Bereiche der Stadtverwaltung bündeln, von kompetenten Leuten angestellt werden, die volle Unterstützung der politischen Führung haben, richtig ausgewählte Zielgruppen ansprechen und genügend Geld vorhanden ist. Wien ist mit seinen Attraktionen so weitgehend bekannt, daß reine Imagewerbung bei potentiellen ausländischen Investoren wenig zusätzlichen Nutzen bringt.

Aus der Sicht eines in Zürich tätigen Wieners ist natürlich die Frage interessant, wieweit Wien als Standort für Schweizer Unternehmen attraktiv ist. Zahlreiche Schweizer Unternehmen sind in Wien vertreten. Unter den erfolgreichen Kooperationen mit österreichischen Unternehmen ist jene zwischen der AUA und der Swissair in der Öffentlichkeit am besten bekannt. Was zukünftige Direktinvestitionen in Wien betrifft, sind die Eidgenossen nach den in der Presse ausgiebig kommentierten Erfahrungen einiger Zürcher Unternehmen mit der engen „Verknüpfung" von Wirtschaft und Politik etwas skeptisch geworden. Sie sehen aber – vor allem in den Bereichen Banken, Versicherungen und Handel – Wien nach wie vor als den logischen Ausgangspunkt ihrer Expansion in die osteuropäischen Märkte. Österreichs EU-Mitgliedschaft stellt für die Schweizer, die mit den Folgen der eigenen Absenz von der europäischen Integration leben müssen, ein weiteres Plus dar. ▲

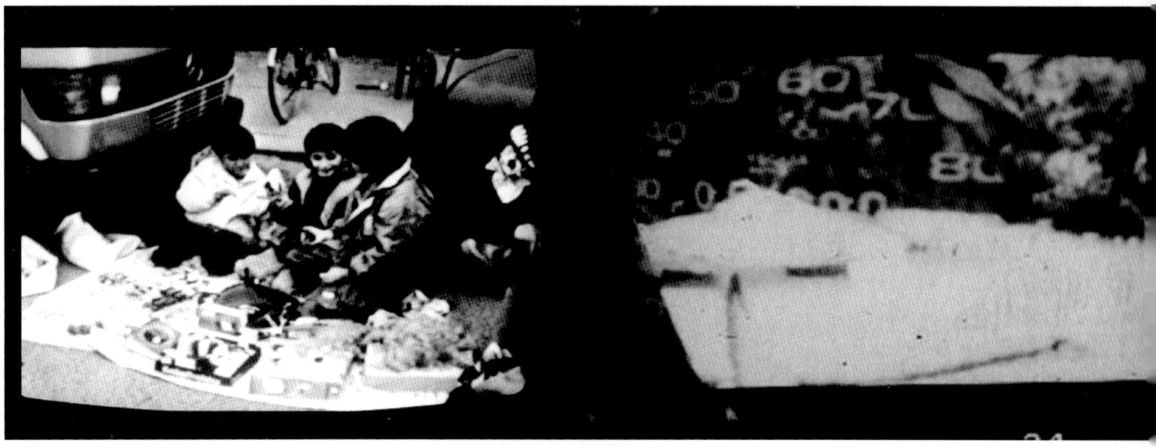

Die versteckten Prinzessinnen

Michael Frank (Prag)

Wien und Prag haben noch keinen Sinn für ihre historische Aufgabe in Mitteleuropa entwickelt.

Die schönen Schwestern Wien und Prag müßten doch zahllose Freier haben. Beide von schwelgerischer Ansehnlichkeit, leben sie im Bewußtsein das ganze Millenium übergreifender historischer Dimensionen. Jeweils Brennpunkt von Geschichte und Kultur, hat sich die eine längst zu einem respektablen Wirtschaftszentrum entwickelt, die andere schickt sich an, es ihr gleichzutun. Beide sind in einer Phase des Erblühens: Wien, weit fortgeschrittener, hat den knittrigen Schlafrock mürrischer, kleinösterreichischer Nachkriegswurstigkeit schon vor zehn, fünfzehn Jahren abzustreifen begonnen, sich zu einer der glitzerndsten und lebenslustigsten Städte des Kontinents gemausert. Prag hat das schöne Haupt in den Nacken und den grauen Schleier der langen Jahre im bolschewistischen Kloster abgeworfen, hat manchmal schon zu viel Farbe aufgelegt und träumt sich in die Rolle des mondänen Mittelpunktes Europas. Was schon früher einmal als Wortspiel sowie gleichermaßen als stolze und ironische Selbsteinschätzung galt, ist erst recht nach dem Zusammenbruch des Sowjetsystems und dem Verschwinden der eisernen Horizonte wieder in sein Recht gekommen: Ist nicht die eine die westlichste Stadt des Ostens und die andere die östlichste Stadt des Westens, oder umgekehrt? Es steht den Schwestern frei, sich graziös darüber zu streiten, auf wen welche Rolle besser zutrifft.

Daraus müßte sich ein intensives, fast fieberndes Interesse für die Schnittstellen der europäischen Welten ergeben. Doch schon im Märchen sind Prinzessinnen überaus heikel mit ihren Freiern – wie sollte es in der Wirklichkeit anders sein? Beider Interesse ist ziemlich einseitig gelagert, sie schielen nach dem glattrasierten, parfümierten Kinn des Westens, und vor dem eher struppigen, oft unmanierlich scheinenden Osten graut den beiden gründlich. So werden beide eine große Zukunft haben als glänzende Perlen in kostbarer Fassung, aber das Talent zum Kristall, der Licht und Ströme produktiv leitet und übersetzt, der Gestalt und Wesen auf- und ausbaut, gemäß den ihn umgebenden Spannungsfeldern, dieses Talent scheint beiden (vorerst?) nicht gegeben.

Erstaunlicherweise überlassen die Schönen diese Rolle einer häßlichen, ziemlich gerupften Gans: Berlin, der alten Preußen-Residenz. Zerbombt dank der mörderischen Hybris einer Herrenmenschenideologie, zerzaust vom Ost-West-Konflikt, umgepflügt von westlicher Arroganz und malträtiert von östlichen Minderwertigkeitskomplexen, ist Berlin heute ein krudes Riesenkonglomerat, unfertig in seinem Charakter und im unreinen mit sich selbst. Nervös ist diese Stadt, und in ihrer nervösen Unrast ist sie naturgemäß offener, saugfähiger, begieriger und damit über kurz oder lang viel eher befähigt, als eine Art Durchlauferhitzer die Ströme zwischen Ost und West durch ihre Kapillaren zu schleusen. Eine bequeme Stadt, gar eine gemütliche – was Wien längst ist und Prag werden kann – zu sein, wird Berlin hingegen sicher nie zustande bringen.

Wien und Prag, deren Bevölkerung vielfach aus den gleichen ethnisch-kulturellen Reservoiren geschöpft hat, reagieren auch seit dem Zusammenbruch der bolschewistischen Weltordnung sehr verwandt, obwohl sie die letzten Jahrzehnte auf der jeweils anderen Seite des Eisernen Vorhanges zugebracht haben: Nichts wie weg nach Westen!

Wien ist wohl die mitteleuropäische Stadt mit dem noch immer verzweigtesten, feinsten, sensibelsten und durchlässigsten Wurzelgeflecht in den nahen und mittleren Osten Europas. Während der Zeit der Weltenteilung durch politisch wie physikalisch hochspannungsgeladene Demarkationslinien lief über Wien der Puls des intellektuellen und politischen Austausches zwischen dem Westen und den politisch-künstlerischen Schattenwelten des europäischen Jenseits. Wiewohl das Wurzelwerk noch existiert und funktioniert, ist es seit dem Ende der Sowjetmacht unsensibler, ja stumpf geworden.

Die politische Orientierung und die geistige Horizontbetrachtung sind in eine atemlose Westdrift gemündet. Die schrill gesteigerte Kampagne für den Eintritt des Staates Österreich in die Europäische Union – gewiß wünschenswert und nützlich – figurierte als Apotheose dieser schon hysterischen Westdrift. Obwohl sich früher kommunistische Länder mühselig mit neosozialliberalen oder kryptosozialistischen

Modellen plagten, blickten ihre natürlich Verbündeten und geborenen Helfer, die österreichischen Sozialdemokraten, starr nach Westen. Entsprechend war es um die Formulierungshilfe bei der Herausbildung eines neuen demokratischen Willens bestellt. Der starre Blick weg von den Problemen Mitteleuropas, das ausgerechnet in Österreich eigentlich nur in einem sentimentalen Habsburg-Recycling vorkommt, schien Austrias führende Gesinnungsgemeinschaft wie eine Beschwörung vor unerwünschten, unbekannten Infekten schützen zu sollen.

Die Christdemokraten, in ihrer Menge üblicherweise ignoranter als die „Roten", hatten in Einzelexemplaren besondere Entwicklungshilfe für das Wachstum demokratischer Urzellen im nahen Osten des Kontinents geleistet, wandten sich aber nach dem Fall des Eisernen Vorhangs ebenfalls gelangweilt bis überanstrengt ab von der Problemwelt, um sich den Lichtgestaden des vereinigten (West)Europa zu verschreiben. Insgesamt erweckt Österreichs politisches Trachten der Jahre nach den demokratischen Revolutionen den Eindruck, das ganze Land sei in einem Boot gesessen und wild gen Westen gerudert in der Hoffnung, irgendwann einmal am Ärmelkanal festzumachen.

Eigentümlicherweise war die Prager Methode, mit der neuen Zeit und dem Erbe des Systemzusammenbruchs umzugehen, sehr ähnlich. Václav Havels längst geflügeltes Wort von der „Rückkehr nach Europa" bezeichnete in seinem Sinne zwar ursprünglich und authentisch die Sehnsucht, sich in einer Werte- und Zivilisationsgemeinschaft wiederzufinden, zu der man ehemals den Kontakt verloren hatte. Dieses Postulat zerrann aber bald in einer massiven Absetzbewegung gen Westen, die ebenfalls eigentlich nur eine Blickrichtung zuläßt und hinter sich nur dunkle Räume weiß, die es zu fliehen gilt.

Wo eigentlich sind die großen Visionen von Prag als dem neuen Brüssel des Ostens geblieben? Die erste große Absetzbewegung Prags war die, daß man die Gelegenheit, die problematischen, schon sehr „östlichen" Slowaken ziehen zu lassen, kalten Herzens ergriff, ohne den leisesten Versuch eines akzeptablen Ausgleichs. Prag verrechnete sich dabei gewaltig. Spekulierte es darauf, die nun entstehende Tschechische Republik könnte fast das ganze Gewicht der doch sehr respektablen Tschechoslowakei im internationalen Kräfteverhältnis übernehmen, meinte Bratislava, ein eigener Staat bedeute weit mehr internationale Wahrnehmung als das Schattendasein im Rücken der übergroßen tschechischen „Brüder". Tatsächlich aber erwies sich, daß die Summe des spezifischen Gewichts einer separaten Tschechischen plus einer separaten Slowakischen Republik zusammen weit weniger ergeben hat als das der intakten Tschechoslowakei allein.

Beiderseits, in Wien und Prag, sind zwei Aspekte wesentlich für die einseitige Weltsicht und die momentane Katalysatorunfähigkeit: der metropolitane Charakter und die Scheu vor kollektiver Verantwortung gegenüber dem Nachbar. Wie im Bilderbuch setzt sich Prag vom Rest der entsowjetisierten Welt ab, indem seine größten Protagonisten schon fünf Jahre nach dem Ende des Bolschewismus ihren Bürgern einhämmern, die Tschechische Republik sei kein postkommunistisches Land mehr, sei längst im Wandel erfolgreich, lasse sich nicht mehr als Reformland titulieren wie die Nachbarn.

Als Metropolen reagieren beide Städte im klassischen Sinne vereinnahmend, aber nicht abstrahlend. Metropolen sind sich selbst genug, sind Mittelpunkte, sind keine Transformatoren oder Relaisstationen. Die Anlage von Kopfbahnhöfen wie in Wien ist bildliche Erläuterung genug. Metropolen nehmen auf, geben aber nicht ab. Heute, nach der Öffnung, glaubt man beide Städte in mancher Hinsicht besonders verschlossen zu sehen, wobei diese kulturhistorisch ererbte Eigenschaft des Metropolitanen sich in eine Schutzfunktion wandelte: Beide Städte sehen sich in den undefinierten, dunklen, kaum überschaubaren Ansprüchen dessen, was man den Osten nennt, völlig überfordert und bewältigen den Komplex mit Ignoranz, mit Nichtwahrnehmung.

Was in den jetzt offenen Welten des „Ostens" an Wanderungsströmen, an politischen Unwägbarkeiten, an wirtschaftlichen Möglichkeiten und Fährnissen, an kulturellen Ausbrüchen und Irrlichtern möglich ist, empfinden beide Metropolen, die böhmische und die österreichische, fast nur als Bedrohung, als Gefahr, kaum als Chance und schon gar nicht als Verpflichtung – alles in allem jedoch als große Anstrengung, die im Verdacht steht, sich nicht zu lohnen. Typisch dabei die große europäische Geste, mit der etwa Wien seine natürliche Nachbar- und Bruderschaft mit Preßburg (Bratislava) ignoriert, in einer räumlichen Nähe, wie sie kein anderes Hauptstädtepaar der Welt kennt. Das ist die klassische Attitüde des weiten Horizonts, des europäischen, die die großen Möglichkeiten des Unmittelbaren souverän übersieht.

Die gleiche Haltung in Prag: Der nächste „östliche" Nachbar, die Slowakei, mit der man jüngst noch in einem Haushalt zusammenlebte, ist aus dem Bewußtsein und dem Gedächtnis der Prager fast völlig verschwunden, wird meist nur noch in der Attitüde des Lästigfallens wahrgenommen und kommentiert. Lieber vergleicht man sich mit den „Tiger-Staaten" Südostasiens. In beiden Fällen gab es ja bis vor relativ kurzer Zeit Sonderbeziehungen, doch auch nicht einmal da ist so etwas wie ein Sonderinteresse sichtbar: Kurz, man hat Angst vor der Verantwortung, vor dem Gefühl, des Bruders Hüter zu sein, nimmt man ihn überhaupt einmal wahr.

Ist es nicht archetypisch, daß Wiens Interesse für das, was es für den Osten hält, allenfalls dann aufbricht, wenn es um Bedrohliches geht, das es abzuwenden gälte? Temelín, Mochovce sind die Schlagworte. Und im Umgang mit diesen Schlagworten vergaß und vergißt man jede vernünftige Erklärungsarbeit, sondern erzeugte, auf einem dort unmöglich gesellschaftlich nachvollziehbaren Diskussionsniveau angesiedelt, allenfalls Befremden und Unverständnis. Das heißt, wirkliche Zuwendung findet nur dann statt, wenn es um die eigene Protektion und nicht wirklich um ein gemeinsames Interesse geht. (Um Mißverständnissen vorzubeugen: Der Einsatz Österreichs für ein atomfreies Mitteleuropa hat historische Bedeutung; um so verdrießlicher, daß er mit gänzlich untauglichen Mitteln betrieben wird.)

Historische Befindlichkeiten sind weit mehr vom Bewußtsein ihrer Beweger, von der Dynamik der an ihnen beteiligten Gemeinwesen abhängig, als man gemeinhin glauben will. Das heißt, daß diese Analyse noch nicht viel über die Chancen aussagt, die beiden Metropolen als Schnittstellen und Übersetzungspunkten bevorstehen könnten. Das ist das eigentliche Stichwort: Übersetzung. Gäbe es in Wien und Prag nicht dieses beinahe aggressive Desinteresse, wären sie beide geradezu prädestiniert, in den mißverständnisreichen Gefühlsströmen und auch ganz konkret in Wirtschaft und Politik Übersetzerarbeit und damit große Hilfe für den ganzen Kontinent zu leisten.

Als man das Schlagwort von der Brückenfunktion nicht nur in Österreich überstrapaziert hatte, kam die Ansicht auf, daß heute Verständigung doch so unmittelbar verlaufe, daß es keiner Vermittlerfunktionen mehr bedürfe. Diese Kritik ging von einem einheitlichen Weltbild und von einer nur mit geringen Abweichungen gekennzeichneten Gleichzeitigkeit (!) des Kontinents aus. Die Öffnung der eisernen Horizonte hat genau diese Illusion zerstört: Der Kontinent lebt in den verschiedensten Epochen, ohne daß er das vorher über den Ost-West-Antagonismus hinweg wahrgenommen hätte. Das heißt, die Zeitenübersetzer sind wichtiger geworden, als man das je erwartet hätte. Der Balkankrieg ist so ein archetypisches Produkt des Mißverständnisses über die eigene historisch-epochale Ansiedlung von Staaten und Völkern, von Bewußtsein und Gefühl. Genau hier hat der Westen insgesamt so versagt, weil er die eigenen Empfindensmuster gleichsam in Jetztzeit auf diesen Konflikt zu übertragen suchte, ihn damit wahrscheinlich verschlimmert hat, statt ihn zu mäßigen oder zu verhindern.

Wiens und Prags Talente lägen in der jeweiligen Sensibilität für diese Ungleichzeitigkeit. Beide könnten sich unentbehrlich machen, wenn sie ihre innere Vielfalt zum Programm erheben: in der Grenzregion zwischen Slawen und Germanen gelegen, mit weiterem historischem Horizont als die meisten Westeuropäer, als Gemeinwesen, in deren eigenen Mauern die Bruchlinien zwischen der politischen und wirtschaftlichen Postmoderne und einer historisch und durch das Sowjetsystem bedingten Prämoderne verlaufen.

An solchen Schnittstellen entsteht immer eine besondere Dynamik, deren sich jene kaum bewußt werden können, die sich gleichsam im Hinterland aufhalten. Das hat ganz konkrete wirtschaftliche Aspekte, deren sich zum Beispiel das Problemkind Slowakei bedient hat, um den Absturz zum ökonomischen Habenichts erfolgreich zu verhindern. Simpel ausgedrückt, betreibt man dort hochqualifiziert Umqualifizierung, also Übersetzung: Mittelständische slowakische Firmen bringen technisch höchst anspruchsvolle Produkte des Westens auf ein Empfindlichkeits- beziehungsweise Robustheitsniveau, bringen vom Bedienungsaufwand höchst anspruchsvolle Produkte des Westens auf ein Verständnisniveau, das den rauheren Bedingungen wirtschaftlich schlechter strukturierter und personell schlechter ausgestatteter Kundenländer im Osten den Gebrauch dieser Güter erleichtert oder überhaupt ermöglicht, ohne die Vorzüge der Produkte zu beeinträchtigen. Solche – in unserem Beispiel tschechische – Übersetzungsarbeit ist auf den ganzen Wirtschaftsprozeß und auch auf die politische Begriffsebene übertragbar.

Wien und Prag hätten das Talent zu wirklichen Angelpunkten zwischen den ungleichzeitigen Hemisphären Europas. Um dazu zu werden, müßten allerdings beide Städte bereit sein, die Welt anzunehmen, in der sie leben, und nicht nur von jener zu träumen, in der sie gerne leben würden. ▲

Das Comeback der Metropole?

Wien im Wettstreit mit den Reformländern

Elisabeth Hagen (Wien)

Der Transformationsprozeß in den ehemaligen Ostblock-Staaten hat in Österreich naturgemäß große Erwartungen geweckt – positive wie negative. Viele sahen fast überwältigende Gefahren lauern: hungrige Einwanderer, die bereit sind, zu jedem Lohn zu arbeiten, daher den Arbeitsmarkt – und damit in letzter Konsequenz den Wohlfahrtsstaat – ruinieren; steigende Kriminalität durch die Expansionsbestrebungen verschiedenster östlicher Mafia-Organisationen. Die goldenen Wienerherzen mokierten sich vorwiegend über die Verschandelung des Stadtbildes durch schlechtgekleidete Touristen, die Kapitalismus schauen kommen, aber kein Geld dalassen. Aber es gab auch eine für Österreich sonst untypische Zahl von Optimisten, die sich durch die Öffnung der ehemaligen COMECON-Märkte völlig neue und große Chancen für die österreichische Wirtschaft erhofften und in eine gewisse Goldgräberstimmung verfielen.

Egal, ob eher positiv oder negativ gestimmt, in jedem Fall erwartete man sich weitreichende Konsequenzen des Transformationsprozesses unserer östlichen und nördlichen Nachbarländer für die Entwicklung Österreichs im allgemeinen und jener Wiens im besonderen: „Drehscheibe", „Brücke zwischen Ost und West" – nur einmal als das sprichwörtliche Chicago und das andere Mal als „boomtown".

Jetzt, nach einigen Jahren Transformation, sieht man die Dinge etwas weniger drastisch. Die schlimmsten Befürchtungen über die bevorstehende Invasion von Wirtschaftsflüchtlingen sind bisher nicht eingetreten, daher macht sich eher Optimismus breit. Wirtschaftsexperten beurteilen den Nettoeffekt der Marktöffnung positiv: Zwar hat der Druck auf den Arbeitsmarkt zugenommen, auch die Importe sind gestiegen, allerdings nur in Grenzen (nicht zuletzt dank verschiedener „freiwilliger" bilateraler Abkommen zum Schutz österreichischer Märkte). Das Exportwachstum war im Vergleich dazu aber deutlich höher, und es gab einen starken Anstieg der Direktinvestitionen, dabei nicht nur bloße Produktionsverlagerungen, sondern auch viele auf Expansion ausgerichtete Projekte.

Durch die neuen Verhältnisse haben sich also bisherige Nachteile Österreichs – seiner geographischen ebenso wie seiner wirtschaftlichen Position – in Vorteile verwandelt. Die Öffnung der Grenzen schafft Märkte unmittelbar „vor unserer Haustür" – für eine Wirtschaft, die sich bisher mit internationaler Präsenz nicht ganz leicht getan hat. Und sie bringt uns heraus aus unserer Randlage – die bisher häufig als Erklärung für begrenztes Wachstumspotential herhalten mußte.

Bloße Freude über die neuerworbenen Vorteile ist aber offenbar nicht genug. Vielleicht gerade weil es Vorteile sind, die uns mehr oder weniger unverhofft in den Schoß gefallen sind, erzeugen sie noch größere Erwartungen. Wann immer von den wirtschaftliche Auswirkungen der Transformation die Rede ist, kommt daher bald das Argument einer Sonderstellung Österreichs.

Wir sollten im Wettbewerb um die neuen Märkte bessere Chancen als andere haben, und zwar aufgrund

- der räumlichen Nähe und des deshalb leichteren Zugangs zu den Märkten;
- der traditionell guten Wirtschaftsbeziehungen, die Österreich auch während der COMECON-Zeit pflegte und die nach wie vor ein Einstiegsticket bedeuten könnten,
- der gemeinsamen kulturellen Tradition, die es uns viel leichter machen sollte, sich in diesen Ländern zu bewegen als, zum Beispiel, Amerikanern oder auch Deutschen.

Zum Beweis der Wirksamkeit dieser Wettbewerbsvorteile werden die – im Vergleich zu anderen, wesentlich größeren Ländern – hohen Zahlen österreichischer Joint-ventures, Akquisitionen und Neugründungen angeführt; aber natürlich auch die steigenden Exportziffern; und schließlich der Startvorteil, da österreichische Firmen verhältnismäßig früh mit ihrer Expansion begonnen haben. Da geographische und kulturelle Nähe so etwas wie natürliche Differenzierungsmerkmale darstellen, die nur schwer imitierbar sind, sollte es möglich sein, unsere Wettbewerbsposition in der Zukunft sogar noch zu verbessern.

Gibt es eine Sonderstellung Österreichs im Transformationsprozeß, dann müßte das Entwicklungspotential Wiens besonders groß sein. Die Stadt könnte zum Zentrum einer neu entstehenden Wirtschaftsregion „Mitteleuropa" oder „Ost-Mitteleuropa" werden: als Kristallisationspunkt für die eigenen Aktivitäten ebenso wie jener multinationaler Konzerne, die sich der österreichischen Ressourcen bedienen, um die eigene Expansion voranzutreiben. Wien könnte sich anbieten als

- Standort für regionale Hauptquartiere multinationaler Unternehmen, die in den Reformländern tätig sind;
- Expansionsbasis für die Ost-Aktivitäten österreichischer Firmen;
- Standort für neue wirtschaftsbezogene Dienstleistungsbetriebe, die den Internationalisierungsprozeß der Unternehmen unterstützen

(Anwälte, Headhunter, Unternehmensberater, Logistik-, Marketing- und ähnliche Dienste);

- Zentrum für Bankdienstleistungen für die neuen Märkte;
- erste Station für osteuropäische Unternehmen auf dem Weg nach Westen.

Durch den EU-Beitritt sollten sich diese Standortvorteile sogar noch verstärken. Bestünde einmal ein Kern wirtschaftsbezogener Dienste mit Spezialisierung auf Osteuropa, hätte das wiederum Attraktivität für weitere Ansiedlungen. Mit der Zeit könnte sich in Wien so etwas wie die mittel- und osteuropäische City entwickeln, als Standort für Dienstleistungen mit hoher Wertschöpfung und mit hochqualifizierten Beschäftigten, mit entsprechend erfreulichen Konsequenzen für die Steuerbasis, und – weil solche Beschäftigte in der Regel viel Geld für Luxuskonsum ausgeben – für das kulturelle und soziale Leben.

Anspruch und Realität

Sieht man sich die Entwicklung in den Reformländern und die Strategie der Unternehmen, die dort agieren, etwas genauer an, wird allerdings fraglich, ob sich die Erwartungen für Wien als zentrale Schaltstelle für die Region erfüllen werden.

Ich glaube, daß sich die Zahl der regionalen Hauptquartiere von Multis in Wien in Grenzen halten wird. Regionale Niederlassungen machen nur dann Sinn, wenn wichtige Unternehmensfunktionen nicht von den lokalen Einheiten übernommen werden können oder wenn es besondere Synergie-Effekte für ein regionales Management gibt. Zu Beginn hatten viele Unternehmen tatsächlich Schwierigkeiten mit ihren lokalen Ansiedlungen, da die Ressourcen vor Ort begrenzt und die Infrastruktureinrichtungen weit unter dem gewohnten Standard waren. Es gab zu wenige entsprechend ausgebildete lokale Arbeitskräfte und zu wenige (und daher zu teure) ausländische Arbeitskräfte mit den notwendigen Sprachkenntnissen. Unterstützende Dienstleistungen wie Anwälte, Steuerberater, Transport- oder Kopierdienste waren kaum vorhanden.

Das hat sich aber in kurzer Zeit geändert. Die Beschäftigten in den Reformländern waren ja hochqualifiziert; was ihnen fehlte, waren in erster Linie bestimmte für kapitalistisches Management relevante Zusatzkenntnisse, die (möglicherweise zur Überraschung vieler Westler) so schwierig auch wieder nicht sind, daß es nicht möglich gewesen wäre, sie in kurzer Zeit zu erlernen; vor allem nicht für junge Leute. Die lokale Arbeitsmarktsituation in Ungarn, Tschechien oder Polen ist daher heute ganz anders als vor drei, vier Jahren. Ausländische Unternehmen stellen fast ausschließlich lokale Arbeitskräfte an (die sie zum Teil selbst ausgebildet haben). Diese sind im allgemeinen nicht nur billiger als ihre ausländischen Kollegen, sondern haben auch wesentlich bessere Kenntnisse des lokalen Marktes. In manchen Ländern gibt es zudem ein Reservoir an zurückgekehrten Emigranten, die westliches Know-how mit dem Vorteil lokaler Kenntnisse verbinden. So sind z. B. in Polen während der Zeit des Kriegsrechts in den frühen achtziger Jahren viele junge Leute weggegangen, die jetzt, als 30–40jährige, wieder zurückkommen und in Polen leben wollen. Sie sind noch nicht lange genug weg, um den Bezug zu ihrem Land verloren zu haben (im Gegensatz zu den ungarischen Emigranten), und sind daher, mit zusätzlichen 10–15 Jahren Auslandserfahrung (zumeist in den USA oder Kanada), weit besser qualifiziert als etwa ein durchschnittlicher österreichischer Manager, der dort etwas aufbauen soll.

Bei den industrienahen Dienstleistungen war ebenfalls nur ein vergleichsweise kurzer Lernprozeß notwendig, bis die Leute herausfanden, was gefragt war. Da Dienstleistungen im allgemeinen wenig kapitalintensiv sind, bieten sie eine ideale Umstiegsmöglichkeit für Leute, die in ihrem bisherigen Beruf nicht mehr gefragt sind. In Budapest, Prag oder Warschau begegnet man nicht selten ehemaligen marxistisch-leninistischen Philosophen, die heute in ihrer eigenen Firma das Werbekonzept für Pepsi Cola basteln; Statistikern aus den zentralen Planungsbehörden, die Meinungsumfragen über Waschmittel und Kartoffelchips machen; oder ehemals gewerkschaftsnahen Soziologen, die ins Direct-Mailing-Business eingestiegen sind. Dazu kommt, daß aufgrund der hohen Inflation alle Beschäftigten mit einem fixen Gehalt (Lehrer, Ärzte, Pensionisten etc.) enorme Realeinkommenseinbußen hatten und daher zweite und dritte Jobs brauchen, um überleben zu können. Sie erweitern das Angebot gerade im Dienstleistungsbereich (z. B. als Übersetzer, Konsulenten jeder möglichen Profession, Freelance-Sekretärinnen etc.).

Bei den Infrastruktureinrichtungen hat sich ein ähnlich rascher Wandel vollzogen. In der ersten Phase der Transformation war es tatsächlich außerordentlich schwierig, in Prag oder Budapest ein ordentliches Büro zu bekommen; Mieten und Grundstückspreise waren exorbitant. Neue Telefonanschlüsse waren so gut wie unerreichbar, und mit den wenigen vorhandenen Telefonen konnte man wenig

Glassturz und Zeppeline

Über Wien wird ein überdimensionaler Glassturz gestülpt, wodurch die Stadt witterungsunabhängig wird. Eine an der Kuppelspitze befindliche Lichtquelle besonnt die Stadt. Bei Bedarf kann der Glassturz ausgetauscht werden. Zur Verfügung stehen Bewölkung und Regen mittels Sprinkleranlage. Außerhalb der Glaskuppel schwirren Zeppeline, die über Lautsprecher gute Ratschläge an die Bevölkerung erteilen: „Gehen Sie aufrecht!“, „Nutzen Sie die Wiener Einkaufsstrassen!“, „Bosheit lohnt nicht!“, „Lesen Sie dieses Buch!“

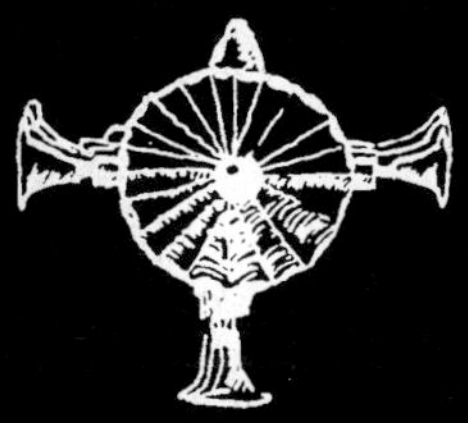

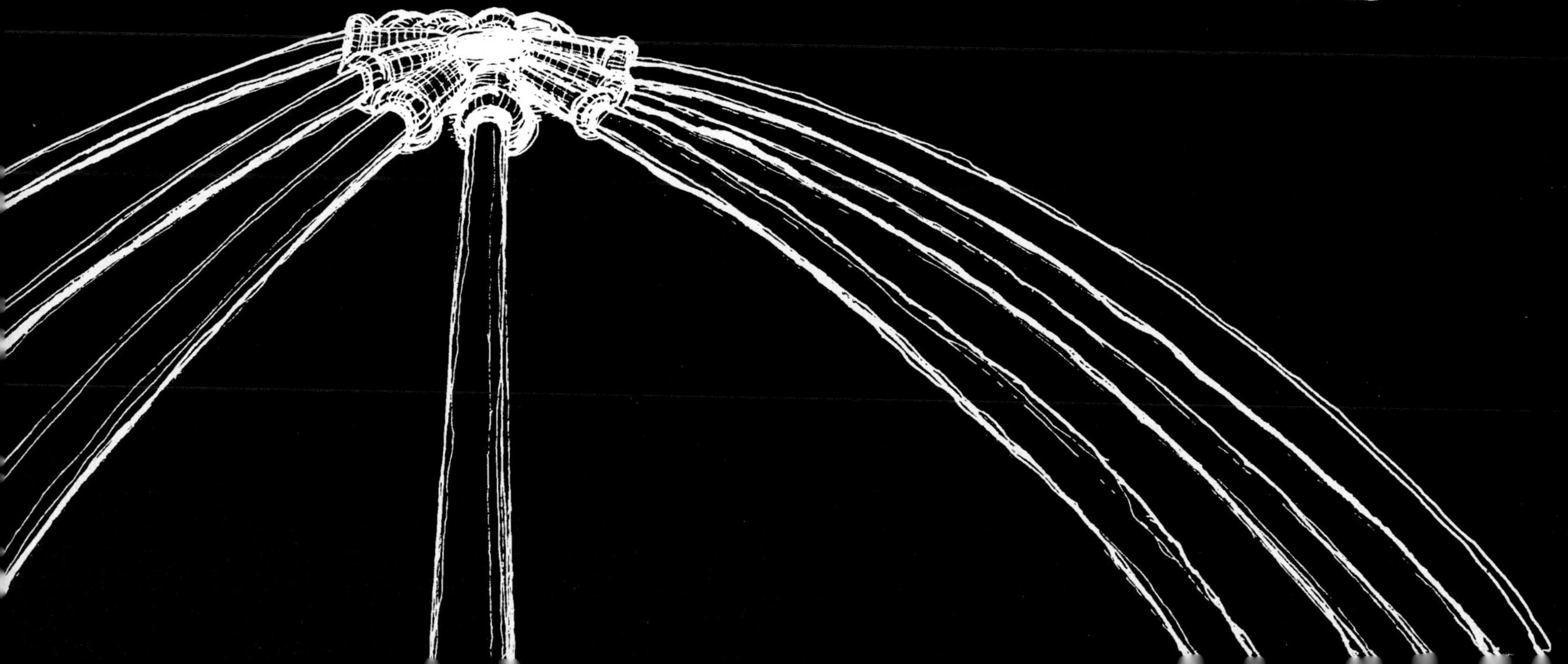

→ mir wern verschlofn, verschlofn de heutige Zeit, beim Hoffn, ja Hoffn auf de Vergangenheit.

aus: Warten auf die Ewigkeit, Text: Walter Engel

anfangen, weil die Leitungen ständig überlastet waren. Regelmäßige Ausfälle und Spannungsschwankungen im elektrischen Netz ruinierten Maschinen und elektronische Geräte. Inzwischen gibt es in Budapest bereits ein Überangebot an Büros, von Industriegrundstücken gar nicht zu reden. In Warschau wurde in jüngster Zeit so viel gebaut, daß heuer fast jeden Monat ein neues Bürohaus auf den Markt kommt und noch keine Ende des Baubooms abzusehen ist.

Sogar die Infrastruktur wird laufend verbessert. Ironischerweise sind die Reformländer im Zuge der allgemeinen Privatisierungswelle mit der Privatisierung ihrer Infrastruktur teilweise radikaler umgegangen als viele westeuropäische Länder, vor allem Österreich. In Ungarn gibt es seit mehreren Jahren ein privates und gut funktionierendes Mobilfunknetz; und bereits 1993 hat ein Konsortium unter der Führung der deutschen Telekom etwa ein Drittel der Aktien der MATAV, der ungarischen Telefongesellschaft, erworben; ein weiterer Anteil soll in Kürze verkauft werden. In Tschechien hat ein holländisch-schweizerisches Konsortium im Sommer 1995 einen Anteil an der tschechischen SPT gekauft. In beiden Fällen haben sich die Investoren verpflichtet, umfangreiche und genau spezifizierte Modernisierungsvorhaben durchzuführen, so daß damit zu rechnen ist, daß sich die Informationsdienstleistungen in diesen Ländern in Kürze deutlich verbessern werden. Die westlichen Investoren bezahlten außerdem in beiden Fällen unerwartet hohe Preise; daher wird allgemein angenommen, daß sich auch die anderen Länder der Region dem Argument zusätzlicher Staatseinnahmen immer weniger verschließen werden.

Da sich die Rahmenbedingungen für lokale Standorte so rasch und signifikant verbessert haben, verliert ein zentraler Standort wie Wien zunehmend an Attraktivität, auch wenn er nach wie vor natürlich eine bessere Infrastruktur und deutlich mehr Annehmlichkeiten bietet. Das hängt aber auch damit zusammen, daß regionale Hauptquartiere multinationaler Konzerne generell an Bedeutung verlieren. Viele Multis haben ihre bisherige hierarchische Organisationsstruktur aufgegeben und durch dezentrale und deutlich flachere Strukturen ersetzt, weil diese weniger schwerfällig sind und ein rascheres Anpassen an Veränderungen der Märkte ermöglichen. Je komplexer lokale Märkte sind, desto wichtiger werden die lokalen Niederlassungen; übergeordnete regionale Zentren – deren Funktion sich ja im wesentlichen auf das Sammeln und die Weitergabe von Informationen beschränkt – werden schon aus Kostengründen kurz gehalten.

Die aktuelle Situation in den Reformländern ist ein geradezu klassischer Fall einer sehr komplexen, sich außerordentlich rasch ändernden Marktsituation. So ist zum Beispiel die Zahl vieler Konsumgütermarken in Ungarn derzeit deutlich höher als in Österreich. Die Hersteller wissen zwar, daß sich schließlich nur wenige Marken durchsetzen werden; derzeit kämpfen sie aber um Marktanteile und darum, wer sich durchsetzen wird. Was in so einer Situation zählt, ist jemand, der genau weiß, in welchem Supermarkt welche Formen von Junkfood besonders gut ankommen, und nicht jemand, der mit seiner – im wesentlichen auf der Basis von Sissy- und Piroschka-Filmen erworbenen – Kenntnis der ungarischen Seele die letzte bundesdeutsche Goldfischli-Fernsehwerbung an eben jene Seele anzupassen versucht.

Wie wenig Bedeutung regionale Zentren haben können, kann man auch am Beispiel der Bankdienstleistungen sehen. Westliche Banken konzentrierten bisher ihre Aktivitäten in den Reformländern auf Investment-banking, also Beratungstätigkeit bei Firmenkäufen und Privatisierungen sowie Emissionen von Aktien oder Anleihen. Dazu braucht man einerseits Leute,

die vor Ort tätig sind, gute Beziehungen zu den Behörden haben (vor allem für die Privatisierungen) und die Unternehmen gut kennen. Letzteres ist besonders wichtig, da die wirtschaftliche Berichterstattung der Unternehmen, einschließlich ihrer Bilanzen, in den seltensten Fällen internationalen Standards entspricht. Um sich ein Bild machen zu können, muß man daher viele Gespräche führen und versuchen, hinter die Kulissen zu schauen. Andererseits braucht man Leute, die in internationale Finanzmärkte eingebunden sind, weil ja von dort die Investoren herkommen und auch lokale Wertpapierkurse ganz wesentlich von der Stimmung der internationalen Märkte beeinflußt werden. Daher haben fast alle Investmentbanken in der Region – auch die österreichischen – Teams, die lokales und internationales Know-how verbinden. Der Beitrag aus Wien ist in der Regel marginal.

Als letztes Argument dafür, daß die Vorstellung von der zentraleuropäischen Wirtschaftsmetropole Wien meiner Ansicht nach Illusion bleiben wird, sei die Wirtschaftsstruktur Österreichs angeführt. Österreich hat – im Vergleich zu anderen OECD-Staaten – einen höheren Anteil der Industrie am BIP und einen geringeren Anteil von Dienstleistungen. Industrienahe Dienste sind alles andere als unsere Stärke; und daran hat sich auch in den letzten Jahren – vor allem im internationalen Vergleich – wenig geändert. Natürlich mag der ein oder andere Anwalt jetzt ein bißchen mehr Geschäft in den Reformländern machen; auch einige Personal- und Unternehmensberater haben sich in diese Richtung spezialisiert. Sie alle arbeiten aber vorwiegend für österreichische Unternehmen; es ist nur ganz wenigen gelungen, sich auf internationaler Ebene einen Namen zu machen. Ausländische Firmen, die entsprechende Dienste brauchen, bedienen sich daher lokaler Anbieter oder – häufiger – der lokalen Töchter internationaler Beratungsunternehmen.

Kann es noch eine andere Rolle für Wien geben?

Bevor man die Sache in gut österreichischer Manier mit einem „Es war halt leider nix!" auf sich beruhen läßt, sollte man sich überlegen, ob es in dem Transformationsprozeß der genannten Nachbarländer, von dem Österreich ja keinesfalls unberührt bleibt, nicht doch eine andere Rolle für Wien geben könnte als die erhoffte, aber vermutlich unerreichbare.

Vielleicht ist es dazu zunächst hilfreich, festzustellen, wo eigentlich die grundlegenden Probleme mit dem Konzept der Metropole liegen. Der Wunsch, aus der Bedeutungslosigkeit des kleines Landes herauszukommen und an die Position der Stadt in der k. u. k. Zeit anzuknüpfen, ist ja durchaus verständlich; aber er verstellt den Blick auf Alternativen. Ich glaube, daß in der gängigen Argumentation vor allem zwei Fehler gemacht werden: Erstens verleitet sie dazu, sich auf strukturelle, quasi „naturgegebene" Vorteile zu verlassen und läßt daher übersehen, daß es möglich sein müßte, in einer sich wandelnden Umwelt auch neue Positionen zu schaffen. Zweitens erlaubt sie nicht, wirtschaftliche und politische Beziehungen anders als im Verhältnis von Zentrum und Peripherie zu begreifen.

Wenn wir uns auf unsere vermeintlichen Wettbewerbsvorteile verlassen, unterziehen wir die eigene Position keiner besonders kritischen Analyse; es gibt auch kaum Diskussionen über mögliche Maßnahmen der Wirtschaftspolitik. Die Position österreichischer Unternehmen in Zentral- und Osteuropa ist, meines Erachtens, weniger dominant, als allgemein angenommen wird. Österreichische Direktinvestitionen konzentrieren sich zu fast zwei Drittel auf Ungarn, weitere 17 Prozent werden in Tschechien, und 10 Prozent in der Slowakei getätigt. In Polen sind österreichische Unternehmen (mit Ausnahme einiger Hotelprojekte)

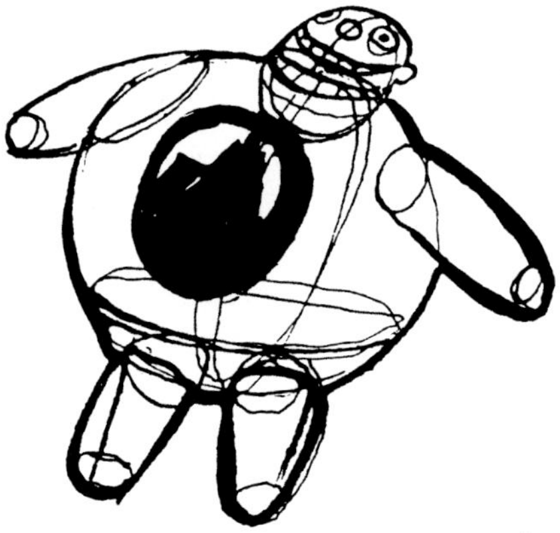

so gut wie nicht vertreten – obwohl das der weitaus größte Markt der Region ist, mit den höchsten prognostizierten Wachstumsraten. Daraus könnte man durchaus den Schluß ziehen, daß die österreichischen Firmen vor allem dort hingegangen sind, „wo's leicht war", nämlich in der Tat direkt vor die Haustür. Von besonderen Anstrengungen, neue Märkte zu erobern, zeugt das nicht.

Vor allem die vielzitierte gemeinsame historische Vergangenheit spielt eine viel geringere Rolle in den beiderseitigen Beziehungen, als das die Österreicher gerne sehen würden. Das sollte auch nicht weiter verwundern. Wieso sollten Gesellschaften, die gerade einen radikalen Wandel durchmachen, sich auf vergangene Zeiten beziehen? Ist es nicht viel naheliegender, nach vorwärts zu schauen? Und dieses Vorwärtsschauen ist offenbar – ob uns das paßt oder nicht – viel stärker an New York und L. A. orientiert als an Wien. Wer in jüngster Zeit in Budapest war, wird feststellen, daß sich die Dairy Queens, Kentucky Fried Chickens und Riesenreklamen nahtlos ins gründerzeitliche Stadtbild einfügen, wohingegen sich die wienerische Rücksicht aufs Ästhetische geradezu provinziell ausnimmt. Und die überweiten Jeans haben die Budapester Kids ein Jahr früher getragen als die Wiener. Im Warschau und Prag ist die Jugend zwar nicht ganz so up to date; dort überwiegt ein Look mit deutlichen Anlehnungen an die sechziger und siebziger Jahre – aber auch eindeutig amerikanischer Provenienz.

Natürlich sind solche Eindrücke oberflächlich und lassen keine allgemeinen Schlüsse zu, vor allem keine auf handfeste wirtschaftliche Beziehungen. Und natürlich ist es auch richtig, daß vielen österreichischen Unternehmen die guten Beziehungen, die sie während der COMECON-Zeit aufgebaut haben, auch weiterhin nützen, da sich die Eliten in keinem der Länder radikal gewandelt haben und die alte Nomenklatura nach wie vor einflußreiche Positionen einnimmt – nur heute eben oft auf der Unternehmerseite. Aber solche Vorteile sind keineswegs strukturell, sondern vorübergehend und müssen durch neue ersetzt werden. Dabei ist die Wirtschaft genauso gefordert wie die Wirtschaftspolitik.

Die Wirtschaftspolitik hat sich aber bisher vor allem auf die Förderung österreichischer Direktinvestitionen und Exporte konzentriert (offenbar ohne die Risikobereitschaft wesentlich zu erhöhen) sowie auf den Schutz der heimischen Märkte durch Verzögerungstaktik bei EFTA-Freihandelsabkommen und gelegentliche protektionistische Maßnahmen beschränkt. Dieses im wesentliche passive Verhalten könnte damit erklärt werden, daß man die Entwicklungen in den Reformländern im wesentlichen aus der Perspektive Österreichs betrachtet hat, ohne sich Gedanken darüber zu machen, was in den Ländern tatsächlich vorgeht. Dabei kann man einiges übersehen.

Zum Beispiel die Dynamik des gesellschaftlichen Wandels, der derzeit in den Reformländern stattfindet. Es kommt nur selten vor, daß Gesellschaften sich nicht evolutionär entwickeln, sondern tatsächlich Wahlmöglichkeiten bestehen, welche gesellschaftlichen und wirtschaftlichen Institutionen und welche Ordnungssysteme gelten werden. In den seltensten Fällen geht man bloß auf die vor dem Kommunismus bestehenden Systeme zurück.

Andere Länder haben die Bedeutung solcher Entscheidungen durchaus erkannt und versuchen, aktiv darauf Einfluß zu nehmen. So hat zum Beispiel der britische Know-How Fonds (eine von Margaret Thatcher gegründete Stiftung, die großzügige technische Unterstützung für Reformländer bietet) nicht nur die Aufgabe, den englischen Unternehmensberatern und Investmentbanken zu Aufträgen zu verhelfen, sondern eine explizit politische Agenda. Zum Beispiel werden vorzugsweise Projekte zur aktiven Förderung des Aktienbesitzes von Kleinaktionären finanziert, um diesen ein Eigeninteresse am Funktionieren von Kapitalmärkten zu vermitteln. Ähnlich konzentriert sich die amerikanische Entwicklungshilfeorganisation US AID vorzugsweise auf die Finanzierung von Privatisierungsprojekten, die von Wall-Street-Investmentbankern als politisch korrekt empfunden werden. Unorthodoxe Modelle, wie z. B. Privatisierungen über Mitarbeiterbeteiligungen, finden so gut wie keine Finanzierungsquellen. In diesem Wettbewerb um politische Hegemonie stößt man auf niemanden, der die Vorteile der österreichischen Sozialpartnerschaft mit ähnlicher Verve propagieren oder zur Anpassung der sozialen Sicherheitssysteme an die neuen Strukturen Modelle nach österreichischem Muster vorschlagen würde.

Es gab also sicher Versäumnisse der Politik, möglicherweise bedingt durch eine Überschätzung der Sonderstellung Österreichs; aber auch beeinflußt von der bewußten Metropolen-Idee, die impliziert, daß die neuen und interessanten Dinge immer nur vom Zentrum kommen und nicht von der Peripherie. Österreich hätte also durch ein größeres Interesse an den Entwicklungen in den Nachbarländern seine Einflußmöglichkeiten sicher verbessern können. Ich glaube aber nicht, daß sich dadurch an der grundlegenden Tendenz etwas geändert hätte, daß nämlich Österreich bzw. Wien nur einer unter mehreren Spielern sein wird, und zwar nicht einmal einer mit besonders guten Karten.

Es wäre daher nützlich, die Vorstellung von Wien als einem wirtschaftlichen Zentrum der Region aufzugeben oder zumindest zu relativieren und sich statt dessen zu überlegen, wie die Entwicklung in einem Zusammenspiel mehrerer Standorte aussehen könnte. Dabei könnte jeder Standort seine Spezialisierungen haben, die jeweils die der anderen ergänzen, in gewissen Bereichen aber durchaus auch mit den anderen konkurrieren. Solche Spezialisierungen werden vermutlich von den vorhandenen Ressourcenausstattungen und wirtschaftlichen Strukturen abhängen, müßten jedoch auch neu geschaffen werden.

Es ist heute noch sehr schwierig zu sagen, was die besondere Rolle Wiens in diesem Netzwerk mehrerer regionaler Zentren sein könnte. Das wird vor allem davon abhängen, wer die anderen Partner sein werden und wie sich diese entwickeln. Geht man von den aktuellen wirtschaftlichen Prognosen aus, haben vor allem Tschechien und Polen (dort vor allem der Süden) die besten Expansionschancen; für Ungarn rechnen die Experten eher mit zunehmenden wirtschaftlichen Schwierigkeiten. Das regionale Netz könnte daher Wien mit Prag, Krakau und Warschau verbinden. Tschechien hat eine Österreich vergleichbare, stark auf Investitionsgüter orientierte Industriestruktur; daraus ergeben sich Kooperationsmöglichkeiten, aber auch die Notwendigkeit zur Konzentration auf bestimmte Nischen. In Polen ist das wirtschaftliche Spektrum breiter; die Möglichkeit, komplementäre Güter zu produzieren, ist daher größer. In jedem Fall hat die bisherige Erfahrung mit der raschen Lernfähigkeit der Arbeitskräfte gezeigt, daß sich die Unternehmen nicht auf eine Arbeitsteilung verlassen sollten, die bloß auf unterschiedlichen Lohn- und Produktivitätsniveaus basiert.

Weniger schwierig, als über die möglichen Inhalte einer Spezialisierung zu spekulieren, ist es, sich Gedanken über den Prozeß zu machen, der die Vernetzung dieser Zentren fördern könnte. Aus den vorangehenden Überlegungen folgt, daß viel mehr aktives „Hinausgehen" von österreichischer und Wiener Seite notwendig ist, um sowohl eine wirtschaftliche als auch eine politische Kooperation zu fördern. Dabei kann es für Österreich bzw. Wien durchaus hilfreich sein, einmal den Spieß umzudrehen und nicht seinen Nachbarn zu erklären, wie der Kapitalismus funktioniert, sondern sich anzuschauen, welche Reformen mit welchen Ergebnissen durchgeführt werden. Der größte Vorteil, den Österreich und Wien aus einer derartigen Kommunikation ziehen könnten, wäre die Erkenntnis, daß wir im Grunde genau dieselben Probleme zu lösen haben, wie unsere Nachbarn – nämlich unter immer härter werdenden globalen Wettbewerbsbedingungen und damit einem sich immer rascher vollziehenden wirtschaftlichen Wandel zu bestehen. Dabei haben unsere Nachbarn natürlich einen entscheidenden Vorteil: Ihnen bleibt nämlich gar nichts anderes übrig, als diesen Wandel zu vollziehen. Wir hingegen wissen zwar, daß wir uns anpassen müßten, treffen aber nicht gerne schwierige Entscheidungen, solange es nicht wirklich brennt, und warten daher unter Umständen so lange, bis wir keine Handlungsspielräume mehr haben, um die Dinge nach unseren eigenen politischen Vorstellungen gestalten zu können. ▲

Stadtfigur und Donauregion

Stadtfortschreibung

Dieter Hoffmann-Axthelm (Berlin)

Ich beginne mit einem Indiz. Selbstverständlich wird über Pariser oder Berliner Verhältnisse und Zukunftsaussichten wesentlich mehr geschrieben, als man lesen kann oder der Erhaltung der Regenwälder dienlich ist. Aber daß Berlin oder Paris dadurch faßlicher würden, wird keiner behaupten wollen. Wien dagegen hat, nach einer europäische Kultur gewordenen Leistung der Selbstbeschreibung, in den letzten 15 Jahren auch eine auffällige Kultur der Fortschreibung der Stadt entwickelt, in der nicht von diesem oder jenem oder der globalen Lage von Städten, sondern mit erstaunlicher Kontinuität von der Stadt Wien insgesamt die Rede ist. Spieglein, Spieglein an der Wand, und siehe da, Kopf und spiegelnder Rahmen passen in der Tat noch zusammen.

In Berlin druckt man einen Flächennutzungsplan. In Wien erscheint eine Planbeschreibung, die soviel Stadt spiegelt, daß man nach dem Plan zu fragen vergißt. In Paris wird eine Weltausstellung geplant; das führt zu Theorie-Ausstellungen (Gibt es die Stadt noch? Gibt es im Zeitalter elektronischer Immaterialität noch Architektur?), bestenfalls zum Wettbewerb für ein weiteres *Grand Projet*. In Wien wird der Versuch einer Weltausstellung von einer so dichten Flottille von Beschreibungen, Begleitkulturen und historischen Rückgriffen eingehüllt, daß es weder zu verwundern noch ein Schade ist, wenn die Ausstellung plötzlich wegfällt.

Regelmäßig werden Auswärtige in den Prozeß der Selbstfortschreibung mit hineinverwickelt; es ist deutlich, daß das Spiel sonst nicht vollständig wäre. Für mich ist es nicht einmal das erste Mal, daß ich mich (so z. B. schon in der Publikation „Donau(t)raum") durch die Aufforderung zu einem Beitrag in den Beschreibungsprozeß einverwickelt finde. Das Besondere am jetzigen Termin ist, daß nunmehr, fünf Jahre nach den parallelen Spiegelungen von „Wien 2010" und „Wien. Identität der Stadtgestalt", die Ebene der Überprüfung angefordert wird. Das Stadium der Supervision ist erreicht, Kaiserstadt und Couch, das setzt sich also noch ein wenig fort.

Aber das Bedürfnis nach Deutung kann auch eine Finte sein. Das literarische Genre der Selbstfortschreibung – wenn denn die Anfangsbehauptung zutrifft – weist über den bloßen therapeutischen Text hinaus, und der deutschsprachige Ausländer tut gut, die Falle zu wittern.

Das Phänomen der Greifbarkeit

Das Talent der – oder der Zwang zur – Selbstbeschreibung ist nur eine Seite der Sache. Die andere ist das geeignete Objekt: eine sozusagen bühnenmäßige, auf Introspektion statt auf ständige Ausflüge in die Welt gestellte Stadtstruktur und eine eben noch, bei allem Vorortwachstum, überschaubare Stadtmasse. Das trifft auf Wien zu, auf die anderen europäischen Zentralen, mit denen es verglichen sein will, gerade nicht.

Wo ist Paris? Der neue französische Präsident, Jacques Chirac, war bisher langjähriger, und der bislang erfolgreichste, Bürgermeister von Paris. Doch er war Bürgermeister keineswegs des modernen Großgebildes zwischen Versailles und Eurodisney, das wir uns heute unter Paris vorstellen, sondern ausschließlich für die zwei Millionen Pariser der Innenstadt innerhalb der Grenzen der Thiersschen Befestigungslinien, also bloß für die touristische und politische Ikone, die wir gemeinhin als Paris bezeichnen. Die großen Bevölkerungsmassen (zu nicht unerheblichen Teilen wohnten sie vorher in der Innenstadt und wurden durch Chiracs Säuberungspolitik hinausgedrängt), die Industrie, die neuen Dienstleistungszentren (La Defense und das geplante Äquivalent für Marne-la-Vallée), die Flughäfen, logistischen Zentren usw., all das liegt außerhalb und zwingt von Jahrzehnt zu Jahrzehnt zu strikterer organisatorischer Bündelung oberhalb der längst überrollten Departementsgliederung, weil die kommunale bzw. regionale Zentralinstanz fehlt.

Berlin ist, als kompakte Masse, nur ein Drittel davon und besitzt zur Not das politische Zentrum, das Paris fehlt. Aber Flächenausdehnung und föderaler Aufbau (Groß-Berlin wurde 1920 als ein Bündnis unabhängiger Großstädte mit dem Kernbezirk der historischen Innenstadt hergestellt) machen es unübersichtlich und vieldeutig. Statt daß, wie in Paris, Kern und Peripherie sich scheiden, scheiden sich seit langem bürgerlicher Westen und plebejischer Osten.
In anderer Weise hat die historische Zertrümmerung dazu beigetragen, daß diese Stadt weder übersichtlich noch, ohne Mauer, beschreibbar ist, so sehr, daß man neuerdings nur noch über die Zukunft redet, als wäre das Vorhandene ohnehin nur provisorisch so, wie es ist, und erst nach Vollzug ausstehender Veränderungen der Untersuchung wert.

Wahrnehmbarkeit – ob Wien, ob Budapest, ob Neapel (Stockholm, Amsterdam, Lissabon, Venedig) – ist ein komplexer Tatbestand, geographisch begünstigt, konkret an der Hand einer gegebenen Landschaft erlernt, durch Größenverhältnisse ermöglicht, aber vor allem auch an Geschichte und Bedürfnis der Selbstanschauung, der bewußten Bildlichkeit, gebunden, also Kultur. Der kulturelle Kern ist allemal der, daß im Zentrum über Jahrhunderte ein Schauraum liegt, ein historisch eingebranntes Bühnenfeld, das die Stadtstruktur auf Innenansicht anlegt und nicht auf ständige Ausblicke in die Welt.

Bin ich also endlich erfolgreich beim Wien-Klischee angelangt – auf der einen Seite die expansiven, sich ständig neu formulierenden Wachsstumsstädte, auf der anderen die introvertierten Bühnen der Vergangenheit? Ganz so tapsig wollte ich nun doch nicht tun. Die hochentwickelte Kultur des Scheins, der Gesten, des lustvollen Zermalens von allem, was tatsächlich Veränderung zu werden droht, das ist Wien ja nach wie vor nicht abzusprechen. Das Wien der Parallelaktionen – die Expo in ihren verschiedensten Nuancen von Beteiligung und Gegenbeteiligung, von aufsaugender kultureller Begleitung und abrupter Beendigung bewies es – gibt es noch, geht weiter und bleibt uns erhalten. Aber in welchem Fach, auf welcher Ebene, in welchen Stockwerk des europäischen Traumhauses wird dieses Stück gespielt? Da ist Mißtrauen angesagt.

Was die Fähigkeit zur Selbstfortschreibung angeht, ist Wien z. B. auffällig gut mit Frankfurt vergleichbar (dessen Einwohnerzahl bei nur etwa einem Drittel der Wiener liegt). Sicher ist Wien nicht nur größer, sondern auch historisch, politisch, kulturell ungleich ausgreifender. Aber die Vergleichbarkeiten sind interessant. Beides sind mit dem Auge greifbare Städte, mit festen Kernen und überschaubaren Ausuferungen in die Gebirgshänge und Ebenen, Städte am Fluß, Kaiser- und Festungsstädte, mit der doppelten Erinnerung des heiligen Schauraums im Innern und der einschnürenden Halskrause außen; beide erlebten den republikanischen Siedlungsrausch nach dem ersten Weltkrieg und wurden zu Leuchttürmen kommunalen Massenwohnbaus, die, was dieses Thema angeht, seitdem in einem Atem genannt werden.

Wien ist, in seiner Beschreibbarkeit, näher an Frankfurt als an Neapel oder Venedig. Es bewegt sich. Daß nichts geschieht und folglich das wenige, das trotzdem geschieht, zur Preziose wird, dieses Stadium ist – nicht zuletzt der Blick auf die Architektur zeigt es – offenbar verlassen. Wer die perfekte Kultur der Ersetzung des Handelns durch das Zeigen, die Verneigungen und Verleugnungen zwischen groß und klein, den wahren Schmerz der bewegungslosen Introspektion noch erleben will, der wird nach Neapel gehen und in Wien nur Echos finden von etwas, das einmal war und Literatur geworden ist. In Wien fährt man mit der Rolltreppe an den archäologischen Schichten der Innenstadt vorbei, die U-Bahn kommt pünktlich, sauber, neuester technischer Standard, sogar der Westbahnhof ist erreichbar geworden, kurzum, Wien ist eine moderne Stadt, und das ewige alte Wien gerät auf die Seite der Folklore, die bei vorhandener funktionierender Infrastruktur ja genau das ist, was alle Fremden von Wien wollen.

Wien ist insofern ein eigener Fall: weder die regionale Tiefe, das Ineinander von Spaltung und Flächenkontinuität, das Berlin ausmacht, noch die strikte Trennung von Stadtikone und metropolitanen Mengen, die Paris kennzeichnet, noch die Londoner Kombination von Stadtikone und regionaler Tiefe, sondern eine wirkliche Kontinuität, mit der Frage, ob der nächste Schritt sie verderben oder auf eine neue Ebene bringen wird.

Instant-Beuschl
to take away.

Geopolitik ist Glückssache

Ich habe hier von Anfang an einen Weg eingeschlagen, der den wirtschaftsgeographischen und geopolitischen Figuren und Beziehungsspielen fernliegt. Vor allem ist von Kurzschlüssen vom Typ Eurolille zu warnen: davor, gute Erreichbarkeit zum einzigen Kriterium zu machen, ohne die Frage zu stellen, was die betroffene Stadt aus sich selber tragen will und kann. Was in solchen Programmen durchschlägt, ist jenes flache erfahrungslose Investorendenken, das man auch in kleineren und kleinsten Maßstäben beobachten kann: allein Lage zählt, doch bei einem Verständnis von Lage, in dem Ortskenntnis, Beobachtung und historisch-kulturelle Erfahrung ersetzt wird durch metergenaue Angaben über die Entfernung zum nächsten Flughafen, IC-Bahnhof usw. Daß solche Strategien in der Regel häufiger fehlgehen als aufgehen, zeigt die gesamte Geschichte der Immobilienspekulation, zeigt aber auch die jüngste Vergangenheit mit, u. a., dem Zusammenbruch der Londoner Expansion.

Warum sollte das Verfahren für ganze Städte zuverlässiger funktionieren als für städtische Teilbereiche? Und worauf läuft es hinaus? Über die klassischen Beziehungen geographischer und kulturell-historischer Nähe legen sich heute die Gleichzeitigkeitsnetze des elektronischen Wirtschaftsverkehrs. Sie sind lokal kaum noch beeinflußbar. Standortentscheidungen werden zunehmend willkürlicher, und sie antizipieren, gar sie erzwingen zu wollen, geht meist ins Auge. Was will sich Wien aber auch als schlauer Investor herausrechnen?

Städtekonkurrenz hat viele Gesichter. Vermutlich ist es für Wien lukrativer, mit Graz um Kongresse zu konkurrieren als mit Toronto oder Singapur um internationale Einrichtungen. Die UN hat man nämlich schon. EG-Einrichtungen werden politisch verteilt, die Schlüssel liegen also nicht am Ort, sondern es kommt alles auf das Standing der eigenen Regierung im Brüsseler Kommissionsgerangel an. Was aber den Anteil am privatwirtschaftlichen Dienstleistungsgeschäft angeht, so werden nirgendwo so verlustreiche und mehr oder minder ergebnislose Stellungskämpfe geführt wie gerade hier. Nicht einmal der Fall des Eisernen Vorhanges hat bislang, nach viel ergebnislosem Theaterdonner und imposantem Mienenspiel, zu für den vorurteilslosen Laien erkennbaren Verschiebungen geführt.

Paris – warum wird mir vom Herausgeber überhaupt „aufgetragen", über Paris zu schreiben? Als ob uns Grenzwächter Osteuropas das Ambiente der Blauen Banane anginge, geschweige denn, was sie westlich liegen läßt. Paris mauert sich – Chirac ist das Emblem dafür – in seiner eigenen Größe und Stärke ein. Das entspricht der neuen Situation nach dem Fall der Mauer, mit einer vergrößerten Mitte, die das bisherige Europa als westeuropäisches Teilgebiet redimensioniert. Was Paris tut, ist, sich auf seine westeuropäische Rolle hin zu justieren. Wien wie Berlin sind gleich weit weg, der Gedanke der Konkurrenz kommt erst gar nicht auf; London und Brüssel sind Verbündete; der Feind ist Frankfurt (aber es ist auch klar, daß Paris das Rennen um den Platz der zentralen Finanzmetropole schon lange verloren hat).

Aber Berlin und Wien – ist nicht wenigstens das ein spannendes Konkurrenzpaar? Die beiden Städte haben gemeinsam, daß sie an der Grenze zu einem Osteuropa sitzen, von dem sie zur Zeit nicht wissen, ob sich das Abenteuer lohnt. Beide verfügen zwar über die innerstädtische Mythologie regionaler Grenzen. Was in Wien der Rennweg ist, ist in Berlin die Ende des 17. Jahrhunderts einsetzende Spaltung zwischen West- und Ostentwicklung. Die vierzigjährige Teilung Berlins unter den zwei deutschen Staaten hat den geopolitischen Sinn der Spaltung noch akzentuiert: hier begrenzen sich innerhalb der Stadt West- und Osteuropa. In Wien ist Metternichs Diktum heute schwerer nachvollziehbar, das interne Angrenzen aber durchaus. Doch was besagt das für geopolitische Höhenflüge?

Imperiale Alleen sind nicht mehr vorhanden. Die Möglichkeiten der Einflußnahme beschränken sich auf steuernde Investitionen. Da übersteigt der Bedarf aber bei weitem Leistungsfähigkeit und Leistungswilligkeit der Zentren: schnelles Geld und bloßes Abschöpfen (Typ Mc Donald) gehen vor; von der Vorsicht angesichts unklarer Verhältnisse ganz zu schweigen. Große Geld- und Warenströme, die ihr eigenes Zentrum brauchen, sind zur Zeit nicht zu erwarten. Was tatsächlich herrscht, ist kleiner Austausch, Grenzverkehr.

Dem gegenübergestellt werden kann die Frage, was die betreffenden Großstädte (an dieser Grenze) an Fähigkeiten mitbringen, Fäden zu knüpfen und mit der Weite und Unberechenbarkeit großer Teile des Geländes umzugehen. Aber haben Berlin und Wien Grund, sich um Interessenzonen zu streiten? Ist das nicht auch nur ein hergebrachter Topos? Von Wien aus ist Berlin ab und zu noch eine innenpolitisch brauchbare Angstfigur. Von Berlin aus, auch wenn man allenthalben die Bauschilder der Firma Maculan sieht, ist Wien, ein Reiseziel. Berlin steckt sich weder strategische Ziele, noch sieht es sich selbst von außen. Es ist, was es immer war, ein unzufriedenes Perpetuum mobile, und erfahrungsgemäß kommt man so weiter. Was sollte man sich streitig machen? Der Berliner Blick reicht, so wie die Dinge heute liegen, nicht einmal bis Posen, geschweige denn nach Warschau oder Minsk.

→ *wos an weana olas en s gmiad ged:*
a faschimpödo fuaobrotesn
a finga dea wos en fleischhoka en woef
kuma is
drei wochleid und a drafik
a giatlkafee met dischbost
a schas med qastln
a eadepfösolod
da rudoef koal en da gatehosn
de schdrossnbaunilustriade
a schachtal dreia en an bisoaa
a söbstbinda zun aufhenkn
a zqetschta rola en an autoküla
de muzznbocha med an nosnraumö
oes lesezeichn
a schrewagatal en otagring
a foeschs gebis en da basena
a zbrochns nochtgschia
a r ogschöde buanwuascht
a daunauschdrom zum fiasbodn
a gashaun zun aufdran
a kindafazara wossaleichn foxln
wimmalagentn radeschöla kinokoatn
a saffalade zun umhenkn
de frau nowak
en hean leitna sei schwoga
en mozat sei notnschdenda
qagln en essechundöö
es genseheiffö
a rodlbadii met dode
es gschbeiwlad fua r ana
schdeeweinhalle
und en hintagrund auf jedn fol:
da liawe oede schdeffö!

aus:
hosn rosn baa
Text:
H. C. Artmann

Und die harte Wirklichkeit? Berlin hat, soweit Ostberlin, seine osteuropäischen Märkte verloren, und es hat, soweit Westberlin, eine westdeutsche Zentralität bislang nicht erreicht (geschweige eine westeuropäische). Funktionen, die Berlin vor 1933 bündelte, sind heute auf Hamburg, Düsseldorf, Köln, Frankfurt, Stuttgart und München verteilt. Dort werden sie auch bleiben, ohne daß der Umzug der Regierung von Bonn nach Berlin daran etwas ändern kann. Das einzige, was sich Berlin, im Schatten der politischen Zentralität, die es in diesen Jahren wieder erhält, zurückholen kann, ist die intellektuelle Hegemonie.

Die Zentralität gegenüber den osteuropäischen Nachbarn hat früher einmal gerade auch unter Marktbedingungen funktioniert – aber welche der historischen Voraussetzungen wäre heute noch gültig? Die Deutschen haben selber den größten Anteil an ihrer Zerstörung. Die ethnisch gemischten Stadtkulturen sind verlorengegangen, vor allem die jüdischen Stadtgemeinden, die über Jahrhunderte Träger des ökonomischen Transfers waren und die Erzeugnisse der preußischen Manufakturen und später der deutschen Industrie in die zahllosen Falten des osteuropäischen Marktes verkauften und z. T. buchstäblich verhökerten. Und Rußland? Den Adel als Verbraucher, das potente russische Industriebürgertum als Partner gibt es schon lange nicht mehr, die zahlungsfähige rohstoffreiche Sowjetunion, die sie ersetzte, ist ihrerseits Vergangenheit. Die derzeitige provisorische Organisierung des gesellschaftlichen Reichtums ist weder zu großen Transferleistungen noch zu eigener Schwerpunktbildung geeignet.

Die Folgen sind in Berlin ablesbar: Statt der Geldströme pendeln polnische Schwarzarbeiter ein, kommen in Massen brotlose russische Künstler und die überhaupt nicht zimperlichen Jungs der russischen Mafia. Der Absprung auf den russischen Markt erfolgt nicht, oder jedenfalls nicht vom Sprungbrett Berlins aus, wofür die fallenden Büromieten und die leerstehenden Büroneubauten ein beredtes Zeugnis sind. Hermes-Bürgschaften flicken weiter notdürftig die Löcher des Ex-Ost-West-Handels, die Zahlen im Austausch mit den GUS-Staaten steigen – aber das alles größtenteils über Netze, die weder Berlin als Zentrum noch auch nur als Relais nutzen.

Geht es Wien in dieser Hinsicht besser? Die historischen Bedingungen sind für Wien natürlich günstiger, der größeren Beziehungsdichte wegen. Wien hat unter seinen engsten Nachbarn den einzigen Ostblockstaat, der sofort auf die Beine gekommen ist und auch aus der nationalistischen Abspaltung der Slowaken nur gestärkt hervorgegangen ist. Das Jus primae noctis macht keine andere Metropole Wien streitig. Allenfalls kommen, mit erheblicher Distanz, als wirtschaftliche Konkurrenten noch München oder Leipzig/Dresden in Frage.

Umgekehrt gibt es Indizien dafür, daß das klassische Zuständigkeitsbild für den Donauraum so nicht mehr zutrifft. Daß ein Teil des Bereichs gerade systematisch in Stücke geschossen worden ist, kann nicht ohne Folgen bleiben. Ebenso weisen Funktionsverluste wie die des Triester Hafens auf ein langandauerndes Strukturvakuum hin: es fehlen die großen überregionalen Drehscheiben, Hafen wie Flughafen (und anderes). Sie können möglicherweise in den heute üblichen Größen und Reichweiten und unter den heutigen politischen Bedingungen nicht einseitig von Wien aus geplant werden (ein osteuropäisches Luftkreuz läge vielleicht auch ganz gut in Sachsen).

Die global veränderten Bedingungen von Standortbildung deuten nun aber darauf hin, daß Nähe und Tradition weniger zählen, es vielmehr auf spezifische Dienstleistungskompetenzen ankommt (auf welchen Fährten so etwas unter anderem läuft, zeigte die gute Zusammenarbeit von PCI und sizilischer Mafia beim Plazieren von schmutzigem Geld in Ex-DDR- und sonstigen Osteuropaunternehmungen). Nebenbei geht es bekanntlich auch um die touristische Attraktivität der Stadt, die als Drehscheibe und Sprungbrett in wenig übersichtliche Märkte fungieren will. So oder so kann es Wien nur schaden, wenn es anderen, vom Tertiärisierungswahn ineinstransformierten und uniformierten Metropolen zu ähnlich werden will.

Zukunft der Stadt

Prognosen sind ebenfalls Glückssache. Daß sie Fortschreibungen des Vorhandenen sind, ist bekannt. Weniger oft wird die Folgerung ausgesprochen: daß wir auf diesem Wege nichts (oder nur Falsches) über die Zukunft erfahren, aber relativ Unverdächtiges über die unmittelbarste Gegenwart. Aber auch da erfährt man eigentlich mehr über den Katalog der Besorgnisse und Vorurteile als über die Realität – die Ähnlichkeit der Lagebeschreibungen und Zukunftsaussagen ist von Studie zu Studie viel eindrucksvoller als die Konsistenz der Aussagen einer Studie zu der auftraggebenden und untersuchten Stadt.

Man kann hieraus also getrost die Einsicht herleiten, daß es um die Zukunft, die die Prognosen beschreiben, gar nicht geht. Aber worum geht es dann – darunter verstanden das, worüber man nicht so gerne reden will und was man durch Prognosen, Visionen etc. ersetzt? Ich behaupte: Worüber mit jenem Nachdruck zu reden ist, der auf wirtschaftliche, regionalpolitische und weltkulturelle Prognosen verwandt wird, sind soziale Kompetenz und Lebensfähigkeit einer Stadt. Und auch dies ließe sich noch weiter, und mit gutem Recht, radikalisieren zu der weiteren Behauptung: Jede Stadt hat, trotz einer Unendlichkeit unterschiedlicher örtlicher Bedingungen und Chancen, soviele Zukunftsaussichten, wie sie sich dem allgemeinen Thema der Zukunft der Einrichtung Stadt stellt. Sie wird Erfolg haben weniger mit einer erfolgreichen Bekümmerung um sich selber als mit einem Engagement für das Genre Stadt als sozialer Lebensform.

➡

Das genaue Gegenteil ist die Unsitte, Stadtvisionen zu fordern und in Auftrag zu geben. Daß wir Visionen brauchen, hört man so oft, von so verschiedenen Seiten und an so verschiedenen Orten, daß man gut tut, darin nicht mehr zu hören als den Anspruch, besser zu sein als die anderen – ein politisches Hahnenkrähen. Mag es bei tausend Gelegenheiten gefahrlos sein, den Städten schadet es. Ich zitiere mich selbst: „Mit Visionen macht man eine Stadt kaputt.“ Es beweist mangelndes Vorstellungsvermögen, Zukunft nach wie vor nur als große Maßnahme, als Modell, als Vision thematisieren zu können. Dazu ist, was auf uns zukommt, viel zu komplex, viel zu nahe an uns dran, zielt viel zu sehr auf diejenigen Prioritäten, die die führenden Stadtpolitiker im Augenblick gerade nicht setzen mögen.

Stadtpolitik ist in der Regel die Politik von Leuchtturmwärtern. Es wird das getan, was nach außen – für das Wahlvolk – sichtbar ist, es wird auch wirtschaftspolitisch lieber in weithin sichtbare Signale investiert als in Strukturverbesserungen, die sich erst mittelfristig auswirken. Leuchtturmsyndrom und Erfüllung der Hausaufgaben sind eben zwei unangenehm gegensätzliche Dinge. Aber die Reichweite der Leuchtturmpolitiken ist enttäuschend klein. Schon heute, fünf Jahre nach 1989, haben wir das Verfallsdatum all der Zauberwörter erreicht, die damals in jeder größeren Stadt aufstiegen wie bunte Ballons – High-Tech-Produktionen, Dienstleistung für Osteuropa, Neue Gründerzeit, Kulturmetropole und anderes mehr. Die Begleitprogrammatiken der niedergestimmten Expo '95 lesen sich heute größtenteils wie Anleitungen zum Vermeiden einer wirklichkeitsnahen Stadtpolitik.

Stadtfigur als Geste

Gibt es zwischen den drei hier betretenen Ebenen – Stadtfigur, Geopolitik, Stadtgesellschaft – einen einsichtigen Zusammenhang? Und gäbe es eine entsprechende Stadtpolitik, die jenseits großer Behauptungen und der ihnen auf dem Fuße folgenden Einbrüche etwas für die euroregionale Wahrnehmbarkeit und Kompetenz der Stadt Wien zu leisten vermag?

Was ich bislang (schräg auf Paris, Berlin, Wien etc. blickend) extrem schematisch, extrem von weitem gesehen als Stadtfigur beschrieben habe, ist kein in der gebauten steinernen Stadt festgezurrtes Schema, sondern eine ständig fortgeschriebene stadtgesellschaftliche Praxis. Diese Praxis erzeugt eine modellhafte Sichtbarkeit der Stadtfigur, die man gestisch lesen kann, weil sie von vornherein nach außen zeigt, wer erwünscht und wer nicht erwünscht ist.

Man sieht das gerade am Schulbeispiel Paris. Die Innenstadt wird als Monument und Wohnort der Eliten befestigt, unter fortgeführter Niederlegung der alten Vorstädte und zugunsten ihrer verdichteten Neubebauung mit Wohnungen und blitzenden Relais der Weltkultur. Gleichzeitig exekutieren die staatlichen Entwicklungsgesellschaften wie getrennte Armeen ohne gemeinsamen Plan den Ausbau des Umlandes, es entstehen Reihungen unzusammenhängender Aggregate – Logistikzentren, Bürostädte, Siedlungen, Industriezonen: Regionalstädte aus bloßer bildloser Peripherie.

Diese Dichotomie ist geographisch feststellbar, als geplante Struktur beschreibbar, aber sie ist vor allem eine auf Trennung hinzielende Politik in Aktion. Dem dient die Hinausdrängung der ungewünschten Bevölkerungen aus dem 10. bis 13. Arrondissement in die Villes Nouvelles, wo sie sich untereinander das Leben zur Holle machen mögen. Die Figur ist allgemein lesbar. Der dritten Welt im eigenen Lande ist der Platz außerhalb sicher. Das Angebot Paris für die internationale Städtekonkurrenz ist sichtbar weiß.

Anders Berlin. Es gibt in Berlin kein Ausschließungsverhalten, das nicht vom Start an schon Teil der vorhandenen Stadtfigur und damit zum Scheitern verurteilt wäre. Berlin hat mit dem – in vierzigjähriger Trennung labormäßig weiter veröstlichten – Berliner Osten den europäischen Osten immer schon in sich. Wer aus Osteuropa kommt, kann sich in Ostberlin noch fast zu Hause fühlen, wer Osteuropa hinter sich lassen will, ist erst in Westberlin auf festem Grund.

Wiederum anders liegen die Dinge in Wien. Wien hat, wenn ich richtig sehe, in diesen Jahren zwei Probleme: zum einen dies, eine Struktur für die tertiären Implantate zu finden (Praterstern, Nordbahnhof, Expo-Gelände), zum andern, ob es über die Donau will. Aufgrund der Lage der betroffenen Terrains hängt beides tückisch zusammen. Bislang hat man sich, sowohl in der Typologie der Implantate wie in der Typologie des Geländeverbrauchs nördlich der Donau aus meiner Sicht ständig vergriffen – der Maßstab war beidesmal genau der falsche. Das ist hier nicht zu begründen, es interessiert hier nur als Behauptung, und zwar genau im Blick auf die beidem zugrundeliegende Frage der Stadtfigur.

Ist die Donaustadt Teil der Stadtfigur? Wenn sie es sein soll, dann braucht man an der Donau usw. gerade keine Hochhäuser, aber man müßte ein erhebliches Stück Zentralität nach Kagran verlegen. (Daß sich zur Expo-Zeit die Einsicht, ein Museum der modernen Kunst gehöre dorthin und nicht ins übersättigte Zentrum, nicht durchsetzen konnte, zeigt, wie konsequent man nicht will.)

Und nun, was man nicht will, im Ohr, zur Geopolitik. Ich glaube – sicher mit vielen anderen –, ein Junktim zu sehen zwischen dem stadtgesellschaftlichen Schritt über die Donau und der Signalisierung einer neuen regionalen Disponibilität der Stadt gegenüber dem angrenzenden Südosteuropa. Das gemeinsame Band ist die Aversion gegen den Osten. Ginge die Stadt wirklich über die Donau und nähme sie die Donau in ihre Stadtfigur auf, dann wäre das nicht nur eine Wendung gegen die bisherigen Politiken der Selbstumschließung, die sich bis in die neuesten Ziselierungen der Peripheriesiedlungen durchzieht, sondern zugleich auch ein entscheidendes Signal nach außen, das einer entgegenkommenden regionalen Solidarität. Wien träte als Stadtkörper selber in den Donauraum ein, ein Teil davon.

Bisher gibt es dieses Zeichen nicht. Daß ein solches Zeichen durch die Rechnungen der Standortarithmetik und eine Politik absolut verwechselbarer stadtwirtschaftlicher Großziele wettgemacht werden kann, scheint mir zweifelhaft. ▲

Gastronomisches Wörterbuch

Backerbsen = Teigtropfen als Suppeneinlage.
Bauernschmaus = verschiedene Fleischsorten, Würstel, Kraut und Klöße.
Beinfleisch = gekochtes Rindfleisch.
Beuschl = Kalbslunge, Herz und Milz, sauer zubereitet.
Buchteln = gefüllte Rohrnudeln.
Faschiertes = gehacktes Fleisch.
Fischbeuschlsuppe = Gemüsesuppe mit Fischrogen.
Fisolen = grüne Bohnen.
Fridatten = Eierkuchenstreifen als Suppeneinlage.
Geröstete = Bratkartoffeln.
Geselchtes = geräuchertes Fleisch.
Gugelhupf = Napfkuchen.
Häuptelsalat = Kopfsalat.
Kaiserfleisch = gebratenes Bauchfleisch.
Karfiol = Blumenkohl.
Kipferl = Hörnchen.
Krenfleisch = mit der Schwarte gesottenes Jungschweinefleisch.
Lungenbraten = Rindslende in Sahnesoße.
Lungenstrudel = mit Innereien gefüllte Teigstücke als Suppeneinlage.
Marillenknödel = in Kartoffelteig eingewickelte und dann gekochte Aprikosen.
Palatschinken = gefüllter Eierpfannkuchen.
Rahm = saure Sahne.
Schlagobers = geschlagene süße Sahne.
Stelze = Schweins- oder Kalbshaxe.
Tiroler Knödel = Schinkenklöße.
Topfen = Quark.

Die Wien-Sache

Kurt Puchinger (Wien)

Wien mit seinen 1,6 Millionen Einwohnern ist gemessen an den Metropolen, mit denen es in Konkurrenz treten will, eine europäische Mittelstadt. Wien wird sich nicht so bald zu einer Agglomeration von 3 bis 4 Millionen Einwohnern entwickeln. Wachstum in diesem Sinn und Hoffen auf damit verbundene synergetische Entwicklungsschübe können nicht der Weg sein, um die Bedeutungsdifferenz zu den konkurrierenden Metropolen zu verringern. Welchen Pfad kann Wien in einem Europa voller Unklarheiten und potentieller Konflikte einschlagen?

Wien ist ein Wirtschaftsstandort, über den es international sehr viele Vorurteile und sehr wenig Wissen gibt und der deshalb in den Präferenzskalen der internationalen Manager weit hinten rangiert. Mit hoher Wahrscheinlichkeit handelt es sich bei diesen Vorurteilen, wie es der Natur der Sache entspricht, um eine Mischung aus realen Anknüpfungspunkten und irrationalen Haltungen. Zu fragen ist aber, ob diese Phänomene entscheidend sind für die Konzeption einer künftigen Stadtentwicklungspolitik.

Tatsache ist jedenfalls, daß der Wirtschaftsstandort Wien nicht zu trennen ist von den Rahmenbedingungen des Wirtschaftsstandorts Österreich. Und dieser Wirtschaftsstandort signalisiert international hohe Steuern, international hohe Lohnnebenkosten, international hohes Preisniveau, einen international unterentwickelten Dienstleistungssektor, rigorose Ladenschlußzeiten u. ä.

Mit dieser Situation muß Wien leben, wie es heißt, was nichts anderes bedeutet, als daß die eine oder andere durchaus überzeugende und im Sinne einer Strategie der produktiven Nachahmung konzipierte Entwicklungslinie für eine internationale Stadt Wien an bundesgesetzlichen Regelungen scheitern kann.

Der Bund ist häufig sehr darauf bedacht, daß nachgeordnete Gebietskörperschaften sich nicht allzu nahe an seine Kompetenzen herandenken. Im Fall der Bundeshauptstadt gibt es aber umgekehrt ein weites Feld, den Bund daran zu erinnern, „daß der Kopf deshalb rund ist, damit die Gedanken ihre Richtung ändern können".

Ähnlich pragmatische Beschränkungen können und werden sich aus der Situation ergeben, daß die Agglomeration Wien von einer Bundesländergrenze durchschnitten wird und der Weg zu einer tatsächlichen Agglomerationsplanung mehr einem Hohlweg mit vielen Hinterhalten als einem Weg durch die freie Landschaft gleicht. Trotz dieser Verhältnisse sollte man aber das Problem einer Agglomerationsplanung nicht dadurch umgehen, daß man den „zentralen Orten" Niederösterreichs ernsthaft eine kompensierende Funktion bezüglich der Wiener Stadterweiterung zuzuweisen versucht.

Ist es denkbar, daß die Stadt einen großen Coup landet, der schlagartig Investoren und Manager überzeugt, am Standort Wien präsent sein zu müssen, der gleichsam Wien in einen ähnlichen Modetrend katapultiert, wie dies der Swatch oder den Mobiltelefonen vergönnt war? Wenn der große Coup, der die schlagartige Attraktivierung bringt, sich nicht abzeichnet, welcher längerfristige Weg kann unter den skizzierten bundesweiten Rahmenbedingungen dann eingeschlagen werden?

Grundsätzlich würde ich davon ausgehen, daß in den europäischen Metropolen insgesamt weder ein besonderer Mangel an betriebsbereitem Bauland noch an Büroflächen oder Hochhäusern herrscht. London z. B. rangiert in allen europäischen Präferenzskalen weit vor Wien und findet trotzdem nur langsam Abnehmer für die Bruttogeschoßflächen der Docklands, was nicht allein aus der derzeitigen Wirtschaftslage Großbritanniens erklärbar ist.

Die These, daß bauliche Maßnahmen in Wien komplementär zu einem europäischen oder globalen Engpaß zu sehen seien und somit die künftige Positionierung Wiens innerhalb der internationalen Metropolenszene von solchen „vorsorglichen" Maßnahmenlinien abhänge, läßt sich kaum formulieren, geschweige denn aufrechterhalten. So gesehen hat Stadtplanung lokale Bedeutung, maximal regionale; internationale nur insofern, als sie Optionen aus anderen Interessenbereichen offenhält.

Die Wiener Stadtplanung sollte sich ohnehin nicht in Konkurrenz zu anderen Städten definieren, sondern grundsätzlich davon ausgehen, wie die Anpassung an die neuen und die zukünftigen Gegebenheiten am besten erreicht werden kann. Deshalb ist es so notwendig, sich ein selbständiges „Bild" von den Grundzügen der Entwicklung (der Welt und der Verhaltenstrends) in den nächsten 20, 30 Jahren zu machen.

„Richtige" Projekte entwickeln

Es ist unwahrscheinlich, daß sich die Standorte der europäischen Zentralen wesentlich ändern werden. Die Bedeutung, die den direkten Kontaktmöglichkeiten zukommt, bringt mit sich, daß sich die Zentralen weiterhin auf die Entscheidungszentren für Wirtschaft, Politik und Verwaltung in den Ballungsgebieten in Deutschland, den Benelux-Staaten, London und um Paris verteilen werden. Als Folge des Binnenmarktes und der wachsenden Internationalisierung beginnen die Unternehmen im Gegenteil Managementfunktionen zu konzentrieren, um eine größere Leistungsfähigkeit und die Senkung der Kosten zu erreichen. Hierzu gehört die Beseitigung von Doppelaufwendungen für Büroräume, Computer, Rechtsberatungen u. ä.

Wien kann sich meines Erachtens international nicht erfolgreich positionieren, wenn es nur auf das Nachfrage-Pferd setzt und die Mängel in der Hauptsache darin diagnostiziert, daß es bisher vielleicht nicht genügend gut gelungen ist, diese vermutete Nachfrage durch geschickte Selbstdarstellung auf den Standort Wien zu lenken. Wien muß, will es erreichen, was es erreichen zu wollen vorgibt, selber Projekte entwickeln, und zwar „richtige"; solche, die im Feld der Notwendigkeiten und der abschätzbaren Unklarheiten der Zukunft richtig liegen.

Was aber ist ein „richtiges" Projekt, fragen alle, die vor der Apodiktik einer solch absoluten Forderung zurückschrecken. Ich möchte hier eine weniger theoretische als beispielhafte Antwort auf diese Frage versuchen.

Geht man vom Hohen Markt die Rotenturmstraße Richtung Stephansplatz, kann man sicher sein, rund 2000 Jahre Stadtgeschichte mit Füßen zu treten. Vom Kastell übers Mittelalter in die Neuzeit führt der Weg direkt in die Belle Etage des neuen Haas-Hauses, das die Argumentation für seine verhalten vorspringende Andeutung einer Trennung zwischen Stock-im-Eisen- und Stephansplatz aus dem mittelalterlichen Stadtgrundriß herleitet. War der Zunftmeister der Taschner, der vor 500 Jahren dem Dom respektlos nah zu Leibe rückte, ein Developer seiner Zeit, der das, was er tat, unter dem Druck tat, etwas für die Entwicklung der Stadt der nächsten 500 Jahre und die Neuplanung des Haas-Hauses tun zu müssen, oder tat er, was er tat, lediglich aus der sicheren Überzeugung heraus, das Richtige zu tun?

Hatte Otto Wagner, als er die Grundzüge seiner Studie „Die Groszstadt" konzipierte, eine Vision, oder hatte er ein Problem?

„Das Gerippe jeder Großstadt bilden die bestehenden Verkehrslinien, Flüsse, Seen, Meeresbuchten, Terrainverhältnisse etc. Jede Großstadtregulierung ist, wie angedeutet, nur nach einem System durchzuführen. Dieses System trennt sich naturgemäß in zwei Teile: 1. In die Regulierung des alten, also bestehenden Teiles der Stadt und 2. In die Regulierung des künftigen Teiles, also der kontinuierlichen Stadterweiterung ..." Ich meine, Otto Wagner hatte ein Problem, genau wie wir.

Die UNO-City z. B. war ein politisches Projekt der Bundesregierung, welches – wenn ich mich richtig erinnere – einmal stark angefeindet wurde und letztlich doch nicht nur die internationale Position Wiens entscheidend mitgeprägt, sondern auch die gesamte stadtplanerische Folgediskussion unter dem Titel „Wien an die Donau" beeinflußt hat. Ein Projekt solcher Reichweite läßt sich so schnell nicht wiedererfinden oder wiederholen, aber es zeigt doch sehr deutlich die Richtung an, in die es auch heute nachzudenken gilt, nämlich in eine politische Richtung. Aufgabe der Stadtplanung kann es dann nur sein, solche politischen Projekte räumlich zu interpretieren und auszuformen.

Stadtentwicklungspolitische Perspektiven, die sich daran orientieren, Wien als internationale Stadt zu entwickeln und zu etablieren, bedürfen eines sehr einfachen und auch vertrauten Movens: der Neugierde. Eine Stadt, die international mithalten möchte, aber nicht neugierig darauf ist, was in der Welt, in anderen Ländern und Städten passiert, wird sich schwer tun, einen solchen Weg einzuschlagen.

Die Entwicklung einer solchen Politik der Neugierde wird nicht in einem blütenreinen Labor der Pädagogik stattfinden, sondern in einer Zukunft voller Unklarheiten, Irrationalitäten, Überraschungen und Risiken. Eine solche Politik wird nicht umhin können, sich dem einen oder anderen Konflikt deutlich zu stellen, z. B. dem mit den derzeit übermächtigen Einfluß signalisierenden Bezirkskleingartenkommissionen oder dem mit den Museumsgegnern, dem mit den Wohnzonenfanatikern oder dem mit den „ökologischen" Städtebauern, die aus der ganzen Stadt eine Dorfidylle mit 50 Einwohnern pro Hektar machen wollen, dem mit den Fremdenfeinden. Wo lauern die größten Überraschungen?

Die Gleichzeitigkeit von Elend und Wohlstand ist die Hintergrundfolie, vor der alles Wirtschaften passiert. Dieser Widerspruch hält die Welt in Bewegung. Soweit die Dynamik dieses Widerspruchs einer Zügelung und Kultivierung durch Politik zugänglich ist, steigt die Berechenbarkeit seiner Entwicklungsrichtung. China z. B. ist, nachdem die ersten wirtschaftlichen Liberalisierungsschritte gelungen waren, berechenbarer geworden, und niemand wird sich über die Prognose wundern, daß hier einer der größten Zukunftsmärkte der nächsten Jahrzehnte im Entstehen ist. Die Welt der ehemaligen Sowjetunion ist unberechenbarer geworden, weil diese sich erst im Stadium der Gruppierung der verschiedenen Seiten dieses Widerspruchs befindet und eine Reaktion der Massen auf

die verschiedenen politischen Richtungen noch nicht absehbar ist.

Die größten Überraschungen lauern in den Reaktionen der Massen – egal, ob es sich dabei um kaufkräftige oder am Rande des Elends befindliche Massen handelt. Einmal entscheiden sie über Erfolg oder Mißerfolg eines Produkts, über Erfolg oder Mißerfolg einer Produktpolitik, ein andermal über Frieden oder Bürgerkrieg. Das Geheimnis für den „langen Blick“ in die Zukunft liegt in der Einschätzung von Massenreaktionen.

Unsere Gesellschaft ist keine aufgeklärte Gesellschaft, sie ist durchsetzt mit einer Menge von Leuten mit nicht geringem Einfluß und mit besonderer staatlicher Anerkennung, die über übernatürliche Befähigungen verfügen, die täglich Getränke und Nahrungsmittel in heilbringendes Blut und Fleisch verwandeln können und denen das auch noch wie selbstverständlich von vielen geglaubt wird. Angesichts solcher grundsätzlich aufklärungsfeindlicher Phänomene verblaßt der islamische Fundamentalismus zu einem harmlosen System profaner Alltagsregelungen.

Wer wußte schon, wie die Österreicher bei der EG-Abstimmung reagieren würden? So wie bei der EXPO, oder anders? Ist Kurt Krenn ein passageres Phänomen oder der Auftakt zu einem neuen Kulturkampf? Wird Thomas Bernhard in Vergessenheit geraten, oder findet sich eine Unterstützung im Prozeß mit den Nachlaßverwaltern? Wird die Kronenzeitung mangels Nachfrage in Konkurs gehen, wird die „Lustige Witwe“, trotz Intendantenwechsel, zum Maß aller Dinge des Bildungsauftrages des ORF, oder ...?

Wo schlummern die größten Risiken?

Die größten Risiken schlummern dort, wo die Irrtumsoptionen am geringsten sind. Eine Sache, die nicht schief gehen darf, liegt in der Zone des Risikomaximums. Der absolute Einsatz ist das Leben. Im Todesfall ist das absolute Risikomaximum überschritten, ein Ziel, das bei sämtlichen Glaubensfragen erstaunlich gut abschneidet. Die Möglichkeiten, die Gelegenheiten und die Erfordernisse zur Überschreitung des absoluten Risikomaximums entwickeln sich progressiv. Relative Risikomaxima werden durch die Kategorie der Unerwünschtheit definiert. Sicherheit ist das Produkt von jeweils vorangegangenen Irrtümern. Somit ist die Irrtumsoption eine wesentliche gesellschaftliche Entwicklung. Irrtümer in Glaubensfragen aber waren immer die Rechtfertigung für Inquisition.

Risikominimierung ist eine expandierende Denksportaufgabe in sämtlichen Handlungsebenen zwischen Diplomatie, Kapitalverwertung, Stadtplanung und Konsum. Risikominimierung ist eine Handlungsstrategie, den Irrtumsfall in größtmöglichem Abstand zum jeweiligen Risikomaximum zu positionieren. Risikogefühle aber sind ein wiederum stark zunehmendes Massenphänomen in den industrialisierten Ländern. Die qualitativen Schwellen, ab denen solche Risikogefühle einsetzen, werden erstaunlicherweise immer niedriger, niedriger fast als in der Antike oder im Mittelalter.

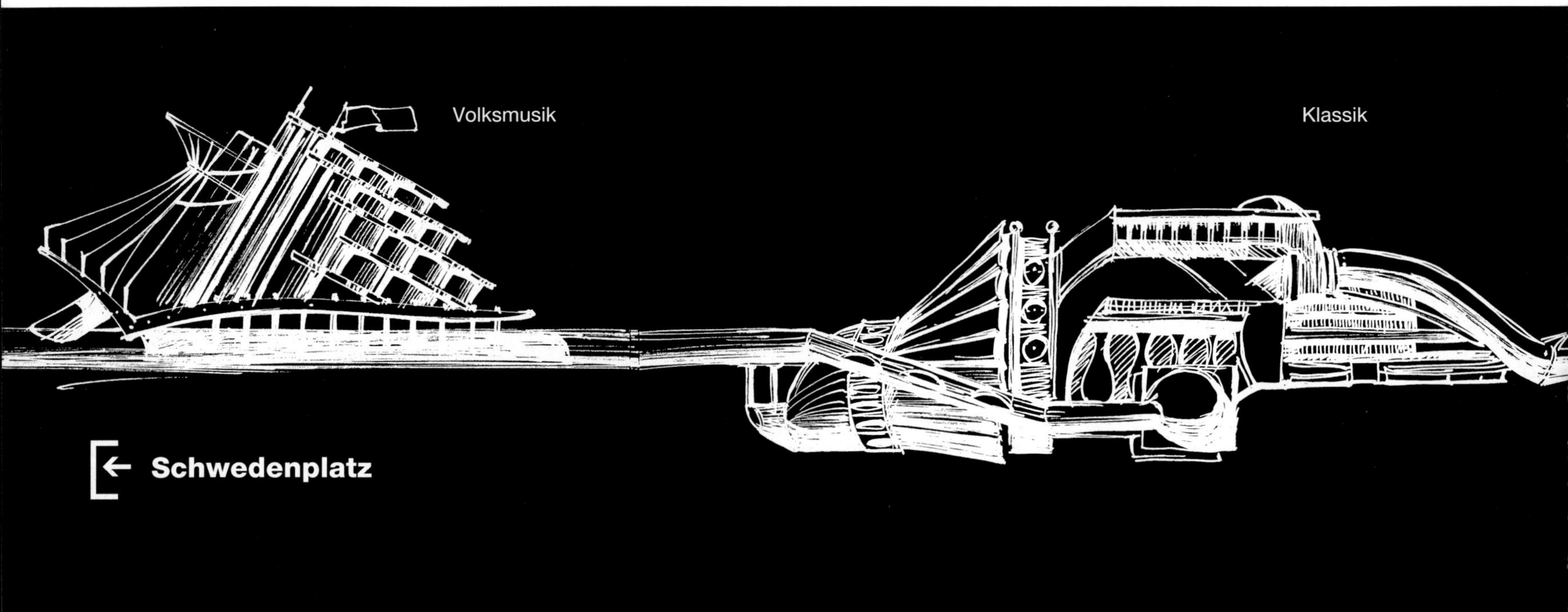

Die Platoniker z. B. hatten solche Angst vor der Wirklichkeit, daß sie diese gleich gar nicht als wirklich gelten ließen. „Die Katze ist wirklich; einzelne Katzen sind nur Erscheinungen." Für die platonisch geschulte katholische Theologie von Thomas von Aquin bis heute, die zwar die Wirklichkeit als solche gelten läßt, war und ist aber „der Leib" das größte Risiko auf dem Weg zum Heil. Wie stark diese Angst gewesen sein muß, sieht man an der seltsamen Argumentation des Thomas gegen die Blutschande zwischen Bruder und Schwester: „Wenn zu der Gattenliebe noch die Geschwisterliebe käme, würde die gegenseitige Anziehung so stark werden, daß ein ungebührlich häufiger Verkehr die Folge wäre" (zit. nach: B. Russell, Philosophie des Abendlandes).

Heute sind schon viel harmlosere und von der Intimsphäre der Körperlichkeit entfernte Ereignisse wie Mülldeponien, Museumsbauten, Asylantenheime oder eine neue Straßenbahnlinie geeignet, durchaus vergleichbare Bedrohungsgefühle und entsprechende Reaktionen zu aktivieren.

Daraus läßt sich die These ableiten, daß die größten Risiken künftig in der Entfaltung von Bedrohungsgefühlen und der „Solidarität aus Angst" liegen werden und daß diesen Bedrohungsgefühlen mit einer „Sicherheitspolitik" nicht beizukommen sein wird.

Eine Antwort darauf, wenn es überhaupt eine gibt, liegt nur in der Steigerung des Selbstbewußtseins (im Unterschied zu Größenwahn und Überheblichkeit), der Irrtumsfähigkeit und Irrtumszulässigkeit.

Die Weichen stellen

Eine langfristige und nachhaltig wirksame Strategie kann nicht umhin, sich die Grundfrage nach ihren Objekten zu stellen. Sind dies in erster Linie die bereits aktiven Entscheidungsträger oder die potentiellen, heute noch neugierigen Entscheidungsträger?

Vom Bevölkerungswachstum unabhängige Entwicklungspfade können, was in aller Munde, in den Bereichen internationales Ausbildungsangebot, privates und öffentliches Finanzmanagement, produktionsnahe Dienstleistungen, expandierende Logistiken und Kulturproduktion gesucht werden. Sämtliche Projektlinien eignen sich für neue Formen der Zusammenarbeit zwischen privatem und öffentlichem Sektor, bedürfen aber jedenfalls eines hohen intellektuellen und politisch-organisatorischen Startkapitals. Meine These ist, daß dieses Startkapital in einem ausreichenden Umfang und Konzentrations- bzw. Organisationsgrad derzeit nicht vorhanden ist, sondern erst katalysiert, fermentiert, geschaffen werden muß.

Die folgenden Beispiele stellen keinen revolutionären Zukunftsentwurf für die Stadt dar, sondern verstehen sich lediglich als Maßnahmen, die geeignet sein könnten, das Selbstbewußtsein der jungen Wiener, ihre Konflikt- und Risikofähigkeit sowie insgesamt ihre Neugierde zu steigern.

Wien ist der größte Universitätsstandort Österreichs. Die Stadt Wien ist jedoch als territoriale Einheit in bezug auf diese Einrichtungen lediglich Standort, „Gastgeber",

Musikbrücke

Geplant ist eine Brücke, die sich vom Schwedenplatz über die Donauinsel bis hin zur UNO-City erstreckt. Auf ihr befinden sich mehrere Hallen, wobei jede für eine bestimmte Musikrichtung steht. Durch die Lage können ungenützte Flächen sinnvoll verwendet werden, gleichzeitig entsteht keine Lärmbelästigung. Ein neuer Anziehungspunkt: das Musikzentrum im Norden Wiens.

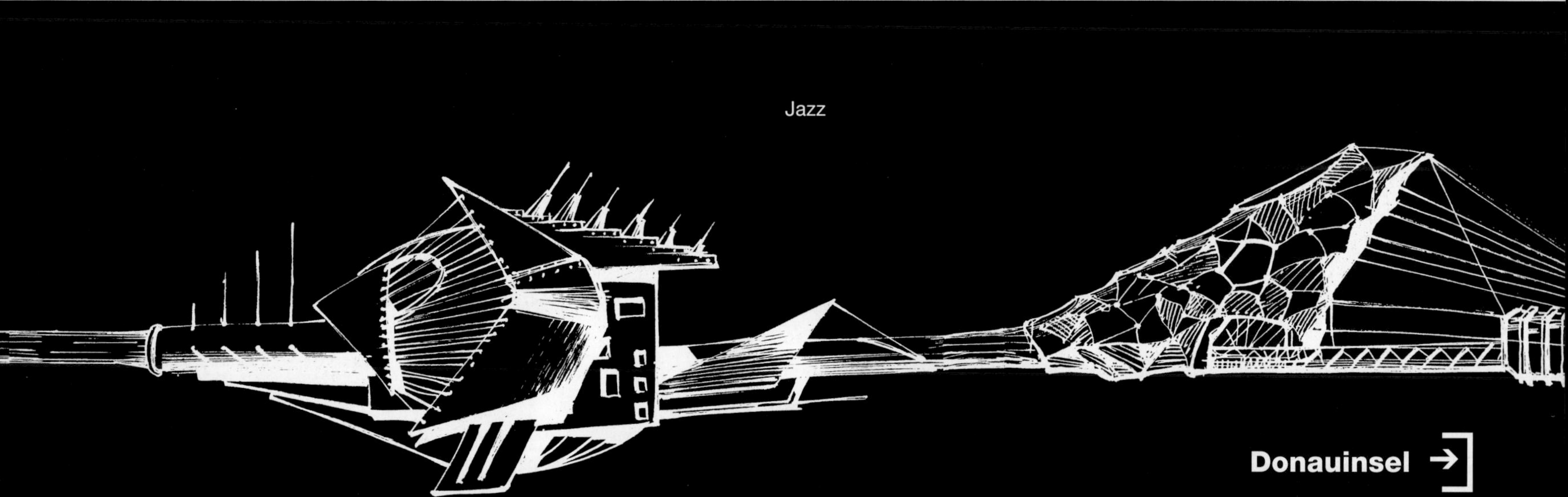

ohne irgendeine Einwirkungsmöglichkeit darauf, diese Universitäten auch im Interesse der Positionierung Wiens einzusetzen.

Für Wien wäre interessant, hier internationale Post-graduate-Schwerpunkte anbieten zu können, d. h. akademische Lehrgänge mit Doktoratsabschluß z. B., deren Absolvierung nicht an das Erlernen der deutschen Sprache gebunden ist.

Für Wien wäre interessant, systematische Synergien zwischen den Einrichtungen der UNO, den dort konzentrierten Experten und dem akademischen Forschungs- und Ausbildungswesen zu generieren. Damit könnte ein wesentlicher Schritt für die Entwicklung und Entfaltung eines entsprechenden Consultingwesens getan werden.

Für Wien wäre interessant, eine sehr enge Forschungs- und Entwicklungskooperation zwischen den Universitäten und der Wiener Wirtschaft zu etablieren, um damit Schwerpunktsetzungen in spezifischen Marktnischen vorzubereiten. Wien muß sich – in welcher Form auch immer – in „seine" Universitäten „einkaufen" (*university buy-in*), um eine der wesentlichsten Stabstellen für eine langfristige Stadtentwicklungspolitik verfügbar zu haben.

Wien hat eine Modeschule und eine diesbezügliche Ausbildungslinie an einer Hochschule, die immer wieder im Mittelfeld positive Erwähnung findet und reüssiert. Für Wien wäre interessant, über einen Mode- und Designsektor zu verfügen, der durch eine Konzentration dieser Kräfte und eine Kombination mit den entsprechenden Produzenten auch international in der Lage wäre, sich im Spitzenfeld zu positionieren. Wien muß eine eigenständige Modepolitik als Teil seiner Kulturpolitik entwickeln, um bei den Entscheidungsträgern der Zukunft trendsettend zu punkten.

Wien hat eine lange Schule der Integration von Zuwanderern hinter sich, aber auch den 10. November 1991. Stellen wir uns ein ganz normales Gründerzeithaus mit einem „jugoslawischen" Hausmeister, 2 türkischen Familien, 1 Familie russischer Juden, 4 tunesischen Studenten, 2 chinesischen Familien und einem Wiener Alternativehepaar vor, die aus Höflichkeit vor den jeweils anderen Lebensgewohnheiten miteinander englisch reden.

Für Wien wäre interessant, über eigene Ausländerviertel und eine kommunal wirksame eigenständige ausländische Lebens- und Kulturszene zu verfügen, kurz: über ein „ausländisches" Kleinbürgertum.

Für Wien wäre interessant, neben dem English Theatre über eine Reihe ähnlich international anerkannter Einrichtungen zu verfügen, die vor allem die osteuropäische Kultur zu pflegen und zu vermitteln in der Lage sind.

Wien muß eine eigenständige „Ausländerpolitik" verfolgen, eine eigenständige Wahlrechtspolitik, die Ausländern den Zugang zu Positionen öffnet, in denen sie ihre Qualitäten auch zur Förderung der „Wien-Sache" einsetzen können, was unter Bedingungen des Existenzminimums kaum zu erwarten ist.

Wien erlebt auch ganz normale Wochentage im August. Reisegruppen aus der ganzen Welt bevölkern die Stadt, auch koreani-

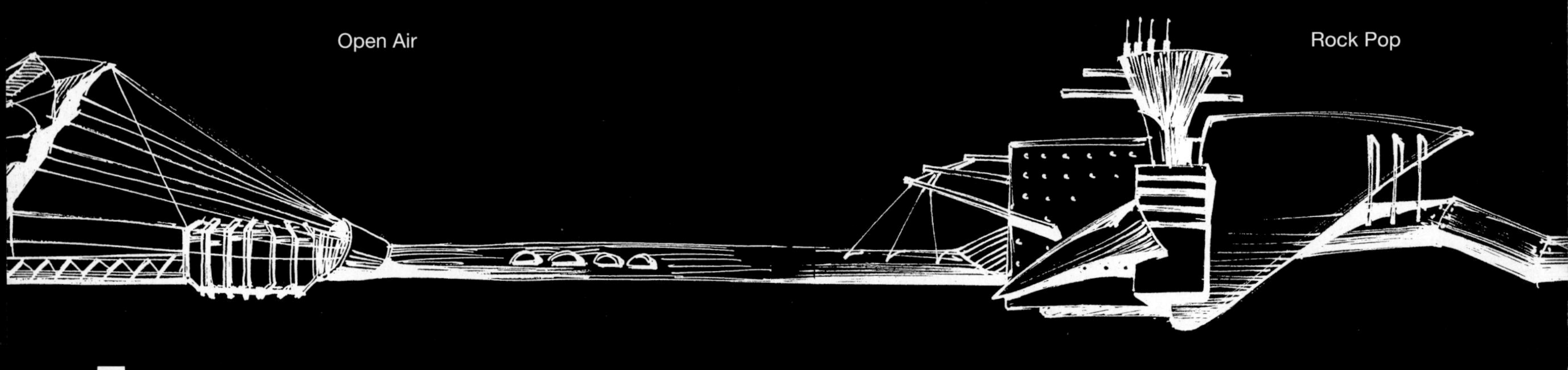

sche. Die Wiener Polizei ist aber an diesem ganz normalen Wochentag der völlig abnormalen Auffassung, daß die Wahrheitsfindung über das Nichtfunktionieren einer ausländischen Scheckkarte einer 8-Stunden-Festnahme der Person samt völliger Entkleidung derselben bedarf. Entweder ist der emotionelle Notstand bei der Polizei so groß, daß sie solche Aktionen zu einer gewissen Entlastung einfach braucht, oder die Bemühungen um eine positive internationale Positionierung Wiens im Konkurrenzkampf der Metropolen ist bislang völlig an ihr vorbeigegangen.

Wien muß eine eigenständige Polizei- und Sicherheitspolitik entwickeln, die über Beschwichtigungen bezüglich diverser Geschoßhagel in der Öffentlichkeit hinausgehen und im Alltagsleben zumindest ein Minimum an Integrität der Person garantieren können muß.

Wien muß eine eigenständige Literatur- und Buchhandelspolitik verfolgen, die es diesem Sektor ermöglicht, im Unterschied zu provinziellen Verhältnissen auch die höherrangigen aktuellen Sortimente propagieren und anbieten zu können.

Wien ist eine der führenden Städte auf dem Straßenbahnsektor. Das wird sogar vom „Economist" neidlos anerkannt. Im „Atlas of the New Europe" heißt es wörtlich: "Electric trams like this one in Austria have long been a feature of European city life. Clean, reliable and environmentally sound, they are making a comeback in the UK where they went out of fashion in the 1960s. Manchester opened a new tramway system in 1992." Interessanter fast als dieser Text ist das dazugehörige Bild: der Wagen 729 der Linie 5, eines der ältesten Triebwagenmodelle, die heute im Verkehr sind.

Es scheint nur eine Kleinigkeit zu fehlen, um aus Wien das Mekka der europäischen Straßenbahnbewegung zu machen. Für Wien wäre eine „Straßenbahnplanungs- und Betriebsschule" sicher ebenso von Interesse wie entsprechende Consulting- und Errichtungsaktivitäten auf internationalen Märkten.

Wien braucht eine eigenständige Straßenbahnkultur – eine Verkehrspolitik, die geeignet ist, die vorhandene solide Basis zu einem System zu entwickeln, das man international an der absoluten Spitze plazieren kann.

Wien muß einen eigenständigen Weg gehen

Die Beispiele zeigen, daß es nicht darum geht, für die nächsten 30 Jahre etwas grundsätzlich Neues zu erfinden, sondern sich der in Ansätzen vorhandenen Qualitäten bewußt zu werden und diese stadtentwicklungspolitisch und zielgruppenspezifisch zu fokussieren. Damit schafft man längerfristig eine Atmosphäre des Weiterdenkens, der Flexibilität und Innovation.

Die europäischen Städte des nächsten Jahrhunderts werden, intensiver noch als bisher, Konzentrationsräume von Kultur, Wissen und Managementfähigkeiten darstellen.

Wien wird sich nicht etablieren können, wo es um aufwendige naturwissenschaftliche Grundlagenforschungen oder komplexe Praxeologien multinationalen Managements geht; dazu fehlen die volkswirtschaftlichen Voraussetzungen. →

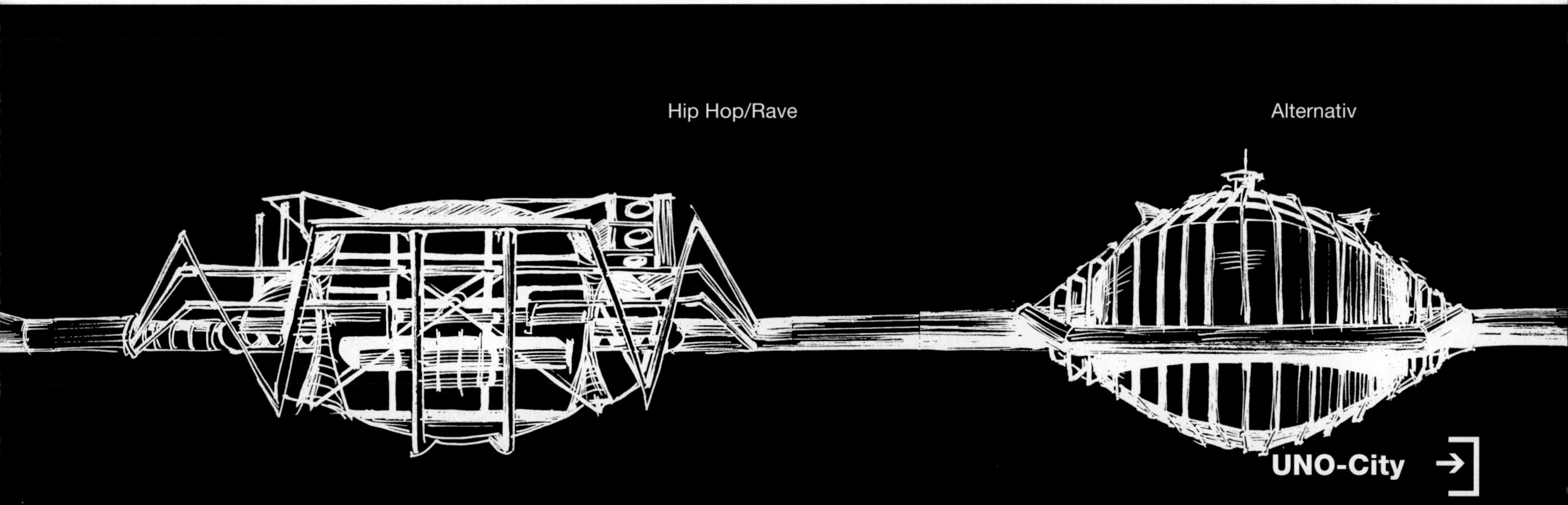

Wien kann aber im Ideenwettbewerb, im Wettbewerb des Zurechtkommens und Zurechtfindens in der Welt, auf eine gute Tradition zurückblicken. Kein Managementkurs beschränkt sich heute mehr auf das Lernen von Bilanzinterpretationen und die methodische Durchleuchtung von Organisationsstrukturen und Projektkonfigurationen. Alle setzen auf die „Ganzheitlichkeit", weil man zunehmend die Erfahrung gemacht hat, daß ohne ein Wissen um die Vielschichtigkeit psychischer Prozesse, Lebenshaltungen, Interaktionen und Massenreaktionen auch im Wirtschaftsleben nicht mehr zu reüssieren ist.

Wien könnte sich auf diesen Sektor konzentrieren, weil dafür keine aufwendigen Labortechnologien die Voraussetzung sind, sondern lediglich die Konzentration von guten, neugierigen, jungen und alten Köpfen.

Wien als Zentrum für Philosophie und Improvisation könnte eine solche auf Synergien abzielende Chiffre des nächsten Jahrhunderts sein. Mögen andere das Rad neu erfinden.

Ein derartiges Zentrum für Philosophie und Improvisation wird primär nicht durch eine städtebauliche Ausformulierung entstehen, sondern durch Themenstellungen, die, mit Blick auf die Alte Donau z. B., weitergedacht und weiterentwickelt werden können.

Wie werden sich die Produktmärkte entwickeln?

Produktmärkte differenzieren sich in Märkte des Mangels und des Wohlstandes. Die Produktmärkte des Mangels sind die traditionellen, lebenserhaltenden Märkte. Wohlstandsmärkte sind Märkte, die laufend generiert werden müssen und starken Modetrends unterliegen. Zu generierende Wohlstandsmärkte haben ihr Limit nicht in der kaufkräftigen „Nachfrage", sondern im Zeitbudget der Marktobjekte.

Der Taylorismus hat die Effizienz der produktiv konsumierten Arbeitszeiten revolutioniert. Die Produktmarktlücken der Zukunft liegen in der Kurzzeitnutzung und in der Mobilisierung von Immobilitäten. Je länger ein Produkt genutzt wird, desto geringer wird das Gesamtvolumen der Nachfrage.

Die Swatch ist ein gutes Beispiel für Kurzzeitnutzungen. Eine Armbanduhr trug man früher ein halbes Leben lang. Swatch-Uhren wechselt man jahres- oder tageszeitlich und braucht so 5 oder 10 Modelle zur Abwechslung, um im Trend zu bleiben.

Das Mobiltelefon ist ein gutes Beispiel für die Umwandlung unproduktiver Fahrzeiten in produktive Arbeitszeiten. Ebenso ist es eine Hardware, auf der die neue Beschaffungslogistik ihre Software aufbauen kann.

Die Grenzen des Konsumtaylorismus liegen in der Lebenszeit der einzelnen Konsumenten. Grundsätzlich ist dadurch der Gesamtumfang der Produktmärkte prognostizierbar. Das Profitziel liegt somit darin, daß innerhalb eines Lebenszeitraumes ein Maximum an Produkten konsumiert wird. Setzt man für die Konsumtion des Produktes selbst einen konstanten Faktor als Gebrauchszeitraum, so ist auch dieses Maximum prognostizierbar.

Die Systemvariable, die den Grad der Annäherung an dieses Maximum steuert, ist der für die Konsumtion verlorene Zeitaufwand der Produktbeschaffung. Diese Variable eröffnet wiederum einen neuen Markt, den der Beschaffungslogistik. Je mehr die Produktbeschaffung gesamtgesellschaftlich aus dem Bereich der Nichtarbeitszeit in den Bereich der Arbeitszeit verlagert wird, desto höher wird daher die Wahrscheinlichkeit, daß das Konsumtionsmaximum erreicht wird.

Eine Hypothese ist, daß von der Beschaffungslogistik ein starker Innovationsdruck auf den produktiven Sektor ausgehen wird.

Ansätze von Beschaffungslogistik finden sich in allen Formen des Versandhandels, der jedoch vom Potential her in den Kinderschuhen steckt. Eine Intensivierung der Beschaffungslogistik verändert die Struktur des Einzelhandels und damit auch die Siedlungsstruktur grundsätzlich. Der beschaffungsbezogene Personenverkehr wird seinen Höhepunkt überschreiten.

Die Weiterentwicklung des Taylorismus im Rahmen der Arbeitszeit hat in der Gesamtmenge der verfügbaren Arbeitszeit ihre Schranken. Gesamtmenge der Arbeitszeit und Gesamtmenge der Konsumtionszeit haben in der Gesamtlebenszeit der Menschen ihre Schranken. Innerhalb der Gesamtlebenszeit gilt es also ein optimales Verhältnis dieser beiden Zeiten herzustellen, da jede Verlängerung der Arbeitszeit die Konsumtionszeit verkürzt und damit das Gesamtmarktpotential verkleinert. Dieses einfache Verhältnis erklärt die grundsätzliche Bereitschaft, bei steigender Produktivität laufend die für den Konsum verlorene Arbeitszeit zu verkürzen.

Der permanente Druck zur Produktivitätssteigerung begründet die Expansion produktionsnaher Dienstleistungen.

Produktionsnahe Dienstleistungen verkürzen diejenigen Zeiten, die für die Herstellung von besonderen Produktionsbedingungen aufgewendet werden müssen. Der Markt, der weiterhin expandiert, ist derjenige der Logistik der besonderen Produktionsbedingungen. Steigerung der Produktivität schließt die Nutzung von Kostenvorteilen keinesfalls aus. Das globale Aufsuchen solcher Vorteile ist lediglich ein weiteres Anwendungsgebiet der Logistik der besonderen Produktionsbedingungen. Dies gilt auch für die Veränderung multinationaler Konzerne zu multilateralen Holdings, die einer nationalen Zuordnung nicht mehr zugänglich sind.

Die Entwicklung der Logistik der Beschaffung und der besonderen Produktionsbedingungen stellt das öffentliche Bildungswesen, insbesondere das höhere Ausbildungswesen europäischer Prägung vollkommen in Frage, ist es doch diesbezüglich ein Verfahren der Kenntnisaneignung aus zweiter Hand. Der Schlüssel liegt vielleicht in dem aus dem Facharbeiterbereich bekannten dualen Ausbildungssystem, in dem der Staat die Herstellung der allgemeinen Anwendungsbedingungen von Kenntnissen übernimmt, die Herstellung der besonderen aber nichtstaatlich organisiert ist.

Wie wird sich das Phänomen Information entwickeln?

Die westlichen Philosophien, allen voran die französische, beschäftigen sich zunehmend mit sich selbst. Sie sind nicht mehr mit der Welt, sondern zunehmend mit der Welt der Zeichen befaßt, mit den Systemen, mit deren Hilfe sie sich bisher über die Welt zu verständigen bemühten. Mehr denn je geht es darum, inwieweit die Form des Gedankens, die Form des Gedankenganges die Logik seines Inhalts determiniert. Was bleibt, ist die Verwunderung über sich selbst, oder das Spiel der Dekonstruktion. Liegt darin ein Hinweis oder ein tiefergehendes Reagieren auf die tendenzielle Zwecklosigkeit von Information?

In bestimmten Teilen der Welt ist Information ein vermarktbarer Massenartikel, in anderen noch nicht. Insofern unterscheidet sich Information kaum von Waschmitteln oder Kühlschränken. Wenn nun trotz dieser Präsenz die Welt so ist, wie sie ist, die Politik so aussieht, wie sie aussieht, kann von dieser Massenware doch kein besonderer Einfluß in Richtung auf eine Deeskalation von Konflikten, auf eine Konvergenz zwischen Überfluß und Mangel, auf eine Integration der Welt oder eine Optimierung in der Ausbeute von Glückschancen ausgehen.

Wenn es stimmt, daß 90 Prozent aller Entscheidungen aufgrund falscher Informationen fallen, wenn die „Torheit der Regierenden" ein Faktum ist, dann läßt sich in den Entscheidungsetagen grundsätzlich viel Zeit sparen – was nicht anderes heißt, als daß die Zukunft des Consultingwesens darin liegt, die Kunst zu lehren, mit möglichst wenig Information auszukommen. ▲

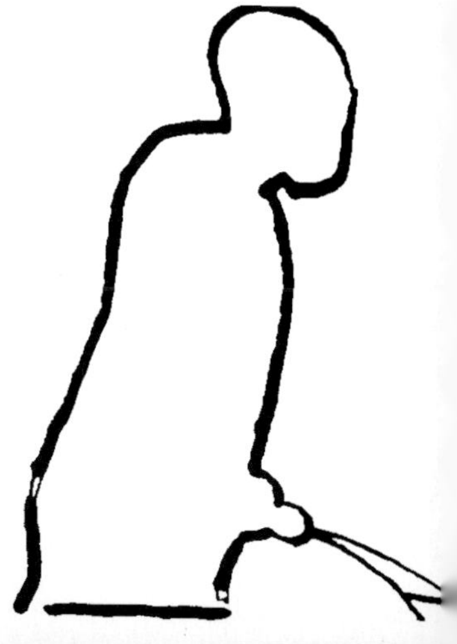

Die Produktion der Zukunft

Wiener Stadtplanung in der Zivilgesellschaft

Helga Fassbinder (Hamburg, Eindhoven)

Die Maschine landet in Schwechat. Entspannung breitet sich aus. Ich bewege mich auf den Rollbahnen zur Schnellbahn, die mich ins historische Zentrum der Stadt bringt. Als ich aus der Tiefe auftauche, empfängt mich eine gelassene Geschäftigkeit. Menschen sitzen auf Terrassen, schwatzen, lachen. Ich stehe vor dem Rathaus, das in pompöser, denkmalgeschützter Pracht und endloser Breite vor mir steht. Wie habe ich früher immer nach dem richtigen Eingang gesucht, und wie oft habe ich mich verlaufen in seinen labyrinthischen Gängen! Seit das elektronische Leitsystem installiert ist, ist auch das Herz von Wien transparent. Zielgerichtet betrete ich das Gebäude. Die Gänge wimmeln von Menschen. Seit die alten Magistratsabteilungen zu Service-Stationen für die Bezirke umgebaut worden sind – und die wiederum zu Service-Stationen für die Bezirksforen – ist hier ein ständiges Kommen und Gehen. Vom Altenrat bis zum Jugendklub, jede und jeder kommt hier an, um sich beraten zu lassen. Fachwissen, das früher fast ausschließlich in Beratungsfirmen praktisch verkauft wurde, ist im Wiener Rathaus eine öffentliche, jederzeit abrufbare Dienstleistung. Die Verwaltung ist nach dem Muster einer großen Beratungsfirma organisiert. Es hatte anfangs eine lange Diskussion darüber gegeben, ob die Nachfrager diese Leistung abrechnen müßten, und wenn ja, wie. Man ist auf das Kartensystem gekommen, das zur Zeit noch erprobt wird: Jede/r Wiener/in hat jetzt jährlich eine bestimmte Anzahl von Beratungseinheiten, die sie/er überall abrufen kann. Meist überträgt sie/er einen Teil davon ihren/seinen „kategorialen" Vertreterinnen und Vertretern im Bezirksforum. Die Menschen, die hier durch die Gänge eilen, haben fast alle ganze Gruppen hinter sich. Sie sind „kategoriale Vertreter". Hinter den gläsernen Türen der vormaligen „Amtsstuben" sieht man Menschen in eifrige Gespräche vertieft vor großen Bildschirmen sitzen. Auch die Glastüren waren übrigens nach einer heftigen stadtweiten Debatte eingebaut worden: Sollte man wirklich die ehrwürdigen alten Türen einer solchen Transparenz opfern? Wäre es mehr als eine symbolische Handlung? Immerhin war man bei diesem Experiment dann doch so vorsichtig gewesen, die ehrwürdigen Türen alle sorgfältig in den Kellern zu deponieren und die alten Türangeln für die Glastüren zu gebrauchen. Zum Glück. Denn ab und zu werden sie wieder eingehängt. Für Dreharbeiten von historischen Filmen und TV-Serien, die im Wien des 20. Jahrhunderts spielen und sich großer Popularität erfreuen, oder für das große historische Stadtfest, zu dem sich Wien alljährlich in seine vergangene Pracht von vor der Reform von 1999 zurückkleidet: Alle Berater ziehen dann wieder Ärmelschoner an und spielen den uneinnehmbaren Beamten. Das Leitsystem ist natürlich an diesem Tag abgeschaltet – und wie in alten Zeiten weiß niemand mehr, wer wo oder ob überhaupt sitzt. Und danach sind wieder alle geheilt von etwaigen nostalgischen Anwandlungen ...

Hoffnungsträger Civil Society

Als zu Beginn der 90er Jahre des vergangenen Jahrhunderts in der deutschsprachigen Diskussion von Soziologen und Politologen der Begriff der Civil Society auftauchte, wurde dies von den Stadtplanern, die ihre Konzepte gerne durch Versatzstücke sozialwissenschaftlicher Theorien unterfütterten, kaum registriert. Merkwürdigerweise, möchte man sagen. Denn hier war nun endlich wieder ein theoretischer Diskurs entstanden für eine Weiterentwicklung dessen, was einen der wesentlichen Angelpunkte der Planung seit den 60er Jahren darstellte: die Bürgerbeteiligung. Der Ansatz der Civil Society, der einen breiten Interpretationsspielraum besitzt,[1] meint in seinem Kern eine pluralistische Gesellschaft, deren Bürger ein hohes Maß an Kollektivbewußtsein und Verantwortung für das Ganze besitzen.[2] Für die Stadtplanungsdiskussion sind besonders jene Strömungen von Interesse, bei denen „die zivile Gesellschaft als ein Bereich gedacht wird, der über ein ganzes Netz von sich selbst verwaltenden Behörden und Vereinigungen direkt in die Domäne staatlicher Politik hineinragt" und die gesamte Sphäre der Civil Society „aus sich heraus selber Aufgaben staatlicher Steuerung übernimmt".[3] Ihren Eingang nach Europa fand dieser Ansatz denn auch über das Osteuropa der Wende, der sanften Revolution in den kommunistischen Staaten. Mit ihren runden Tischen und ihren durch Bürger organisierten Einrichtungen kam vorübergehend die Struktur der Gesellschaft diesem Zielbild sehr nahe. Die Berührungspunkte mit den westlichen Konzepten der intermediären Organisationen, die in der damaligen Diskussion eine große Rolle spielten, sind unverkennbar: Auch hier ging es um eine durch Bürger selbst organisierte Gesellschaft, in der das Verhältnis von „ziviler" Selbststeuerung zum Staat problematisiert wurde: Welche Rolle spielt der Staat in einer solchen Gesellschaft? Daß der kommunalen Ebene bei all diesen Tendenzen eine tragende Bedeutung zukam, unterstützte die spätere Entwicklung einer politischen Untergliederung Europas in Regionen.[4] Dadurch wuchs dann auch Wien als Vorreiterin einer zivilgesellschaftlichen Organisation der Stadtregion ein größeres Gewicht im Kontext Europas zu, und das hat sicherlich mit einen positiven Einfluß auf die Durchsetzung der Civil Society in europäischen Großstädten gehabt.

Zwischen Planungsfeindlichkeit und Planungsbedarf: das Dilemma der Stadtplanung im ausgehenden 20. Jahrhundert

Planer und Kommunalpolitiker waren in den 80er und 90er Jahren des 20. Jahrhunderts mit einem Phänomen konfrontiert worden, das neu war in der Geschichte der Stadtplanung: mit einer tiefsitzenden Planungsfeindlichkeit von weiten Teilen der Bevölkerung. Auch wenn die bildungsbürgerliche Elite im gleichen Zeitraum ihre Begeisterung für die Architektur neu entdeckte – dieses Phänomen der Abwehr von städtebaulicher Planung wurde dadurch nicht gemildert. Ob es nun neue Wohnsiedlungen, Nachverdichtung, die Unterbringung von Obdachlosen, Asylsuchenden und Aussiedlern betraf oder die Anlage von neuen Verkehrstrassen – von Deponien, Kraftwerken und anderen notwendigen Infrastruktureinrichtungen ganz zu schweigen –, nahezu alle Projekte größeren Maßstabs sahen sich erst einmal mit selbstorganisierten Bürgern konfrontiert, die sich massiv gegen solche Planungen zur Wehr setzten.

Das war fatal, hatten doch die ausgehenden 80er Jahre und insbesondere die Zeit nach der „Wende" einen neuen Schub an Planungsbedarf erbracht. Zog man die Prognosen von Demographen, Soziologen, Umweltplanern und Raumplanern heran, sprach in der Tat bereits damals vieles dafür, daß der Planungsbedarf in Zukunft noch erheblich steigen würde. Vor allem wurde auch deutlich, daß man sich damit anfreunden mußte, daß die zukünftigen Lösungen nicht aus einer Fortschreibung von heute Geläufigem würden bestehen können.

Der Januskopf der Bürgerbeteiligung

Es ist eine Ironie der Geschichte, daß diese so verbreitete Planungsfeindlichkeit wesentlich von einer Frucht früherer zukunftsgerichteter demokratischer Bestrebungen eben dieser Planer getragen wurde: den Bürgerinitiativen. Nicht wenige Bürgerinitiativen waren ja in den 60er und 70er Jahren unter großem Einsatz von Architekten und Stadtplanern entstanden und wurden von diesen quasi im Brutkasten gepäppelt, bis sie zu einer geläufigen Aktionsform der Bürger geworden waren. Ihre besten Zeiten hatten sie mit der Stadterneuerung gehabt, aber aus diesem Nährboden zogen sie auch eine generell defensive Grundeinstellung. Mit der expliziten Zielsetzung des Bewahrens von bestehenden Qualitäten und insbesondere in der späteren Verabsolutierung dieser Zielsetzung wurden sie dann, als die neue Periode der Stadterweiterung und städtischen Umstrukturierung anbrach, nicht nur zu einer Barriere gegen schlechte Pläne, sondern gegen Planung überhaupt. Planungsbeteiligung in der organisatorischen Fassung der Beteiligung von Bürgerinitiativen bekam einen Januskopf.

Dabei hatte die Partizipationsdiskussion der 70er und frühen 80er Jahren in nichts mit Gartenlaube und rückwärtsgewandter Idylle zu tun gehabt. Sie war im besten Sinne auf eine emanzipatorische Zukunft gerichtet, ihr Inhalt war Herabzonung von Entscheidungsmacht und Abbau von Herrschaft, ihr Ziel, innere und äußere obrigkeitsstaatliche Strukturen aufzubrechen.

Die Stagnation der Bürgerbeteiligung als emanzipatorischer Bewegung war bereits im Laufe der 80er Jahre sichtbar geworden. Indem sich die Bürgerbeteiligung bei der Stadtplanung immer noch im Grunde in der Bahrdtschen Tradition auf einen Begriff von bürgerlicher Öffentlichkeit bezog, der die multikulturelle und informationstechnologische Entwicklung der vergangenen beiden Jahrzehnte nicht integriert hatte, war sie theoretisch und vielfach auch praktisch in eine Sackgasse geraten. Mit ihren Verfahren und ihren lokal eng umgrenzten Aktionsgruppen hatte sie sich verrannt in einerseits einen klein- und kleinsträumlichen Maßstab, andrerseits in eine begrenzte Interessenvertretung. Die Begriffe „Bürger" und „Bewohner" engten den Horizont auf eine Vorstellung von Qualität des Wohnens und Lebens ein, die sich ebensogut auf ein multikulturelles Stadtquartier wie eine idyllisch eingefärbte vergangene Welt beziehen konnte. Ob es um die Verteidigung eines Stadtquartiers als Raum für eine nach Einkommen, Lebensstil und Orientierung heterogene Gesellschaft gegen eine Planung ging, die die segregierende Wirkung von Bodenpreisen betrieb, oder um die Abwehr von sozialen und politischen Problemfällen aus dem eigenen Quartier – die inhaltsneutrale demokratische Forderung nach Bürgerbeteiligung legitimierte beide Positionen in gleicher Weise.

Wenn auch nicht immer und nicht überall selbstverständlich, so war doch ab Ende der 80er Jahre im Prinzip eine Beteiligung der Bürger bei der Planung anerkannt. Doch es scheint ein historisches Gesetz zu sein, daß alle Bewegungen und Strömungen ihre Professionals herausbilden, und so mauserte sich denn auch unter wohlmeinender politischer Förderung die Praxis der Organisation von Beteiligung zu einem Feld für Experten. Die wiederum betrieben folglich ihre Profession und kümmerten sich wenig um etwa einen planungstheoretischen Diskurs, der zu thematisieren begann, daß die in den 70er und beginnenden 80er Jahren entwickelten Formen der Beteiligung sich inzwischen in vielen Situationen kontraproduktiv auswirkten und ihren vorwärtsweisenden emanzipatorischen Charakter verloren hatten. Denn Bürgerinitiativen und Bürgergruppen erschöpften sich in ihrem Beteiligungsverlangen vielfach in der Verteidigung von Rechten, die angesichts der notwendig gewordenen Neuordung unserer städtischer Strukturen einer Verteidigung von Privilegien gleichkam.

Es wäre an den Professionals gewesen, sich mit der Widersprüchlichkeit dieses formalen Modells auseinanderzusetzen. Dem stand jedoch der Handlungsdruck der Planungshektik dieser Jahre und ein begreifliches pragmatisches Interesse an der Bürgerbeteiligung entgegen. Denn die Bürgerbeteiligung bot Gelegenheit, mit Information und Dialog zu steuern. Stadtplaner, Gemeinderäte und Bürgermeister, die Planungen ausarbeiteten und vor allem realisieren wollten, versuchten frühzeitig mit ihren möglichen Kontrahenten ins Geschäft zu kommen, die Barriere von Feindseligkeit, Mißtrauen oder zumindest Skepsis zu überwinden und den Bürgern die Vorhaben schmackhaft zu machen. Dies führte zu einem Markt für Spezialisten der Inszenierung von Beteiligungsverfahren, ohne daß die grundlegenden Probleme der Formen der Beteiligung, wie das beschränkte Blickfeld, die sozial selektiven Mechnismen etc., noch weiter thematisiert worden wären.

Wagenburgen gegen die Zukunft

Man kann übrigens die Frage stellen, ob in einer Zeit, in der sich weltweit grundlegende und als bedrohlich erfahrene Veränderungen vollzogen, der Erfolg der bürgerlichen Selbstorganisation in Bürgerinitiativen nicht vielleicht gerade mit dem Bedürfnis nach Verteidigung der eigenen Welt nach den Mustern des Vertrauten und damit in der Regel denen der Vergangenheit zusammenhing. Was noch zu Zeiten des Club of Rome eine Diskussion unter Intellektuellen und Politikern war, begann ja in den 90er Jahren in die Wohnzimmer der Bürger einzudringen: Die informationstechnologische Umwälzung veränderte spürbar den Alltag; in der globalräumlichen Neuordnung der Produktionsstandorte wurden die Auswirkungen des Weltmarkts als Realität erfahrbar – nicht nur in seinen angenehmen Seiten der jederzeit beliebigen, saisonunabhängigen Verfügbarkeit von Waren, sondern auch in seiner fatalen Dimension verschwindender Arbeitsplätze; die globalen demographischen Verschiebungen im Ausmaß neuer Völkerwanderungen wurden im Straßenbild mit seinen vielen anders aussehenden Menschen sichtbar, eine Erfahrung, die noch bedrohlich unterlegt wurde durch periodische Pressemeldungen von der Unaufhaltsamkeit einer explosionsartigen Steigerung der Weltbevölkerung. Die großen Konferenzen von Rio und Berlin, die 1993 und 1995 stattfanden, demonstrierten zudem die Kurzsichtigkeit und Hilflosigkeit der damaligen politischen Führungselite gegenüber dem Problem ökologischer Grenzen einer weiteren Entwicklung nach den bisherigen technologischen und ökonomischen Mustern.

Ist es verwunderlich, daß die Bürger die ihnen durch Planer einmal schmackhaft gemachten und in vielen Fällen erfolgreichen Muster „Bürgerinitiative" und „Bürgerbeteiligung" zur Abwehr jeder Veränderung der bestehenden Qualitäten nutzten? Da man gelernt hatte, die eigenen Interessen zu vertreten, wendete man dies auch an – gegen den Bau weiterer Wohnungen, gegen die Unterbringung von

Asylsuchenden und Aussiedlern, in manchen Städten selbst gegen sozialen Wohnungsbau. Es ließe sich eine endlose Kette von Beispielen aufführen, bei denen der Inhalt der Bürgeraktionen nicht nur defensiv, sondern in allererster Linie von der Intention der Besitzstandswahrung gegenüber neu Hinzukommenden gekennzeichnet war. Das „Lied vom Teilen" (Lafontaine) wurde jedenfalls nicht in erster Linie von Bürgerinitiativen gesungen. Denn weder die Organisationsform, die in ihrer Undifferenziertheit nichts anderes zum Ausdruck brachte als den Wunsch der Durchsetzung der eigenen Interessen, noch die Struktur der Beteiligung, die sich nicht auf gesamtstädtische Fragen bezog oder davon zumindest ausging, führte hin zu einer Verantwortung für die Gesamtheit der Stadtgesellschaft, wie sie heute so im Mittelpunkt steht und die Haltung der städtischen Akteure heute ja doch recht entscheidend mitprägt.

Es wurde damals deutlich, daß angesichts der Problemdimensionen, die sich in den 90er Jahren anbahnten, ein Modell, das bei der Bürgerinitiative bzw. der Adressierung der „betroffenen Bürger" als globaler Kategorie stehengeblieben war, aufgegeben werden mußte.[5] Die Problematik mit der Bürgerbeteiligung lag nicht darin, daß eben manche Planungsobjekte so eng geschnitten waren, daß sie bei den betroffenen Bürgern auf eine homogene Interessenlage stießen. Sie lag vielmehr in der Struktur der Beteiligung selbst, die von unmittelbarer Betroffenheit auszugehen pflegte. Prekär wurde das insbesondere dann, wenn Weichenstellungen von großer Tragweite erforderlich wurden, wozu sich Stadtplaner und Kommunalpolitiker manchmal vielleicht auch mit Planungen vorwagen mußten (oder hätten sollen), die weit über das damals Gängige hinausgriffen. Dem war die gebräuchliche Bürgerbeteiligung nicht gewachsen.

Auf der Suche nach einem neuen Modell

Man mußte sich also zu diesem Zeitpunkt einigen (selbst)kritischen Fragen stellen: Sind unsere partizipativen planerischen Mittel und Wege hinreichend geeignet, nicht nur in der Gegenwart den Kopf über Wasser zu halten, sondern auch gleichzeitig die künftigen Probleme zu verringern? Produzieren wir, wenn wir rückzugsbereit auf die Akzeptanz durch eben jene „Betroffenen" und Interessierten der Bürgergruppen schielen, nicht manchen Kompromiß, dessen Lösungskraft eher in nur aufstauenden Effekten liegt, die in Wirklichkeit die zukünftigen Probleme noch vergrößern werden? Wirkten wir mit an der Produktion von Illusionen, an Vorstellungen von einem Leben in der Stadtgesellschaft, die späteren Generationen bestenfalls als weltfremd-idyllisch erscheinen würden? Hatten wir vielleicht sogar guten Glaubens und mit allen gegenteiligen Intentionen doch ein Anspruchsdenken unterstützt, das untergründig mit dazu beigetragen haben mochte, daß sich Haider & Co breitmachen konnten, deren zentraler politischer und ideologischer Irrtum in ihrer rückwärtsgewandten Fantasie bei der Lösung gesellschaftlicher Probleme lag? Eine ketzerische Frage, aber eine Frage, über die wir nachdenken mußten. Denn rechtsradikale Strömungen ließen sich damals in vielen Städten Europas gerade auch in den Quartieren orten, in denen einmal mit viel Engagement eine sozial orientierte Planung oder Erneuerung durchgeführt worden war. Dieser Umstand verlangte uns ab, schärfer als bisher unsere Visionen und Lösungen auf ihre Tragfähigkeit in eine Zukunft hinein abzuklopfen, die sich bereits abzeichnete.

Die Mobilisierung der kollektiven Vernunft

Antworten hierauf konnten nicht einfach städtebauliche Konzepte sein, mit denen in altbekannter Manier Mutmaßungen von Architekten und Stadtplanern zu Wahrheiten erklärt wurden. Immer mehr Stadtplaner und Kommunalpolitiker erkannten, daß das Entscheidende war, mit der Planung einen Prozeß in Gang zu setzen.

Anfang der 90er Jahre hatte denn auch als Novität die Formel von der Stadtplanung als Prozeß in einige avanciertere Stadtentwicklungskonzepte von Großstädten wie Wien, Berlin, Hamburg und München Eingang gefunden. Aber man sah schnell, daß damit auch eine Aussage zur Struktur dieses Prozesses erforderlich wurde – und das hatte nicht nur Konsequenzen auf allen Ebenen der Entscheidungsfindung und des Verwaltungshandelns, sondern auch hinsichtlich der Art und Weise der Planungsbeteiligung. Hier ergab sich die Chance, Beteiligungsformen zu entwickeln, die qua Konstruktion und Zusammensetzung das Partikularinteresse überstiegen. Um mich noch einmal mit meinen damaligen Sätzen zu zitieren: „Stadtplanung muß wieder, auch in der Konstruktion ihres partizipativen Verfahrens, zurückgeführt werden von einer Angelegenheit der Interessenvertretung zu einer Sache gemeinschaftlicher Verantwortung. Das besagt auch, daß die Diskussion um Bürgerbeteiligung sich nicht mehr auf die Durchsetzung von Beteiligung schlechthin beschränken darf. Sie muß thematisieren, daß mit der eroberten größeren Selbstbestimmung auch eine größere Verantwortung für das Ganze der Stadtgesellschaft verbunden sein muß. Zu den Kennzeichen der *civil society* gehört gerade, daß Bürger in der kollektiven Selbstregulierung ihrer Angelegenheiten auch verantwortlich ein übergeordnetes Gesamtwohl berücksichtigen, mehr noch: daß die Verfolgung des Wohls der Gesamtheit mit zu den Triebfedern ihres Handelns gehört."[6] Dazu wäre bei den Bürgern ein Denken in gesamtstädtischer Verantwortlichkeit notwendig. So etwas läßt sich aber bekanntlich nicht mit Appellen lösen, sondern nur mit einer

tatsächlichen Übertragung von Verantwortung. Meine These war damals, daß eine gesamtstädtische Verantwortlichkeit nur zu erreichen ist, wenn die Bürger in ihrer Differenziertheit als städtische Akteure gesehen werden und wenn die Form ihrer Teilnahme an der Planungsdiskussion so strukturiert wird, daß alle wesentlichen „Kategorien" von städtischen Akteuren vertreten sind. Ich war nachdrücklich der Meinung, daß die Mitwirkung an diesem Prozeß so strukturiert sein müsse, daß in dessen Verlauf alle erdenklichen Gesichtspunkte mit in die Planung einfließen könnten: die der relevanten und als Gruppierung oder Strömung identifizierbaren städtischen Akteure, die aller dafür relevanten Fachdisziplinen und nicht zuletzt die unterschiedlichen Gesichtspunkte, die sich aus den Blickwinkeln der verschiedenen Maßstabsebenen ergeben. Das Resultat wäre eine Mobilisierung der kollektiven Vernunft der Stadtbürger.

Damit war natürlich Weitreichendes verbunden, von dem einiges noch zu den Tabuthemen gehörte, nämlich eine bewußte größere Steuerung von sozialen Prozessen. Das besagte nämlich, daß es nicht um die Beteiligung von Bürgern im allgemeinen ging, sondern um die wohlüberlegte Komposition einer Gruppe von Menschen, die die diversen Interessenlagen, die unterschiedlichen weltanschaulichen Strömungen und die verschiedenen Fachdisziplinen repräsentieren, wie sie in einer Stadt zu finden sind; aber die auch die unterschiedlichen räumlichen, sozialen und politischen Bezüge der Problemstellung und seiner Lösung zur Geltung bringen konnten. Organisationsformen der Bürger untereinander und Kooperationsformen mit der Gemeinde sollten diese größere Verantwortung zum Ausdruck bringen, d. h. sie mußten Strukturen haben, die einen größeren Blickwinkel strukturell eingebaut hatten, ihn quasi nolens volens mit sich brachten, und in ebensolcher Weise an eine Haltung des Mitdenkens bei Problemlösungen, die die Stadtgesellschaft als Ganzes beschäftigen, heranführten.

Experimente auf dem Weg in die Civil Society

Mit dieser Entdeckung war ein entscheidender Schritt hin zur Civil Society getan, der nicht nur politisch aus einer Pattstellung führte, sondern auch die Planer und Kommunalpolitiker von der erdrückenden Aufgabe befreite, als einzige die Fahne des Gemeinwohls hochzuhalten. Überraschenderweise gewann trotzdem die Vision einer humanen, auf Verantwortung und Selbststeuerung beruhenden Zivilgesellschaft bei den Stadtplanern nur langsam an Boden. Das hat einen pragmatischen Grund und vielleicht auch einen planungswissenschaftlichen. Der pragmatische Grund lag in dem unerwarteten Ansturm von Planungsfragen, der den Planern keine Zeit zu grundlegenden Reflexionen ihres Handelns und ihrer Instrumente mehr übrig ließ. Eine planungswissenschaftliche Barriere lag vielleicht in der Entfremdung zwischen Planern, Architekten und Sozialwissenschaftlern, die in den 80er Jahren eingetreten war. Auffällige Folge war jedenfalls ein Rückzug der Planer auf planungspraktisches Terrain und dort, wo es um eine Reflexion dieser Praxis gehen sollte, auf das Terrain der Planungswissenschaften.

Aber der planungspraktische Bereich hat auch ohne sozialwissenschaftliche Anleitung inzwischen einige fruchtbare Ergebnisse aufzuweisen.

Seit Beginn der 90er Jahre hatten sich bei Planungen einige interessante neue Formen der Beteiligung städtischer Akteure herausgebildet, die von öffentlichen Planungsforen bis zu privatrechtlichen Konstruktionen der Zusammenarbeit zwischen städtischen Akteuren und öffentlichen Instanzen reichten und sich wie Illustrationen auf dem Weg zur Civil Society lesen lassen – auch wenn sie sich um diesen zeitparallel laufenden sozialwissenschaftlichen Diskurs kaum gekümmert haben. Erst Mitte der 90er Jahre wurden über das Thema Civil Society Kontakte zwischen den Planern und Sozialwissenschaftlern hergestellt – und dann bezeichnenderweise auf Initiative der Soziologen und Politologen, die entdeckten, daß sich da auch in der Stadtplanung einiges entwickelt hatte, was ihren theoretisch-konzeptionellen Vorstellungen entsprach.

Diese neuen Formen konnten eigentlich kaum mehr unter dem eingefahrenen Begriff der Planungsbeteiligung rubriziert werden – sie stellten in ihrem Wesen etwas anderes, viel Weiterreichendes dar: sie repräsentierten Strukturen einer neuen Qualität von gesellschaftlicher Regulierung, bei der eine enge Abstimmung und Vernetzung zwischen Selbstregulierung und kommunaler Steuerung erreicht wurde.

Ein erstes Indiz in diese Richtung war das Stadtforum Berlin, das 1991 unter dem planerischen Handlungsdruck nach dem Fall der Mauer ins Leben gerufen worden war. In ihm saßen städtische Akteure von Mietern über Investoren, Behinderte, Vertreter von Kirchen, Wohnungsbaugesellschaften und Frauen bis hin zu Repräsentanten der politischen Parteien, der Bezirke, Vertretern verschiedener Fachverbände und aller denkbaren Disziplinen, die bei der Stadtplanung eine Rolle spielen. Dieses Forum hatte keine Entscheidungskompetenz, sondern war zusammen mit der verantwortlichen Politik und der Verwaltung ein Organ der Entscheidungsvorbereitung. Obwohl es aus verschiedenen Gründen einen nur mäßigen Einfluß auf die tatsächlichen Planungsentscheidungen hatte, bedeutete es doch einen Durchbruch im Denken. Zum ersten Mal war das Modell einer Beteiligung weiter nicht differenzierter Bürger durchbrochen, saßen verschiedene Kategorien von „Bürgern" als städtische Akteure gleichberechtigt neben den traditionellen Akteuren, den Investoren und Hauseigentümer.

Das bedeutete einen qualitativen Sprung gegenüber bisherigen Vorgehensweisen und führte in den folgenden Jahren dazu, daß man in verschiedenen Städten ebenfalls mit Foren zu experimentieren begann.

Auf gesamtstädtischer, aber auch regionaler Ebene halfen diese Foren, die wichtigen Planungsentscheidungen mit vorzubereiten – was bis dahin ja das Privileg der Verwaltung gewesen war –, und übten damit Einfluß auf die Planung im Sinne einer kooperativen Erarbeitung von Lösungsempfehlungen aus. Ihr großer Vorteil bestand darin, daß diese bereits im Vorfeld abgestimmt waren und gemeinschaftlich getragen wurden.

Stadtplanung als Co-produktion

Es entwickelten sich damals bereits auch erste Ansätze von Konstruktionen der Co-produktion in der Stadtplanung, wie wir sie heute überall finden. Der Begriff tauchte im Zusammenhang der Stadtplanung erstmals in den Niederlanden auf – man möge mir als alter Dame die Eitelkeit verzeihen, wenn ich memoriere, daß ich den

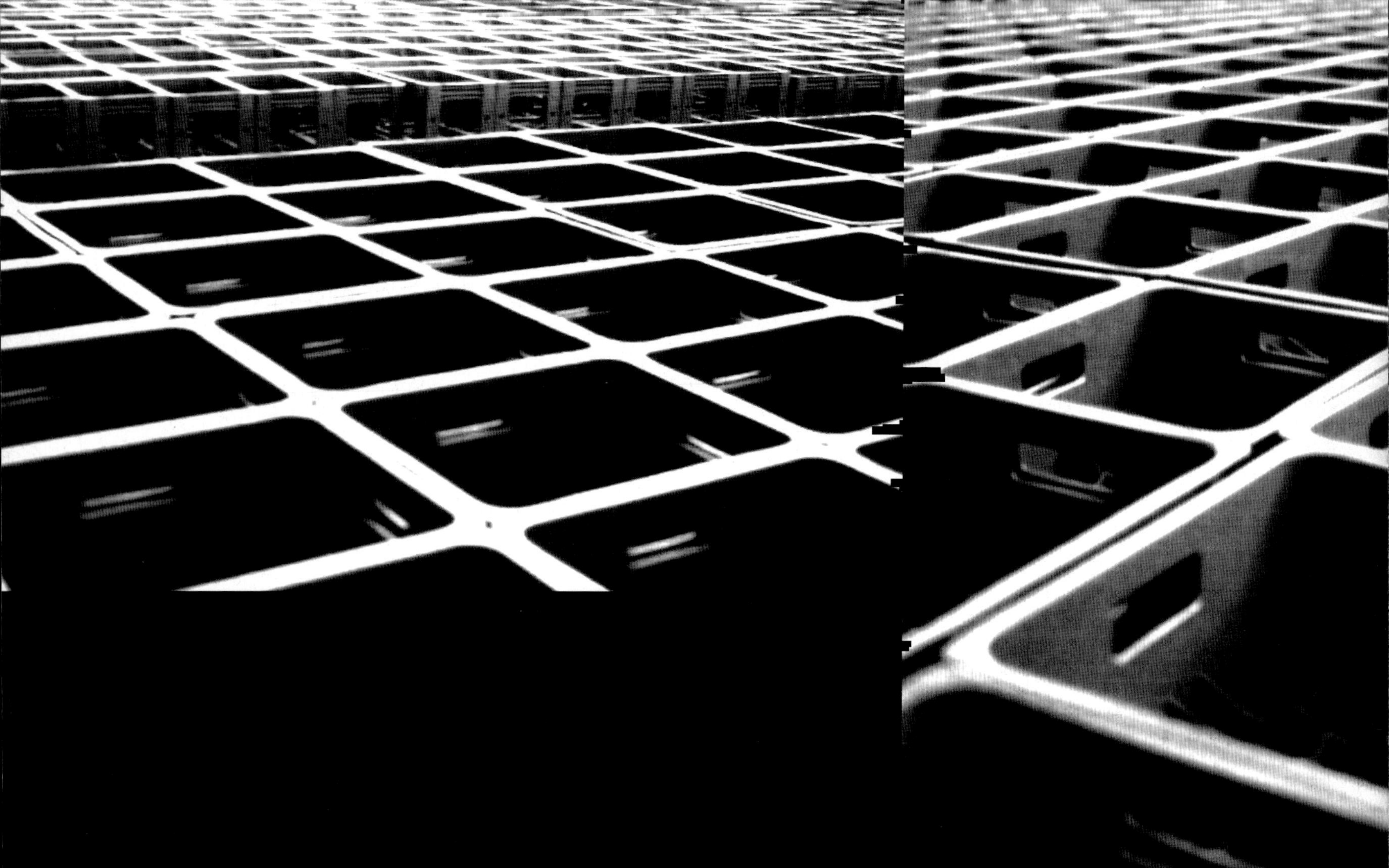

ersten Kongreß zu diesem eben erst geborenen Begriff organisierte, der, ebenso wie das noch im gleichen Jahr erschienene Buch zu diesem Thema, die Entwicklung in Richtung Co-produktion zweifelsohne beschleunigte.[7] Die „stedelijk-beheer-groepen“, die sich ab der zweiten Hälfte der 80er Jahre in den Niederlanden einbürgerten, zählten sicher zu den frühen Vorläufern der Co-produktion in unserem Fachgebiet. Deren Aufgabe war und ist die ständige planerische und versorgende Betreuung eines Quartiers mit allen laufenden Aufgaben, von Instandhaltung und Renovierung von Gebäuden und öffentlichen Räumen bis hin zur Müllbeseitigung, Straßenreinigung und polizeilichen Überwachung der öffentlichen Sicherheit. Entsprechend sind in ihr auch Vertreter aller derjenigen versammelt, die als Nutzer, Bewohner oder als Dienstleister einen Bezug zum Quartier haben: von den verschiedenen Ressorts der Stadtverwaltung, der Wohnungsbaugesellschaften und anderer Hauseigentümer, den Bewohnerorganisationen bis hin zu Lehrern, Pfarrern und Sozialarbeitern. Entstanden sind diese „Beheer“-Gruppen aus den Projektgruppen der Stadterneuerung nach Rotterdamer Muster, die bei einer breiten Zusammensetzung aus Beamten verschiedener Verwaltungsressorts, Architekten, Bauunternehmern, Bewohnern und Gewerbetreibenden Planungskompetenz innerhalb eines festgelegten Rahmens besaßen.

Eine andere Wurzel liegt sicherlich in den Großprojekten, die ab den 80er Jahren unter der Überschrift Public-Private-Partnership durchgeführt wurden. In Fortsetzung dieser Grundkonzeption wurden Projekte in Angriff genommen, in denen gemeinsam mit den beteiligten Investoren, aber auch mit Vertretern von Non-profit-Organisationen und Bürgerinitiativen nicht nur privatwirtschaftliche Vorhaben, sondern in enger Verflechtung damit auch städtebauliche Aufgabenstellungen mit all ihren sozialpolitischen Implikationen bearbeitet werden. Ein gutes Beispiel hierfür war die Entwicklung des „Kop van Zuid“ in Rotterdam, eine Zusammenarbeit zwischen der Gemeinde, verschiedenen Investoren und Vertretern verschiedener Bewohnerorganisationen von Feijenoord, dem angrenzenden multikulturellen Stadterneuerungsgebiet, die damals viel Beachtung fand. Hier wurden im Sinne von *negotiation planning* Zielsetzung, Programm, Planungen und Verfahren miteinander ausgehandelt und in wechselseitigen Verträgen miteinander abgesprochen. Dabei wurden voraussichtliche Belastungen so kompensiert, daß sich ein für die Stadt, die Nachbarschaft wie die Investoren akzeptables Gesamtpaket ergab.

Wesentlich bei diesen Formen von Planung als Co-produktion zwischen verschiedenen privaten, halböffentlichen und öffentlichen städtischen Akteuren ist, daß damit eine Zielperspektive introduziert wurde, die den in den 80er Jahren zur Entfaltung gebrachten Trend der Eigeninitiative mit der Berücksichtigung von Gesamtzielsetzungen der Stadtentwicklung verband. Erstmalig ging es hier nicht mehr um bloße Beteiligung in einem von der Kommune konzipierten und ausgearbeiteten

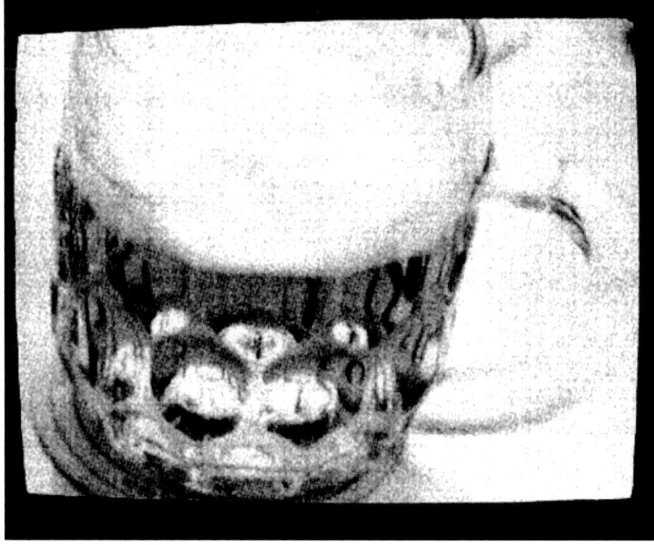

Planungsvorhaben, sondern um ein Verfahren, bei dem vom allerersten Beginn an alle Fragen von Zielsetzung, Entscheidungsvorbereitung bis Durchführung in gemeinschaftlicher Regie betrieben wurden.

Diese neuen Ansätze ließen sich nur noch behelfsmäßig mit dem Begriff Planungsbeteiligung umreißen. Sie bedeuteten eine qualitative Weiterentwicklung und waren wichtige Schritte, mit denen die Idee der zivilgesellschaftlichen Selbststeuerung Gestalt annahm. Schon allein durch ihre organisatorische Konstruktion liefen sie ja weit weniger Gefahr, sich retrospektiv zu orientieren. Mit der breiten Zusammenstellung aller relevanten städtischen Akteure, auch solcher mit gesamtstädtischem Aktionsfeld, wurden die Beteiligten in städtische Problemstellungen involviert, die den Horizont eines jeden einzelnen Akteurs überstiegen.

Wie sich dann gezeigt hat, bot dieser Weg auch die Perspektive, planerisch wie politisch die heiklen Fragen unserer städtischen Zukunft auf eine Weise anzugehen, welche die sozialen Spannungen in den günstigsten Fällen allmählich abbaute. Daß im *social management* die Hauptaufgabe bei der Bewältigung der Großstadtprobleme liegen sollte, begann damals gerade erst ins Bewußtsein durchzudringen: die Zuwanderung aus ärmeren südlichen und östlichen Ländern, die nur begrenzt unterbunden werden kann, wenn wir nicht in einem Polizeistaat enden wollen; die Verteilungsgerechtigkeit bei knapper werdenden öffentlichen Mitteln und einem gleichzeitig wachsenden Kreis von Klienten; die Notwendigkeit eines Herunterschraubens unseres Anspruchsniveaus im Raumkonsum eines jeden einzelnen und anderer Ansprüche, die mit der nachhaltigen Entwicklung schwer in Einklang zu bringen sind; Selbstbeschränkung im Verbrauch von Energie und Rohstoffen – all das mußte übersetzt werden in entsprechende Planungs- und Nutzungskonzepte und die damit verbundene Reduzierung bisher als selbstverständlich erachteter Standards für Raumdimensionen und Ausstattung. Das wäre ohne die kooperativen Formen von Planung, die damals ihren Anfang nahmen, nicht möglich gewesen.

Von 2020 aus gesehen mag man sich wundern, daß diese Selbstverständlichkeiten solche Geburtswehen mit sich brachten. Heute ist uns klar, daß die Stadt als Biotop für Menschen nur erhalten werden kann, wenn alle, die in und mit ihr leben und arbeiten, daran mitwirken und die Verantwortung für die Stadt als Ganzes als oberste Handlungsmaxime betrachten. Damals waren solche Gedanken noch neu, denn man war in der Interessenvertretung zwischen privaten Aktoren, Verwaltung und Politik an eine Art Arbeitsteilung gewöhnt, die alle überindividuellen Belange bei den beiden letzteren ansiedelte. Und man war gefangen im langsamen Entwicklungstempo der Vergangenheit, das meist noch eben rechtzeitig erlaubte, die schädlichen Auswirkungen solch einer nonintegrativen Vorgehensweise zu korrigieren. Gerade hatte man im Bereich des Umweltschutzes entdeckt, daß der Individual- und Gruppenegoismus bei Strafe unseres Untergangs hinter das gemeinschaftliche Ziel der Erhaltung der Umwelt zurücktreten muß – nur wenige erkannten damals, daß das auch für unsere Städte insgesamt gilt, wie Richard Rogers seinen Studenten schon Mitte der 90er Jahre klarzumachen versuchte: „Wir gewöhnen uns allmählich daran, die Natur als höchstes Gut zu sehen, jetzt müssen wir die Sphäre des Städtischen ähnlich sehen. Die Begriffe, mit denen Ökologen unsere Beziehung zur Umwelt beschreiben – der Gedanke, daß wir nicht ihre Besitzer, sondern Treuhänder mit Pflichten gegenüber künftigen Generationen sind –, treffen ebenso auf das öffentliche Leben einer Stadt zu".[8] Vor fünfundzwanzig Jahren hielten viele es nicht für möglich, daß es – in einer anderen Fassung, als es das Modell der bürgerlichen Öffentlichkeit entworfen hatte – erneut zu einem gemeinschaftlich getragenen Verantwortungsbewußtsein für unsere Stadtgesellschaften kommen würde. Und vielleicht wäre dies auch nicht gelungen, wenn nicht beides zusammengewirkt hätte: die existentielle Notwendigkeit einer nachhaltigen Entwicklung und die sich zuspitzende soziale Frage. Ohne die Planungsformen der gemeinschaftlich getragenen Verantwortung, die unsere Zivilgesellschaft in den vergangenen zweieinhalb Jahrzehnten entwickelt hat, wären wir jedenfalls nicht imstande gewesen, die großen Städte als Menschen-Biotope zu erhalten. ▲

1 Siehe dazu Bernhard Peters, Die Integration moderner Gesellschaften. Frankfurt 1993.
2 Edward Shils, Was ist eine Civil Society? In: Krystof Michalski (Hg.), Europa und die Civil Society. Castelgandolfo-Gespräche 1989. Stuttgart 1991.
3 Axel Honneth, Desintegration. Bruchstücke einer soziologischen Zeitdiagnose. Frankfurt 1994, S. 84.
4 Bereits Ende der 80er Jahre hatte der niederländische Biermagnat Heineken ein in damaligen Führungskreisen vielbeachtetes Konzept der Gliederung Europas in 76 kulturell und historisch begründete Regionen als Basis für eine politischen Gliederung Europas vorgelegt. Der amerikanische Bestseller-Autor John Naisbitt lenkte dann in seinem 1995 erschienenen Buch „Global Paradox" die Aufmerksamkeit eines breiten Publikums auf diesen Zusammenhang. Für ihn lag generell in der Organisation kleinerer Einheiten der Schlüssel zur Bewältigung gesellschaftlicher und politischer Fragen.
5 Siehe Barbara Rosenberg (Hg.), Vom Zuschauer zum Aktivbürger; Renner Institut, Wien 1994.
6 Helga Fassbinder, Die Produktion der Zukunft: Wiener Stadtplanung in der Zivilgesellschaft, in: Michael Häupl, Hannes Swoboda (Hg.), Bleibt Wien Wien? – Spielräume 2020; Wien 1995.
7 Helga Fassbinder (Hg.), Stedelijke Planvorming als Co-productie. TUE Bouwstenen. Eindhoven 1995.
8 Richard Rogers, Städte für einen kleinen Planeten. 5. Vorlesung der Reith Lectures im BBC, in: ARCH+ 127/95, S. 60.

Kindheit 2020

Thesen zur Entwicklung des Generationsverhältnisses in Wien

Helmut Wintersberger (Wien)

"The present-day difference in age composition between Vienna and any American city is visible to a casual observer. In an American city the streets, shops and public conveyances are peopled largely by young adults born in the late 1950s and early 1960s. In Vienna the predominant impression is of gray-haired ladies prepared to intimidate with their walking sticks the rare unruly child who might sit near them on a tram."

Diese Beobachtung hat der amerikanische Demograph A. Coale anläßlich eines Besuches in Wien in seinem Reisetagebuch festgehalten. In der Tat eine gute Beobachtung und prägnante Formulierung, mit welcher zwei für Wien typische Phänomene beschrieben werden: Überalterung und Kinderfeindlichkeit. Dem Pessimisten dürfte es nicht schwerfallen, Coales Beobachtung aus den 70er Jahren zu einem wahren Horrorszenario für das Jahr 2020 weiterzuentwickeln.

Allerdings ist zu berücksichtigen, daß seit dem Wienbesuch Coales Veränderungen eingetreten sind: Der Vorsprung Wiens sowohl in der Überalterung der Bevölkerung als auch in der Kinderfeindlichkeit wurde inzwischen von anderen, auch von amerikanischen, Städten weitgehend aufgeholt. Einerseits haben die Probleme in anderen Ländern zugenommen, andererseits mag sich die Lage in Wien aufgrund gegensteuernder Maßnahmen etwas entspannt haben. Darüber hinaus bin ich für das Jahr 2020 insofern optimistisch, als – ganz im Gegensatz zur Situation in den 50er, 60er und 70er Jahren – gesellschaftliche Entwicklungen im Gange sind, die das Verhältnis von Kindheit und Stadt positiv beeinflussen können.

Die Argumentation folgt folgender Linie:

- das Verhältnis von Stadt und Kindheit war in der jüngeren Vergangenheit belastet, wenn es nicht gar antagonistische Züge getragen hat (These 1);
- im Verhältnis zwischen Kindheit und Stadt ist derzeit eine Trendwende im Gange (These 2);
- aus dieser Veränderung resultieren Optionen für Kindheit sowie für die Beziehungen zwischen den Generationen, welche a priori weder negative noch positive Szenarios ausschließen (Thesen 3–6);
- ob es zur Herausbildung positiver Optionen für Kindheit und das Generationenverhältnis kommt, wird vom politischen Gestaltungswillen sowie nicht zuletzt auch von den Möglichkeiten von Kindern und Jugendlichen abhängen, an der kommunalen Willensbildung und Entscheidungsfindung zu partizipieren, abhängen (Thesen 7 und 8).

These 1

Die Entwicklung der städtischen Ballungsräume von heute wäre ohne den Prozeß der Modernisierung nicht denkbar. Einerseits setzte die Intensivierung der landwirtschaftlichen Produktion jenes Potential an Menschen frei, welche sich in den wachsenden Städten ansiedelten; andererseits schufen erst die verschiedenen industriellen Revolutionen die technischen Grundlagen dafür, daß Millionen Menschen auf kleinem Raum zusammen leben, arbeiten, kommunizieren und sich bewegen können. Die Synchronisierung von industrieller und Stadtentwicklung fand ihren Höhepunkt in der Ära des Fordismus bzw. städtebaulichen Funktionalismus, insbesonders in der Konzeption von der Stadt als Fabrik, in welcher die verschiedenen Funktionen zunächst entflochten und sodann durch leistungsfähige Verkehrsachsen wieder verknüpft wurden. Die Funktionsweise der Stadt war in jener Epoche auf den Normalarbeiter und -konsumenten, d. h. auf Erwachsene im Erwerbsalter abgestimmt. Der soziale Raum für Kinder wurde zusehends aus dem Stadtbild eliminiert, und Kinder waren in eige-

nen Reservaten (Wohngebieten, Bildungseinrichtungen) aufgehoben. Die Marginalisierung von Kindheit erreichte in dieser Zeit ihren Höhepunkt. Stadtentwicklung und Kindheit wurden also von Modernisierung und Fordismus voll erfaßt: Während die Zentralität der Stadt in räumlicher Perspektive noch deutlicher betont wird, rückt Kindheit in sozialer, ökonomischer und demografischer Hinsicht immer mehr in eine Randlage.

These 2
Dieser Antagonismus zwischen Kindheit und Stadtentwicklung erfährt in der Phase des Post-Fordismus eine Veränderung. Die Reurbanisierung, die Revitalisierung alter Stadtteile, die Verkehrsberuhigung in den Zentren wie in Wohngebieten und die Schaffung neuer Freiräume für die Naherholung stellen Maßnahmen dar, die auch den in den Städten lebenden Kindern entgegenkommen. Problematisch ist die Entwicklung des städtischen Bodenmarktes sowie der Wohnungsmieten, wodurch die Konkurrenzfähigkeit von Familien vor allem mit mehreren Kindern tendenziell in Frage gestellt wird. Kommunale Wohnungspolitik und Einkommenspolitik für Familien mit Kindern werden somit angesichts der knappen sozialen Räume und Optionen, welche die Stadt zu bieten hat, zu zentralen Steuerungsinstrumenten bei der Gewährleistung von Verteilungsgerechtigkeit zwischen den Generationen, insbesonders zwischen Kindern und Erwachsenen.

These 3
Ehe und Familie im traditionellen Sinn unterliegen einem Bedeutungsverlust. Die Zahl der Scheidungen nimmt zu. Schon heute lebt in Österreich ein Drittel aller Kinder in einer nicht kernfamilialen Konstellation. Aus sozialwissenschaftlichen Untersuchungen zu diesem Thema wissen wir, daß Kinder vor und während der Scheidung erheblichen Belastungen und Risken ausgesetzt sind. Wesentlich weniger ist bisher über die Wirkungen verschiedener familialer Konstellationen auf Kinder bekannt. Im Zusammenhang mit der Einelternfamilie dürfte vor allem das erhöhte Armutsrisiko im Vordergrund stehen, während bei der sogenannten Stieffamilie Beziehungsprobleme belastend zu sein scheinen. Der Prozeß der Individualisierung und Pluralisierung der Familienformen wird jedoch weitergehen. In dieser Situation wird es weniger darauf ankommen, den Wert der Familie in der österreichischen Verfassung zu verankern, sondern die betroffenen Kinder in Scheidungskonflikten zu beraten sowie Kinderinteressen in allen Familienformen zu berücksichtigen. Der Prozeß der Individualisierung hat schließlich auch Kinder selbst erfaßt, und er wird sich in Zukunft noch verstärken. Beziehungen zu Gleichaltrigen werden auf Kosten familiärer Beziehungen an Bedeutung gewinnen. Das Familienleben wird dadurch zwar nicht konfliktfreier, Kinder (und Eltern) werden jedoch lernen, solche Konflikte zu bewältigen und den neuen Familienformen entsprechende Rollenbilder zu entwickeln und auszuüben.

These 4
Moderne Kindheit ist durch zwei (totale) Institutionen geprägt: Familie und Schule. In bezug auf die Familie deutet These 3 Entwicklungen in Richtung Verhandlungsfamilie an. Ähnliche Lockerungen wird es auch im Bereich der Schule geben. Zwar mag die tägliche Schulzeit durch Ausweitung ganztägiger Schulformen noch zunehmen; dies wird jedoch nur über Einführung von flexibleren Stundenplänen mit entsprechenden Erholungsperioden sowie mehr Mitbestimmung möglich sein. Nicht nur die Autonomie

der Schule, sondern auch die der Schülerinnen und Schüler ist gefragt. Zwischen bzw. jenseits von Familie und Schule werden sich weitere Angebote des Marktes (Freizeit- und Kulturindustrie) und des Dritten Sektors (Vereine) etablieren, an welchen Kinder teilhaben können. Insgesamt verändern sich also die traditionellen Einrichtungen (wie Familie und Schule); sie werden offener und weniger paternalistisch bzw. totalitär sein. Ferner werden Kinder und Jugendliche in ihrem sozialen Leben nicht mehr ausschließlich auf diese Institutionen verwiesen sein, sondern ergänzende Angebote und Wahlmöglichkeiten vorfinden. Bei der Organisation und Koordination dieser Angebote wird der lokalen Ebene, insbesonders der Stadt, eine wichtige Funktion zukommen.

These 5

Das Ende des Fordismus hat Auswirkungen auf die Verteilung der Arbeitszeit sowie für die Begrifflichkeit der Arbeit selbst. Derzeit ist Arbeit nicht nur ungleich über verschiedene soziale Gruppen verteilt; auch die Verteilung über den Lebenszyklus ist inadäquat. Überlange Ausbildungszeiten im ersten Lebensabschnitt werden abgelöst durch einen im Idealfall ununterbrochenen Block der Erwerbstätigkeit, der sodann früher oder später in eine Phase normalerweise irreversiblen Ruhestands übergeht. Zu allem Überdruß kollidieren die aktiven Jahre des Erwerbslebens mit der Bildung und Erweiterung der Familie, was insbesonders bei der Mehrzahl der Frauen zu gravierenden Problemen durch Doppelbelastung führt. Meines Erachtens wird es in der post-fordistischen Epoche auch zur Überwindung dieser starren Dreiteilung im Lebenszyklus kommen. Diese Veränderung kann sich nicht darauf beschränken, die Schwelle des Pensionsalters hinaufzusetzen; auch die im ersten Lebensabschnitt konzentrierten Ausbildungszeiten sind zu reduzieren, dafür im zweiten und dritten Lebensabschnitt mehr und bessere Aus- und Fortbildungsmöglichkeiten vorzusehen. Ferner ist das Problem der Vereinbarkeit von Beruf und Kindererziehung einer neuen Lösung durch flexiblere und kürzere Arbeitszeiten der Eltern zuzuführen. Im Zuge einer solchen Reform würden sich für Kinder und Eltern die folgenden Auswirkungen ergeben: Kinder und Jugendliche würden – unter Einhaltung aller erforderlichen Schutzbestimmungen – wieder früher in den Arbeitsprozeß eingegliedert werden; als Mütter oder Väter könnten sie erhebliche Arbeitszeitverkürzungen in Anspruch nehmen; und gegen Ende des Arbeitslebens würden die Arbeitsfähigen und -willigen später und weniger abrupt als heute in den Ruhestand treten. Diese Reorganisation des Lebenszyklus wird auch erhebliche Wirkungen für Kommunalpolitik und Stadtplanung mit sich bringen. Dem städtebaulichen Funktionalismus entsprach nicht nur die weitgehende Trennung von Funktionen, sondern auch die der Generationen. Stellt man nun die Existenz klar unterschiedener Lebensabschnitte in Frage, so wird auch die räumliche Trennung von Generationen kontraproduktiv. Dies heißt nicht anderes, als daß die physischen, sozialen und wirtschaftlichen Räume der Stadt fließend und flexibel genutzt werden müssen. Es kommt zu einer neuen Durchmischung der Funktionen sowie zur Reintegration der Generationen. Dadurch erhöht sich zwar die Wahrscheinlichkeit von Generationenkonflikten in der Nachbarschaft, die Austragung dieser Konflikte verbessert jedoch die Chancen für einen tragbaren Generationenvertrag auf gesamtgesellschaftlicher Ebene.

These 6
Nicht nur die Arbeitszeit und ihre Verteilung, sondern auch der Arbeitsbegriff steht zur Disposition. Das ist eine Diskussion, welche in den frühen 80er Jahren schon eingehend geführt wurde. Allerdings wurden in dieser Debatte die Aktivitäten von Kindern nicht berücksichtigt. Tatsächlich spielen und spielten Kinder als Arbeiter in der traditionellen und frühindustriellen Produktion eine wichtige Rolle. Jedoch auch in der modernen Gesellschaft ist Kinderarbeit noch immer verbreitet: als erlaubte Arbeit (z. B. im Haushalt oder im bäuerlichen Betrieb), als unerlaubte Arbeit (z. B. Kinderarbeit im mediterranen Raum oder im heutigen Osteuropa) oder aber als pädagogisch verbrämte Arbeit (z. B. in der Schule). Eine Neudefinition von Arbeit hat die folgenden Aspekte zu berücksichtigen: die Verknüpfung von Arbeit und Einkommen; die Bedeutung von Arbeit für die soziale Integration; und die altersspezifischen Auswirkungen der jetzige Lage sowie allfälliger Reformen. Ausgehend von der gegenwärtigen Situation der totalen Ausschließung von Kindern aus dem modernen Arbeitsprozeß im engen Sinn werden die kommenden Jahrzehnte tendenziell eine Lockerung bringen: Kinder und Jugendliche werden wieder früher mit der Arbeitswelt Bekanntschaft machen, ohne daß deshalb notwendigerweise die Gedanken des Kinder- und Jugendschutzes verletzt werden; daneben wird Schularbeit als gesellschaftlich notwendige Kinderarbeit mehr Anerkennung durch die Öffentlichkeit erfahren; gleichzeitig wird sich auch die Frage eines Grundeinkommens für Kinder stellen. Insgesamt werden Kinder und Jugendliche besser in der Gesellschaft integriert sein, und sie werden teils durch eigenes Arbeitseinkommen, teils durch direkte öffentliche Transferzahlungen (Kinderbeihilfe) von ihren Eltern finanziell zwar nicht völlig unabhängig, jedoch unabhängiger als heute sein.

These 7
In den vorangegangenen Thesen 3 bis 6 habe ich ein relativ optimistisches Szenario für die Kindheit und damit auch für das Zusammenleben der Generationen im Jahr 2020 vermittelt. Keinesfalls sollte dadurch das Mißverständnis geweckt werden, diese positive Entwicklung werde sich automatisch einstellen. Ganz im Gegenteil, es handelt sich dabei lediglich um ein mögliches Szenario. Ob es Wirklichkeit wird, hängt von der politischen Gestaltungsfähigkeit der maßgebenden Institutionen und Personen insbesonders im Bereich der Sozial-, Familien-, Bildungs- und Kommunalpolitik ab. In zusammenfassender Gesamtschau hieße dies für die Stadtentwicklungspolitik u. a.:

- stärkere funktionelle Durchmischung;
- bewußte Generationenpolitik im Sinne einer besseren intergenerationalen Durchmischung und stärkerer Berücksichtigung der Interessen generationaler „Randgruppen" (Senioren und Kinder);
- flexiblere Planung und Nutzung knapper städtischer Ressourcen wie Wohnraum oder öffentliche Gebäude (Können wir es uns leisten, Wohnungen leerstehen zu lassen oder Schulgebäude nur wenige Stunden am Tag zu benützen?);
- Förderung der Herausbildung von lokalen Partnerschaften auf dezentraler Ebene – bestehend aus Vertretern des öffentlichen Sektors, des Marktes und des Dritten Sektors – zur Lösung des durch die vorgenannten Orientierungen unvermeidlich entstehenden Konfliktpotentials.

These 8
Die Bereitschaft der Erwachsenen, gesellschaftliche Ressourcen mit Kindern und Jugendlichen in fairer Weise zu teilen, ist eine Vorbedingung. Dazu gehört auch und nicht zuletzt die Einbeziehung von Kindern in politische Entscheidungsprozesse. Zwar gibt es schon in vielen Ländern, darunter auch Österreich, Erfahrungen mit Modellen der Kinder- und Jugendbeteiligung, es hat jedoch den Anschein, daß Widerstände dagegen in größeren Städten schwerer zu überwinden sind. Die Erarbeitung von Partizipationsmodellen und ihre Umsetzung stellt sich daher für Wien als prioritäre Aufgabe. Im Grunde genommen geht es dabei um die Umsetzung der im Jahr 1989 von der Generalversammlung der Vereinten Nationen verabschiedeten Konvention der Rechte des Kindes im kommunalen Bereich. Österreich hat diese Konvention unterzeichnet, und der Nationalrat hat am 14. Juli 1994 im Zuge der Ratifikation dieses Übereinkommens in einer einstimmigen Entschließung insbesonders der Mitbestimmung von Kindern in allen sie betreffenden Angelegenheiten sowie der Frage des Wahlalters einen wesentlichen Stellenwert zuerkannt. Die Besonderheit Wiens, zwei Verwaltungsebenen praktisch in einer Hand zu vereinigen, könnte sich beim Experimentieren mit neuen Modellen der Kinder- und Jugendbeteiligung als großer Vorteil erweisen, und Wien so im internationalen Maßstab eine führende Rolle einnehmen. ▲

→ i hob mei Göd verlurn, i lost mei money,
jetzt bin i neger wurn,
what you say zu mir ?
i was sitzing on a table, and the man he said to me:
playing koatn is my faible, wannst wüst spü ma r a Partie, i m misching, he heb o, i m giving, go go goo.

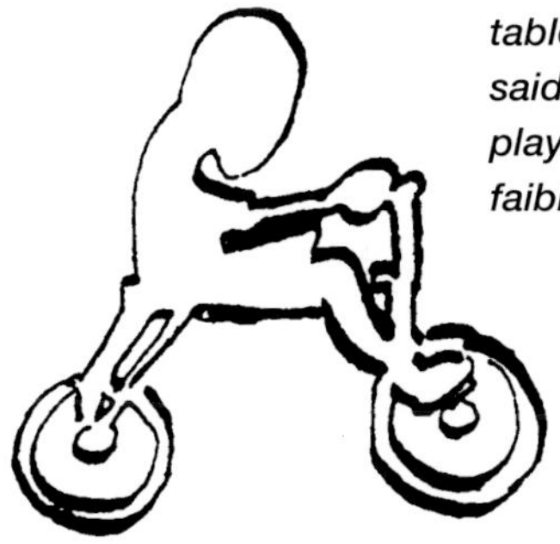

aus: Kartentipplerblues,
Text: Heinrich Riemer

Fanny, Science & the City

Wolfgang L. Reiter (Wien)

1

Wien, eine Stadt, die vor 20 Jahren noch zu den stagnierenden Hauptstädten Europas zählte, ist wieder eine wachsende, jünger werdende Metropole geworden. Fanny, drei Jahre alt, trägt dazu bei, und Kinderschreien könnte sich langsam wieder zu einer legitimen Lärmbelästigung entfalten. Wie wird sich Wien als Stadt, als Stadtgesellschaft und Stadtwirtschaft zu Ende des auslaufenden Jahrhunderts für das kommende positionieren? Welche Möglichkeiten und Herausforderungen für die Zukunft lassen sich mit der gebotenen Vorsicht identifizieren?

Für das Österreich und Wien der Zeit bis 1918 trifft eine Bemerkung des englischen Sozialanthropologen Ernest Gellner zu, daß „normalerweise der Aufrechterhaltung der Gesellschaftsordung vernünftigerweise weitaus mehr Bedeutung eingeräumt [wurde] als jeder möglichen Vermehrung des Wissenskapitals oder des produktiven Kapitals.“[1] Freilich kann man diesen Zustand auch als Normalzustand einer Gesellschaft sehen, die stabil sein will.

Erinnert man sich der wissenschaftlichen Leistungen, die von Wien aus den Weg in die Welt angetreten haben, so gibt es kaum ein Gebiet der Wissenschaften, das nicht von hier aus entscheidend beeinflußt wurde. Wäre man unbescheiden, man könnte für die Wissenschaft von einem österreichischen Jahrhundert sprechen. Die beste Dokumentation dafür liefert ein Katalog der aus dieser Stadt 1938 vertriebenen Intelligenz.[2] Doch Wien hat darauf vergessen. Die Unkultur des Schweigens und Verdrängens hat auch die positiven Leistungen erfaßt, auf die man andernorts mit Stolz hinweisen würde. Weder die Qualität der öffentlichen Diskussion noch die der Politik umfassen Wissenschaft und Forschung. Das ist um so bemerkenswerter, als Stadt und Gemeinde Wien in den traditionellen Bereichen ihrer kulturellen Identität durchaus engagiert politisch handelten. Warum also nützt die Gemeinde nicht ihr hohes Maß an Kompetenzen, die ihr das politische System zuspricht? Die föderalen und regionalen Eliten in einem Österreich von morgen werden sich in ihren Zukunftserwartungen – stärker noch, als das in der Vergangenheit der Fall war – an den für sie günstigsten Möglichkeiten in den urbanen Großräumen orientieren. Wien muß sich auf diese Herausforderung vorbereiten.

Wir gehen bei diesen Überlegungen von einem regionalen Strukturwandel aus, der sich bis etwa zum Beginn des zweiten Jahrzehnts des nächsten Jahrtausends vollzogen haben und umfassend und tiefgreifend sein wird. Dieser Strukturwandel wird auch die Wettbewerbsfähigkeit der Regionen untereinander und damit auch der Stadtregion Wien bestimmen. Hier liegt eine eindeutige Chance für Wien.

Ein wesentlicher, ja der wesentliche Aspekt der Stadtentwicklung liegt in der Identifizierung der für Wien zukünftig relevanten Faktoren im ökonomischen Prozeß; unter diesem Gesichtspunkt betrachtet scheint es für eine Stadtregion wie Wien unbestritten zu sein, daß die wissenschaftliche und technologische Innovationskraft zu diesen Faktoren gehört. Sie ist zudem von einer potentiellen Ausstrahlung, die über das rein Ökonomische weit hinausgeht und die Stadt- und Regionalkultur nachhaltiger prägen kann, als es punktuelle ökonomische Faktoren vermögen. Daß Forschung und technologische Entwicklung in den fortgeschrittenen Industriegesellschaften zu den wesentlichen Momenten einer Volkswirtschaft zählen, ist inzwischen nachgerade zur Binsenweisheit geworden. Dabei ist die ökonomische Durchdringung von Forschung und Technologie nur die eine Seite der Medaille. Der ökonomische Aspekt bedarf auch einer Hintergrundfolie, die von den kognitiven Mustern und den kulturprägenden Mentalitäten beschrieben wird;

(wobei ich hier unter Mentalität jenes kulturelle Selbstverständnis verstehen will, das ohne normativ zu sein, zugleich identitätsstiftend und verhaltensleitend wirkt). Dieses mentale Kapital ist gerade so wichtig wie das Finanzkapital. Und daher bedarf das Mentalkapital einer Politik, wie das Finanzkapital einer Finanzpolitik bedarf.

2

Fanny wird dann zwanzig Jahre alt sein. Möglicherweise wird sie sich für Wissenschaft und Forschung interessieren. Möglicherweise wird sie in der Stadt leben, die Wien heißt. Ihr Leben wird sicher noch stärker von Wissenschaft und technologischem Fortschritt beeinflußt sein, als dies schon heute der Fall ist. Wird Wien als Stadt, als urbaner Raum der vielfältigen Möglichkeiten und Realitäten damit in einem erkennbaren und beurteilbaren Zusammenhang stehen?

Wien und die Wissenschaft. Wovon wollen Fanny und ich träumen? Welche Wünsche haben wir offen? What makes Fanny and Sammy run?

Suchen wir nach der intellektuellen Tradition der Stadt Wien und identifizieren wir Wissenschaft und Forschung, die Universitäten und Forschungseinrichtungen, die Museen und Kunstakademien mit einem wesentlichen Teil der intellektuellen Tradition der Stadt, stellen wir fest, daß dieser Tradition, selbst dort, wo sie mit herausragenden Leistungen und Personen identifizierbar ist, kein gesellschaftlicher und kein kognitiver, kein politischer Ort zukommt.

Beginnen wir unsere Überlegungen mit der Dimension des Raumes und vernachlässigen wir die zeitliche Dimension; sie bereitet nur Schwierigkeiten, besonders wenn's in Richtung Zukunft geht. Wo lassen wir Wien enden, wo setzen wir die Grenzen der Stadt? Bei den Tafeln, die dem Wanderer signalisieren, diese Stadt bliebe diese Stadt, „Wien bleibt Wien"? (Der nicht unwienerische Gedanke einer zeitlichen Invarianz der Stadt wäre eine Lösung für unsere Betrachtung der Zeitdimension, der zukünftigen Entwicklung Wiens, da es diese auf die Beschreibung des Status quo reduziert.) Sind die Grenzen in Europa zu suchen, seit Österreich mit Beginn 1995 Mitglied der EU geworden ist? Oder sind sie durch ein Gravitationsfeld von Attraktivitäten bestimmt, das dort verschwindet, wo seine Stärke nicht mehr ausreicht, eine spürbare Wirkung auszuüben? Ist Wien für die Wissenschaft und Forschung als Standort attraktiv?

Wenn Forschung und technologische Entwicklung in den nächsten Jahrzehnten jene Dynamik beibehalten, die heute Motor eines wesentlichen Teils des gesellschaftlichen, kulturellen und vor allem ökonomischen Reichtums ist, so wird Wien – im besten Fall, gehen wir von den heutigen Gegebenheiten aus – an der Peripherie dieser Entwicklung liegen. An einer eher konsumierenden als produzierenden Peripherie.

Die räumliche Peripherie Wiens beginnt sich zu verändern und ist im Begriff, sich umzustrukturieren und neu zu formieren, gefolgt von einer Veränderung des kognitiven und sozialen Zentrums der Stadt. Es ist der Weg in eine beginnende Regionalisierung unseres bisherigen Nebeneinanderseins als Städte, Gemeinden, Bundesländer oder Länder, die die zukünftige Position Wiens mitbestimmen wird. So problematisch diese Regionalisierung für das gesamtstaatliche Selbstverständnis Österreichs u. U. auch sein mag, nicht zuletzt im kognitiven Bereich erwachsen Wien daraus Möglichkeiten, die bisher nicht vorhanden waren. Ohne die Nostalgie einer vergangenen Reichs-, Haupt- und Residenzstadt zu bemühen, ist festzustellen, daß Wien zumindest die Chance wahrnehmen sollte, ein Gravitationsfeld aufzubauen, das in der Lage ist, den Vorteilen des derzeit so viele Bereiche prägenden Provinzialismus eine metropolitane Komponente entgegenzuhalten, die regional, europäisch und global zugleich ist. Das wissenschaftliche Leben einer Stadt hat diesen Charakter des Metropolitanen. Hiefür ist Politik im traditionellen Sinne gefordert, dazu ist Geld notwendig (weniger als man wohl befürchten mag), Infrastruktur muß zusätzlich bereitgestellt werden. Und freilich sind auch einige Randbedingungen für den Erfolg bestimmend, die nicht in der Macht der Stadtpolitik allein gelegen sind. Zuerst die wichtigste: der Ausbau und die Förderung der *civil society*. Wissenschaft – wie auch Kunst – hat keinen anderen Nährboden. Regelungen für die Immigration, die nicht nur den Mindestmaßstab der Menschenrechtskonformität erfüllen, sondern auch die Bedürfnisse von Bildung und Forschung und die dafür unerläßliche Mobilität explizit berücksichtigen und fördern, sind nur ein sehr aktuelles Beispiel für eine solche Randbedingung.

3

Eine Politik, die der Wissenschaft für die Stadtentwicklung Bedeutung zumißt, ist mit der Aufgabe konfrontiert, für die eigenen städtischen Bedürfnisse eine Wissenschaftspolitik zu formulieren und diese mit Geduld umzusetzen. So sehr Forschung spontan, schwer oder gar nicht planbar sein mag (dort, wo sie innovativ und rebellisch ist), und der Wissenschaftler dem Künstler in manchem verwandter ist als dem Philosophen oder dem Ingenieur, so notwendig erweist sich für die Wissenschaft eine entsprechende Wissenschaftspolitik (ähnlich wie die Kunst im urbanen Raum einer Kunst- bzw. Kulturpolitik bedarf, die mehr sein wird als lediglich Kunstförderungspolitik).

Wissenschaft und Forschung als produktive soziale Kräfte sind heute auf staatlicher und transnationaler Ebene integrale Bestandteile von Politik. Eine entsprechende Wissenschaftspolitik für eine Metropole wie Wien wird sich, ja muß sich von jener der staatlichen Stellen-

→ mir san die Herrn in diesem Land, mir ham es fest in unsrer Hand, mir san de Hausmaster vom Hause Österreich und führen in diesem Haus ein strenges Regiment.

aus: Wer regiert in Österreich? Text: Peter Orthofer, Gerhard Bronner

unterscheiden. Sie wird spezifisch sein, was die Stadt anlangt, Wirklichkeitssinn beweisen müssen und zugleich offen sein gegenüber dem Möglichkeitssinn der Wissenschaft. Die Stadt wird in der Formulierung dieser Wissenschaftspolitik eine Vorstellung gewinnen, welchen Stellenwert die Wissenschaft in ihrem Stadtbild einnehmen sollte. Musik, Literatur, Theater, bildende Künste, der Sport, sie alle haben für den Bürger von Wien einen spezifischen Platz und einen spezifischen Ort im politischen Raum der Stadt.

Ansätze einer Stärkung des Bewußtseins der Bedeutung von Forschung und Technologie für die Stadtentwicklung Wiens sind aus einzelnen Initiativen der vergangenen Jahre durchaus ablesbar. Sie sind im wesentlichen im Vorfeld industriell-technologischer Entwicklungen angesiedelt, die – der Natur der Sache entsprechend – heute eine fortschrittsintensive Komponente aufweisen. Diese Entwicklungen beschäftigen uns hier nur peripher; sie dienen der Förderung hochtechnologischer und forschungsintensiver Produktionszweige und sind eher der Technologie- bzw. Industriepolitik als der Wissenschaftspolitik zuzuordnen. Unsere Überlegungen sind in jenem Bereich der Wissenschaft angesiedelt, den man gemeinhin als Grundlagenforschung kennzeichnet.

Das Verständnis der Öffentlichkeit für Wissenschaft und Forschung und eine entsprechend informierte, auch wissenschaftlich gebildete Bevölkerung sind Voraussetzungen für einen rationalen Diskurs in unserer komplexen Gesellschaft. In einer demokratischen Gesellschaft sollte dies nicht lediglich als ein wünschenswertes Ziel angesehen werden; wissenschaftlicher Alphabetismus – im Gegensatz zu einem sich mehr und mehr ausbreitenden Analphabetentum – ist ein Konstitutivum einer technisch-wissenschaftlich fortgeschrittenen und demokratischen Gesellschaft. Andernfalls werden sich Wissenschaft und Forschung zu einer sich selbst regulierenden, nicht weiter verantwortlichen Elite formieren. Ressentiments, Entfremdung und Ablehnung wären die Folge. Daher ist es erforderlich, zwischen Wissenschaft und Öffentlichkeit die Bereitschaft zu Kommunikation und Partizipation zu wecken und entsprechende Instrumente und Mechanismen zur Verfügung zu stellen. Das ist eine politische Aufgabe, die auch auf der kommunalen Ebene zu lösen ist.

4

Die Stadt als Ort der Ökonomie, der Produktion und Konsumtion scheint jeder anderen Form des sozialen Zusammenlebens überlegen zu sein, stellt man das Potential der Integrationsfähigkeit des städtischen Raumes in den Vordergrund der Betrachtung. Selbst noch die Konflikte können als Zeichen dieser integrativen Kraft gedeutet werden. Die inhärenten konstitutiven Potentiale von Wissenschaft und Forschung entwickelten und entwickeln eine ihnen eigene Integrationskraft, für die Grenzen – seien es politische, kulturelle oder soziale – von marginaler Bedeutung sind. Denn Forschung ist (ganz unpathetisch) auch Begegnung von Menschen und findet trotz Internet ohne eine solche nicht statt. Dies meint nicht den touristischen Effekt der Groß- und Kleinkonferenzen, die Wien schon längst als bequemen „Austragungsort" entdeckt haben – freilich ein für die Stadt Wien durchaus nützlicher Effekt, der jedoch eher auf der Ebene „Wien = Museum + Boutique" gelegen ist als auf jener der Wissenschaft.

Bei unseren Überlegungen, welche Bedeutung die Stadt für die Wissenschaft, und umgekehrt, welche Bedeutung die Wissenschaft für die Stadt hat, sind wir im Vergleich zur Kultur und zur Kulturpolitik Wiens auf die Tatsache gestoßen, daß es bisher kein ausgeprägtes Profil einer eigenen städtischen Wissenschaftspolitik

gibt. Pragmatisch-politisch ist dies auch verständlich, da – traditionell – der Bereich Wissenschaft und Forschung dem Bund und seinen Universitäten und Forschungseinrichtungen überlassen wird (mit Ausnahme von spezifischen Förderungen). Das – so mag es manchem erscheinen – hat vielleicht mehr mit den Finanzausgleichsverhandlungen zwischen Bund und Ländern zu tun als mit einer klaren Einschätzung der Bedeutung und dem Stellenwert von Wissenschaft für die Urbanität, und sei sie auch – wie das heute der Fall ist – an der kognitiven und sozialen Peripherie der Stadt gelegen. Angesichts der Entwicklungen im Rahmen der EU und deren Förderungsinstrumenten wie weiters der Möglichkeiten, die das Subsidiaritätsprinzip bietet, ist es für die Stadt Wien an der Zeit, ein eigenständiges Profil für Wissenschaft und Forschung zu entwickeln. Auch und gerade im Hinblick auf die Region, für die Wien weit über die Jahrtausendwende hinaus Metropole und Gravitationszentrum bleiben wird.

Eine Professionalisierung der Stadtpolitik im Bereich der Forschungspolitik ist eine vordringliche, doch kaum augenfällige Aufgabe für ein umfassendes Konzept der Zukunftsperspektiven Wiens.[3] Dieser Vorschlag riecht nach der bescheidenen Vision eines Bürokratengehirns; und doch – bei aller Freiheit, deren die Forschung bedarf, um fruchtbar zu sein – ist eine gesellschaftliche und institutionelle Rück- und Einbindung notwendig, die der Wissenschaft und Forschung erst ermöglicht, ihr Potential zu entfalten.

5

Berlin und Budapest sind zwei Beispiele von Städten, die im kulturellen Bereich in der Vergangenheit auf Wien nicht ohne Einfluß waren. Diese Städte haben gerade in der jüngsten Vergangenheit durch gezielte Initiativen und Neugründungen von Forschungsstätten und wissenschaftlichen Begegnungsmöglichkeiten gezeigt, welche (auch) politische Bedeutung vor und nach 1989 der Forschungspolitik für eine Stadt zugemessen werden kann. Kommunale Initiativen sind zudem in der Lage, den Rahmen weiter zu spannen, als es die verkrusteten und disziplinär gebundenen Strukturen der Universitäten zulassen. Wien hat hier in der Vergangenheit mehr Versäumnisse aufzuweisen, als es gezielte Initiativen setzte. Nur ein Beispiel: das Wittgenstein-Haus in der Kundmanngasse – welche verpaßte Gelegenheit für eine internationale

Arbeits- und Begegnungsstätte! Berlin hat gezeigt, daß es mit der Schaffung einer Forschungsstätte im Sommerhaus Albert Einsteins in Caputh bei Potsdam Signale zu setzen versteht. Wissenschaftspolitik ist wie jede Politik auch eine Politik der Symbole. Brücken des Verständnisses und der Verständigung auf dem Boden eines wissenschaftlichen Diskursfeldes zu bauen, wird zur Software der kommenden Generation gehören. Wird Fanny einmal nach Berlin, Paris oder St. Petersburg reisen, um sich mit einer europäischen Wissenschaftshauptstadt des beginnenden 21. Jahrhunderts bekannt zu machen?

Seit der Öffnung der Grenzen Österreichs nach dem Osten und dem Beitritt des Landes zur EU liegt Wien mehr denn je zuvor im Schnittpunkt des Transfers von Bevölkerung und Kapital einer Großregion, für die auch der Transfer wissenschaftlicher und technologischer Leistungen zunehmend an Bedeutung gewinnen wird. Wien wird sich der damit verbundenen Dynamik (auch für jede zukünftige Stadtpolitik) nicht entziehen können. Die Perspektive einer EU-Erweiterung nach Osten macht dies noch deutlicher.

Wie wird sich das Verhältnis von Wissenschaft, Politik und Ökonomie in der Stadtregion Wien in der Zukunft gestalten? Bleibt es den Kräften der Ökonomie, etwa den von Brüssel vorgegebenen Rahmenbedingungen für Forschung und Entwicklung, überlassen, oder soll/kann/muß – ergänzend dazu oder auch in bewußter Differenz – für Wien ein eigenständiger Handlungsraum für eine den urbanen und regionalen Gegebenheiten entsprechende Wissenschaftspolitik eröffnet werden, ein Handlungsraum, in dem die spezifischen Möglichkeiten und Ziele einer Stadt-Wissenschaftspolitik verfolgt werden können? Im Sinne von Artikel 128 des Europäischen Einigungsvertrages könnte diese Stadt-Wissenschaftspolitik einen wichtigen Beitrag zur Entfaltung der nationalen und regionalen, wissenschaftlichen und kulturellen Identitäten und Potentiale leisten. Perspektive einer derartigen Stadt-Wissenschaftspolitik wäre nicht (ausschließlich) der ökonomische Nutzen, sondern ein umfassender gesellschaftlicher (insofern die Produktion von wissenschaftlichem Wissen zur Kohäsion der sich zunehmend ausdifferenzierenden Gesellschaften beizutragen vermag). Da Forschung, wie die Kunst, ohne die Leistungen von Einzelpersonen nicht funktioniert, sehe ich in einer Stärkung der Wissenschaft nicht zuletzt auch ein Gegengewicht zu den anonymisierenden politischen Strukturen und der Tendenz einer Atomisierung der Stadtgesellschaften. Stadt-Wissenschaftspolitik wird damit zur urbanen Demokratiepolitik. Mit zunehmender Ausrichtung der nationalen Forschungs- und Technologiepolitiken auf supranationale Programme und entsprechende Regelwerke für deren Finanzierung (insbesondere im Rahmen der EU und in deren zentral verwalteten Finanzierungsinstrumenten) wird sich auf städtisch-regionaler Ebene die Notwendigkeit der Entwicklung autonomer Vorstellungen ergeben.

6

Dieses Plädoyer für eine kommunale Wissenschaftspolitik enthält sich bewußt spezifischer Aussagen und stellt keinen Prioritätenkatalog für Wien auf. Hier geht es um Grundsätzliches: Ist Wien willens, auch Wissenschaft als eine Herausforderung der Zukunft anzunehmen? Einer möglichen (Selbst)Täuschung darf sich kommunale Wissenschaftspolitik allerdings nicht hingeben: Sie darf keine Simulation von Politik sein: Die Fragestellungen der Zukunft und die Problemlösungskapazitäten der Politik werden in absehbarer Zeit eher mehr als weniger von wissenschaftlichen Kompetenzen mitbestimmt sein. Und somit werden Forschung und technologische Entwicklung zunehmend auch entscheidende demokratiepolitische Faktoren und Indikatoren. Die Wissenschaft muß in das öffentliche Leben eingebunden sein. Dies ist keine wissenschaftliche, sondern eine politische Aufgabe. Die bloße Simulation einer solchen Öffentlichkeit aber würde einem demokratischen Gemeinwesen nicht nur nicht gerecht werden, sie käme auch einem Eigentor gleich.

Angesichts der europäischen Integration und der (möglicherweise im Gleichschritt) stärker werdenden regionalen Emanzipation von Märkten und Dienstleistungen muß den aktiven und passiven Lernprozessen und den sich verändernden Einstellungen (auch der wissenschaftlich-technischen Intelligenz) verstärkt Augenmerk geschenkt werden. Schon jetzt ist die Differenzierung der technisch-wissenschaftlichen Produktion eher regional als staatlich gebunden, und man kann davon ausgehen, daß sich dies aufgrund einer erleichterten Mobilität in der EU zukünftig noch verstärken wird. Wissenschaftliche Dienstleistungen (vor allem im Bereich der technologischen Entwicklung und im besonderen für multinationale Konzerne) werden dort erwirtschaftet werden, wo schon heute entsprechende Voraussetzungen gegeben sind. Wien ist bisher eher im Schatten dieser Entwicklungen geblieben. Eine gezielte Stadt-Wissenschaftspolitik, die mehr sein muß als das Vorfeldinstrument einer Industrieansiedlungspolitik, könnte in den nächsten Jahren hier die notwendigen Voraussetzungen schaffen. Eine Prämisse gibt Wien eine besondere Chance, aktiv zu werden oder – genauer gesagt – das vorhandene Aktivierungspotential klug zu nützen: Trotz gegenteiliger Aussagen, die Wien als besondere Ruhezone ausweisen, lag und liegt diese Stadt in einem Spannungsfeld. Wenn Wien bis 1989 die östlichste Metropole vor dem Eisernen Vorhang war, so ist sie heute die östlichste Stadt an der Außengrenze der EU. Der Abstand zwischen Brüsseler EU als zentralem politischem Instrument und den Regionen als nach dem Subsidiaritätsprinzip kleinsten handlungsfähigen Einheiten könnte als neu entstehender Spannungsraum (über die nationalen Grenzen hinweg) innovationsfördernd wirken, ähnlich jenem Differenzensystem, das schon die enorme Produktivität Wiens um die Jahrhundertwende – vor allem auch auf wissenschaftlichem Gebiet – hervorbrachte.

Da für die wissenschaftliche Produktion schon immer nationale Fixierungen und Grenzen von geringer Bedeutung waren, sollten für die Wissenschaft von diesem gerade jetzt sich formierenden Differenzensystem eines europäischen Makro- und des regionalen Mikrosystems besondere kreative Impulse ausgehen. Die Schaffung von „Kondensationskeimen" wäre ein geeigneter Ansatz, um die Großstadtmetropole Wien auch im wissenschaftlichen Bereich an einem regional verbundenen Innovationsschub teilhaben zu lassen. Das Konzept der Bildung von kritischen Massen (Partizipation) könnte hier hilfreich sein, den Fehler der Schaffung zu kleiner Einheiten (Eliten) zu vermeiden.

7

Wie in Wien erfolgreich agiert werden kann, läßt sich exemplarisch an einer Forschungsinitiative demonstrieren, die eng an den urbanen Raum gebunden ist und zugleich regional und international agiert. Die Großstadt mit all ihren

infrastrukturellen, sozialen, akademischen und kulturellen Einrichtungen ist Voraussetzung und Rahmen für das erfolgreiche Agieren; der Wirkungsraum greift aber weit über das städtische Bezugssystem hinaus – ohne überregionale Einbindung ist Forschung heute weder arbeitsfähig noch wirksam. Die Rede ist von dem 1993 eröffneten „Internationalen Erwin Schrödinger Institut für Mathematische Physik", einem *center of excellence* im Bereich der physikalischen und mathematischen Grundlagenforschung. In der kurzen Zeit seines Bestehens konnte sich dieses relativ kleine Institut international erfolgreich etablieren und ist heute als Forschungszentrum weltweit anerkannt, was die Zusammenarbeit mit Gelehrten aus bisher mehr als 20 Ländern (darunter vielen aus dem zentraleuropäischen Raum) dokumentiert. Die urbanen Spezifika Wiens, d. h. jene Lebenswelt und Lebensweise, die Wien von Paris, Boston, St. Petersburg oder London differenzieren, sind ein nicht zu vernachlässigendes Moment für den Erfolg. Unter der Voraussetzung der Schaffung geeigneter Rahmenbedingungen für die wissenschaftliche Produktion, die neben den entsprechenden internationalen Standards vor allem auch in geschickter und kluger Weise die örtlichen Spezifika zu berücksichtigen weiß, ist Wien als Standort für Forschung der Spitzenklasse absolut konkurrenzfähig.

Wien ist eine reiche Stadt und eine der am besten verwalteten Städte. Wien lebt von seiner Vergangenheit und zu sehr in dieser. Dort aber wird Fannys Zukunft nicht liegen. Wien, offene Stadt für die Wissenschaft, das könnte vielleicht einer ihrer Wünsche sein. Wien sollte wollen, daß aus diesem möglichen Wunsch eine reale Chance wird. ▲

1 Ernest Gellner, Mangel an Profanem. Der Marxismus als säkulare Religion. In: Merkur, Heft 3, 49. Jg., März 1995
2 The Cultural Exodus from Austria. F. Stadler, P. Weibel (eds.). Springer-Verlag Wien - New York 1995.
3 Eine „MA Wissenschaft" allein kann dieser Aufgabe nicht Genüge tun; die horizontale Funktion und Wirkung von Wissenschaft und Forschung erfordert innerhalb der politischen Kompetenz der Stadt ein kräftiges Signal – vielleicht sogar eine/n Stadträtin/Stadtrat mit ausreichenden Kompetenzen, besonders solchen der Koordination. Fanny wünscht sich keinen „Stadtrat für Volksaufklärung", sondern vielmehr eine/n „Stadträtin/Stadtrat für katalytische Forschungen".

Mythen der Globalisierung und Regionalisierung

Klaus Ronneberger (Frankfurt a. M.)

Der wachsende Einsatz der neuen Informationstechnologien wird mit einem völligen Entterritorialisierungsprozeß gleichgesetzt. So prognostizierte u. a. Technikphilosoph Paul Virilio den bevorstehenden Zerfall der historischen Stadt und des traditionellen Städtewesens. Mit der zunehmenden Verbreitung der Telekommunikationstechnologien werde der traditionelle Vorrang des Zentrums endgültig aufgelöst und durch ein elektronisches Rastersystem ersetzt, das eine grenzenlose Peripherie erzeuge.

Zum anderen wird aus den globalisierten Standortstrategien der Konzerne auf eine hypermobile, nomadische Existenz des Kapitals geschlossen – also „footless capitalism". Mächtige transnationale Gesellschaften funktionalisieren demzufolge jedes Territorium; ihre Aktivitäten können sich weitgehend ortsungebunden entfalten. Die Multis sind somit, um es mit den Worten eines amerikanischen Wirtschaftsgeographen zu sagen, zu den einzigen „shakers and shapers" der Weltökonomie geworden.

Das Gegenstück dazu bildet eine neue Idealisierung des Partikularen und Lokalen: Gestützt auf bestimmte empirische Befunde hat sich in den letzten Jahren eine „neue Orthodoxie" etabliert, die auf die Entwicklung endogener regionaler Faktoren setzt, Spielraum für eine eigenständige regionale Wirtschaftspolitik postuliert. Die These ist, daß mit dem Prozeß der Regionalisierung eine gewisse Abkoppelung aus den „Sachzwängen" der Globalisierung erreicht werden kann. Mitunter wird dieses Konzept der flexiblen Spezialisierung, das vor allem auf High-Tech, mittelständischen Unternehmen und kooperativen Netzwerken basiert, auch als das zukunftsweisende Modell einer neuen gesellschaftlichen Raum- und Produktionsorganisation dargestellt.

Diese beiden sich widersprechenden Positionen werfen die Frage nach dem Verhältnis von Globalisierung und Regionalisierung auf. Wird mit der Globalisierung der konkrete Ort bedeutungslos? Verliert die nationalstaatliche Ebene zugunsten der globalen und regionalen Ebene gleichermaßen Funktionen, oder muß von einer ungleichgewichtigen Entwicklung ausgegangen werden, in der die Globalisierung dominant ist? Des weiteren gilt es der Frage nachzugehen, ob die gegenwärtig prosperierenden Regionen als Vorbild für die weniger erfolgreichen Regionen dienen können. In diesem Kontext ist schließlich auch die Ausbildung einer neuen internationalen Städtehierarchie zu analysieren.

Neue Technologien und Raumstrukturen
Was die räumlichen Wirkungen neuer Technologien betrifft, so thematisieren eher raumplanerisch orientierte Ansätze die Bedeutung der Informations- und Kommunikationstechnologien als Instrumente der Raumüberwindung. Andererseits analysieren regionalökonomisch orientierte Ansätze die neuen Technologien vor allem unter dem Aspekt regionaler Innovationsprozesse.

Gegenwärtig herrscht die Überzeugung vor, daß die Enträumlichungsthese nicht zutreffend ist. Empirische Untersuchungen über die räumliche Diffusion der neuen Technologien belegen vor allem eine Konzentration in den städtischen Zentren. Unter diesem Gesichtspunkt kann ihre Wirkung als ambivalent eingeschätzt werden. Einerseits relativieren die neuen Technologien die Bedeutung der räumlichen Distanz, indem sie eine Ubiquität von Information und Zugänglichkeit erzeugen – also Dekonzentration. Andererseits werden durch die zunehmende Bedeutung von Vernetzungsstrukturen solche Räume begünstigt, die ein breites Angebot von Informationsressourcen aufweisen und eine entsprechende technische Infrastruktur besitzen – also Rekonzentration. Damit kommt es auch zu einer wachsenden Disparität zwischen Metropolregionen, die an Verkehrs- und Informationsnetz angeschlossen, und peripheren Regionen, die davon weitgehend abgekoppelt sind.

Zu Beginn der achtziger Jahre wurde häufig ein Wirkungszusammenhang zwischen einem technologischen Innovationszyklus, dem Niedergang altindustrieller Regionen und dem Entstehen neuer High-Tech-Räume unterstellt. Diese Annahme wurde mit der Empfehlung verbunden, die betroffenen Städte und Regionen sollten ihre Entwicklungsstrategien an den Wachstumsbranchen – sprich Informations- und Kommunikationstechnologien – ausrichten. Entsprechend massiv setzte eine öffentliche Förderung des High-Tech-Bereichs im Rahmen der regionalen Wirtschaftspolitik ein – der sogenannte Silicon-Valley-Effekt. Wenn man ein Jahrzehnt später z. B. die Ergebnisse der deutschen Innovationsstudien zu Technologiezentren analysiert, muß man jedoch zu dem Schluß kommen, daß die unterstellten regionalen Effekte nicht nachgewiesen werden konnten bzw. im Bereich normativer Aussagen verblieben sind.

Ökonomie und Territorium

Nachdem bis Mitte der achtziger Jahre vor allem die Problematik von altindustriellen Regionen thematisiert worden war, rückten dann sogenannte neue industrielle Distrikte in das Zentrum der Aufmerksamkeit. Die „Geographie der Deindustrialisierung“ wurde von einer „Geographie der Reagglomeration“ abgelöst. Zunehmend analysierte man vornehmlich prosperierende Wachstumsräume und die regionalen Bedingungen erfolgreicher Modernisierungsstrategien. In den Untersuchungen schälten sich neue Typen von territorialen Produktionskomplexen heraus: von der handwerklich orientierten *fàbbrica diffusa* („drittes Italien“), über den High-Tech-Cluster der Technopole (Silicon Valley) bis zum finanzindustriellen Komplex der Global City.

Die neuen Produktionskomplexe mit ihren räumlichen Auswirkungen müssen im Kontext veränderter Produktionskonzepte analysiert werden: Zum einen versuchen die großen Unternehmen, ihre Organisationsstruktur durch den Abbau von Hierarchien zu dezentralisieren, um damit schneller und flexibler veränderten Marktanforderungen begegnen zu können. Zugleich sind die Konzerne bestrebt, die Fertigungstiefe zu verringern und sich auf die strategischen Kernbereiche zu konzentrieren. Im Unterschied zur früheren Produktionsweise, bei der die großen Betriebe möglichst den gesamten Produktionsablauf direkt zu steuern versuchten, stützen sich nun die Unternehmen auf ein Netz von Kooperationsformen, die auf eine Erweiterung und Diversifikation des Produktions- und Dienstleistungsprogramms zielen. Diese Netzwerke können entweder den Charakter von strategischen Allianzen annehmen, mit denen eine horizontale Zusammenarbeit von Unternehmen vor allem im Forschungs- und Entwicklungsbereich stattfindet, oder die Form von hierarchisch angelegten Vertikalstrukturen. Während sich die Hauptunternehmen auf die Kontrolle von Endprodukten und Schlüsseltechnologien konzentrieren, werden Bereiche ohne strategische Bedeutung für den Produktionsablauf an Subunternehmen delegiert. Die

sogenannte Rückkehr der Ökonomie in die Region findet somit im Kontext unternehmerischer Dezentralisierungsstrategien statt.

Dabei sind im Zulieferbereich zwei Entwicklungen feststellbar. Zum einen werden Zulieferer mit technologisch hohem Niveau und geringer Distanz zur Endmontage innerhalb der Wertschöpfungskette wichtiger. Aufgrund ihrer Kompetenzen sind sie nicht beliebig austauschbar. Diejenigen Zulieferer wiederum, die standardisierte Komponenten herstellen und sich in großer Distanz zur Endmontage befinden, sehen sich einem starken globalen Wettbewerb ausgesetzt. Zum anderen nehmen die Spezialisierungsbestrebungen bei kleinen Unternehmen zu. Um auf dem globalen Markt bestehen zu können, versuchen sich solche Betriebe mit geringem Produktionsumfang, aber großer Variantenzahl auf einen bestimmten Produktionsausschnitt zu konzentrieren (*economies of scope*). Durch den Verbund mit anderen spezialisierten Kleinunternehmen entsteht die Möglichkeit, eine breit gefächerte Produktkompetenz auszubilden. Es entsteht ein Netzwerk aus Produzenten, die über vertikale Produktionsverflechtungen miteinander verwoben sind und darüber ihre internationale Wettbewerbsfähigkeit abzusichern versuchen.

Die Analyse der industriellen Beziehungsgeflechte ergibt dabei unterschiedliche Territorialstrategien der Unternehmen: Die Senkung der Produktionskosten stellt lediglich ein Element unter anderen dar, wenn über die Ansiedlung oder den Verbleib eines Betriebs entschieden wird. Ein Unternehmen kann sich aber auch dazu entschließen, sich an einem Ort zu fixieren. Bei dieser Option findet ein Prozeß von Territorienbildung statt.

Diese Form der Zusammenballung kann sich auf zwei Wegen vollziehen, die zu unterschiedlichen räumlichen Konfigurationen führen: Die Bildung einer Technopole ist das Ergebnis einer bewußten strategischen Handlung öffentlicher Institutionen, die mit den Interessen bestimmter Unternehmen korrespondieren; die Kooperation zwischen den Betrieben kann sich dabei unter Umständen nie verwirklichen und stützt sich in keinem Fall auf ein vorher gebildetes Territorium. Die Bildung eines Industriedistrikts geschieht auf andere Weise. Die lange geschichtliche Dauer wird gewissermaßen lokal kapitalisiert und produziert Normen, die Gemeingut der Akteure des Distrikts sind. Die Handlungen der öffentlichen Institutionen sind deshalb in diesem Prozeß zweitrangig. Sie begleiten diesen.

Die Entwicklung globaler Firmenstrategien bedeutet daher keineswegs eine Homogenisierung des Raumes, sondern eine Verstärkung seiner Differenzierung. Bestimmte Räume laufen Gefahr, durch die Preis- und Kostenkonkurrenz in eine Defensivsituation eingeschlossen und in ein Subventionsrennen gerissen zu werden, um die Produktion und die Beschäftigung auf Gedeih und Verderb aufrechtzuerhalten. Die Situation eines solchen Raumes ist besonders schwierig, weil die durch Standortvorteile angezogenen Unternehmen jederzeit bereit sind, ihre Aktivitäten dorthin zu verlagern, wo die Kostenstruktur noch günstiger ist.

Die Konzepte der flexiblen Spezialisierung sind somit in doppelter Hinsicht zu hinterfragen: Einerseits überschätzen sie den Stellenwert der regionalen Eigendynamik und vernachlässigen den strukturierenden Einfluß supranationaler und nationaler Institutionen, der großen transnationalen Unternehmen auf die lokale Ökonomie. Anderseits übersehen sie die Heterogenität der gegenwärtigen Umstrukturierungsprozesse und propagieren ein Entwicklungsmodell, das auf Flexibilität, neuen Technologien und einer regionalen Kooperationskultur mittelständischer Unternehmen beruht. Tatsächlich jedoch bilden die prosperierenden Produktionskomplexe nur eine Variante neben anderen Entwicklungsmodellen. Die globale Arbeitsteilung präsentiert sich heute als ein Patchwork von unterschiedlichen Klassen spezialisierter Regionen: von altindustriellen Gebieten, flexibilisierten High-Tech-Clusters, Low-Wage-Gebieten und Free-Enterprise-Zones bis hin zu „Stadt-Staaten" der Global Cities. Die globale Arbeitsteilung beginnt einem Leopardenfell zu gleichen.

Regionale Innovationsmilieus

Mit dem ökonomisch-technologischen Strukturwandel wurde zunehmend deutlich, daß die Innovationsfähigkeit von Unternehmen nicht allein von unternehmensinternen Faktoren und ihrer Branchenzugehörigkeit abhängig war, sondern im hohen Maße von ihrer Einbindung in regionale Produktionsmilieus. Ab Mitte der achtziger Jahre ging man deshalb dazu über, regionale Strukturen als das Ergebnis von Wechselwirkungen aufzufassen, die sich aus ökonomischen Verflechtungen, technologischen Ressourcen und sozialen Milieus ergeben. Unterstellt wird dabei, daß regionale Innovationspotentiale auch auf spezifischen Bedingungen wie lokalen Traditionen, beruflichen Qualifikationen oder Organisationskulturen basieren. Entscheidend für die Entwicklung von Regionen ist insbesondere, wie neues Wissen und Innovationen regional umgesetzt, verbreitet und gefördert werden.

Technologische Entwicklungen und neuartige Produktionsformen werden in diesem Modell nicht mehr ausschließlich auf veränderte technologisch-ökonomische Strukturen, sondern auch auf spezifische sozial-räumliche Dynamiken bezogen. D. h. die Region wird nicht mehr als passiver Behälter, sondern als das Produkt von aktiv handelnden Subjekten angesehen. Damit rückt auch die Rolle der verschiedenen politischen Institutionen in den Vordergrund der Analyse.

Zugleich modifiziert dieser Ansatz die herkömmlichen Zielvorgaben staatlicher Industriepolitik, die bislang vor allem auf einzelbetrieblichen sowie sektoralen Förderungsprogrammen basierte. Indem das Konzept der innovativen Milieus die Einbettung zwischenbetrieblicher Verflechtungen in gesellschaftliche Beziehungssysteme betont und jenseits von „Markt" und „Hierarchie" kooperative Netzwerke propagiert, wird eine regionale Wachstumspolitik verworfen, die lediglich auf eine effiziente Sektorenstruktur setzt. Zum einen müssen sich Steuerungsmaßnahmen stärker auf die konkreten Strukturen der regionalen Wirtschaftsräume beziehen, zum anderen gelten Vernetzungen von Unternehmen und kooperative Strategien nun als wichtige Elemente der Regionalökonomie.

Endogene Regionalentwicklung

Die Herausbildung supranationaler Wirtschaftsblöcke und die Etablierung einer neuen Form der globalen Arbeitsteilung transformieren nicht nur das Verhältnis zwischen dem Globalen und dem Lokalen, sondern verändern auch die Rolle des Staates. Mit der vollständigen Globalisierung der Ökonomie und der Deregulierung der Kapital- und Finanzmärkte gerät die nationale Regulation in Widerspruch zum ökonomischen Prozeß. So verlagern sich bestimmte staatliche Funktionsbereiche sowohl nach „oben" (supranationale Institutionen) wie auch nach „unten" (Dezentralisierung und Regionalisierung). Als Kompensation für die schwindende Souveränität über Zinsen und Währung ersetzen monetaristische Strategien der Geldwertstabilität mehr und mehr die Politik der Nachfragesicherung und Vollbeschäftigung. Als Folge der verschärften inner- und außereuropäischen Wettbewerbsanforderungen und der Konzentration der entwickelten Produktionssysteme auf wenige Kerngebiete versuchen sich die einzelnen Länder und Regionen durch die Mobilisierung endogener Ressourcen und verstärkte regionale Spezialisierung zu behaupten.

In diesem Sinne können die Regionalisierungsstrategien auch als ein Versuch aufgefaßt werden, die eingeschränkte Souveränität des Nationalstaates über der Herstellung regionaler Wettbewerbsfähigkeit auszugleichen und neue Handlungsspielräume zurückzugewinnen. Innerhalb des regionalpolitischen Diskurses hat – als Gegenleitbild zu einer entterritorialisierten Globalökonomie – das Konzept der endogenen Regionalentwicklung an Bedeutung gewonnen. Allerdings sind die Absichten und Ziele solcher Konzepte keineswegs einheitlich. In der Regel wird die Schaffung regionaler Instanzen und Steuerungsinstrumente als Lösungsansatz für Probleme propagiert, die durch desintegrative Tendenzen oder Steuerungs- und Planungsdefizite entstanden sind. Durch die Mobilisierung der eigenen Potentiale sollen die Regionen dem gegenwärtigen globalen Strukturwandel am ehesten begegnen können.

Allerdings erweist sich der Handlungsspielraum für die Etablierung regionaler Kooperationsmilieus als begrenzt. Da die Stadtregionen in wachsendem Maße in globalisierte Kontroll- und Verflechtungsstrukturen eingebunden sind – und somit exogene Einflußfaktoren zunehmende Bedeutung für den lokalen Raum gewinnen –, können sich vor allem Regionen, die von regionsexternen Wirtschaftseinheiten dominiert werden, kaum eigenständig entfalten. Darüber hinaus gleichen sich die lokalen Strategien im Kampf um Unternehmensansiedlungen, Kapitalinvestitionen und Prosperitätseffektinvestitionen zunehmend an. Überall wird die Errichtung von Technologie- und Businessparks angestrebt, das eigene Innovationspotential und die Flexibilität des Standortes betont und ein aufwendiges Imagemarketing betrieben. Damit verflüchtigt sich nicht nur das spezifisch Lokale, sondern die Konkurrenz der Regionen gerät zum Nullsummenspiel. Notwendigerweise produziert dieser globale Kampf um Standorte Gewinner wie Verlierer. Genuin innovative Experimente funktionieren offensichtlich aufgrund ihrer Rarität. Letztlich beruht die Prosperität einer lokalen Strategie auf dem Scheitern einer anderen lokalen Strategie und besitzt somit lediglich einen vorübergehenden und instabilen Charakter.

Völlig ausgeklammert bleibt dabei, wie mit den sozialen Kosten dieser ungleichen Entwicklung umgegangen werden soll und eine makroökonomische und -soziale Regulation entwickelt werden könnte. Ganze Regionen, die den veränderten Anforderungen der neuen internationalen Arbeitsteilung nicht mehr genügen, werden aus dem Kapitalverwertungsprozeß ausgeschlossen und von bestimmten Entwicklungen abgekoppelt.

Globalökonomie und das internationale Städtesystem

Die wachsende Globalisierung der Ökonomie trägt nicht nur zu einer Diffusion wirtschaftlicher Aktivitäten bei, sondern bewirkt zugleich eine verstärkte Zentralisierung von Kontroll- und Steuerungsfunktionen, die sich vor allem in bestimmten Metropolen verdichten. Die weltweiten Vernetzungen führen somit zu neuen Konzentrationsmustern und einer veränderten Hierarchie innerhalb des internationalen Städtesystems. Bestimmte Großstädte entwickeln sich zu strategischen Knotenpunkten, in denen sich nicht nur die Schaltzentralen von Konzernen und die internationalisierten Güter- und Finanzmärkte, sondern auch die entwickeltsten informationstechnologischen Infrastrukturen konzentrieren. Bei der Ausbildung dieser internationalen Städtehierarchie spielen die neuen Technologien, die sowohl die Internationalisierung der Produktion und der Finanzmärkte erleichtern als auch eine weltweite Koordination der Informations- und Kapitalströme ermöglichen, eine zentrale Rolle. Zugleich konzentrieren sich in den metropolitanen Regionen die führenden Hochtechnologie-Unternehmen und die wichtigsten Telekommunikationsnetzwerke. Sowohl im Kernbereich als auch in der Peripherie von Global oder Euro Cities bilden sich hochspezialisierte Netzwerke von Software- und Computerunternehmen heraus.

Über das engmaschige Netz von Global Cities, die sich in den entwickelten Industrieländern konzentrieren, werden nun die weltweiten Kapitalkreisläufe und industriellen Produktionsprozesse koordiniert und gesteuert. In solchen Städten siedeln sich die Hauptsitze von Banken und transnationalen Unternehmen an und etablieren eine Zitadellenökonomie, deren operativer Handlungsraum weitgehend vom regionalen Kontext abgekoppelt ist.

Die sogenannte Headquarter Economy ist anderen Standortanforderungen unterworfen als traditionelle Produktionsbetriebe. Die Kontroll- und Kommandofunktionen der internationalen Konzerne und des finanzindustriellen Komplexes, der sowohl unternehmensorientierte Dienstleistungen, Devisen- und Warentermingeschäfte als auch Kreditvergabe, Immobilienhandel oder Versicherungen umfaßt, benötigen nicht nur ein leistungsfähiges nationales Finanzsystem, sondern auch eine qualifizierte urbane Infrastruktur und ein gut ausgebautes internationales Kommunikations- und Verkehrsnetz (Hochgeschwindigkeitszüge oder Flughäfen). Insbesondere ist die Zitadellenökonomie auf die räumliche Nähe eines differenzierten Spektrums von spezialisierten Dienstleistungen angewiesen:

Universitäten und Hochschulen, Einrichtungen im Bereich der Forschung und Entwicklung, Consultingbüros, Kanzleien, Steuerberater und Wirtschaftsprüfer.

Überspitzt könnte man sagen: Waren die führenden Städte im industriellen Zeitalter über ihre Position innerhalb eines Systems der arbeits- und energieintensiven Verarbeitung „materieller" Ressourcen definiert, so fungieren die Metropolen heute eher als Zentren der Produktion und des Transfers von Information und Wissen. Nirgendwo sonst ist dies „sichtbarer" als in den Finanzdienstleistungen: auf den ersten Blick die ungebundensten aller Industrien, die am meisten von der Telekommunikation abhängig sind, konzentrieren sie sich entweder in ein paar Straßen der City oder in Bürostädten am Stadtrand.

Die verschiedenen Segmente der Headquarter Economy wie Banken, Messe, High-Tech-Komplexe oder Flughafen verbinden sich zu einer ökonomischen Superstruktur, die das „Lokale" verändert und neu formiert. Neben der ökonomischen Transformation trägt auch die marktförmige Aneignung von Quartierstradition durch Gentrifizierungsmilieus zu einer Veränderung des Verhältnisses von Alltagskultur und Globalisierung bei. Bestimmte örtliche und historische Eigenheiten werden nicht einfach nivelliert, sondern begleiten als Inszenierung des Lokalen den Globalisierungsprozeß. Gerade in einer Stadt wie Frankfurt, lange mit dem Makel einer traditionslosen Kommerzstadt behaftet, hat diese postmoderne Strategie der historischen Simulation und Imageproduktion sich als wichtiges Element einer neuen sozialen Regulation erwiesen, die die populären Alltagsideologien mit formte und die ökonomische Globalisierung der Stadt abstützte.

Mit dem Ausbau der Headquarter Economy kommt es in den Metropolen zu einer Dualisierung und Segmentierung des Arbeits-

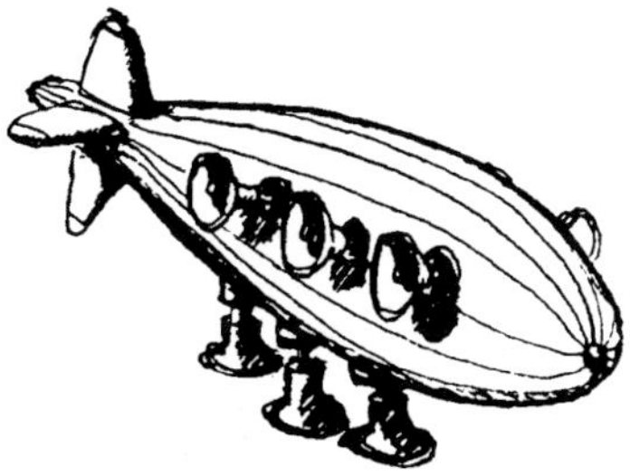

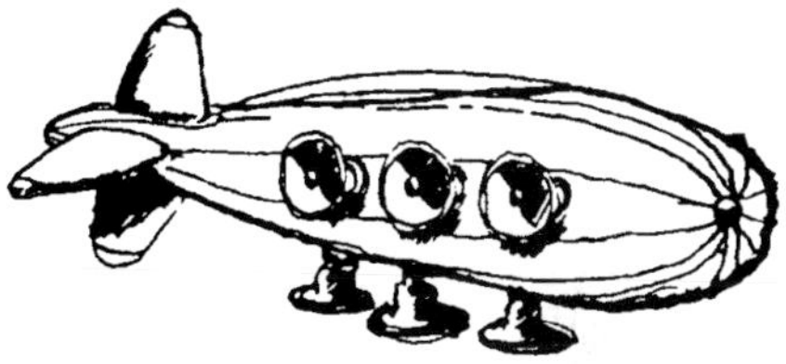

marktes in einen hochqualifizierten Sektor und einen Niedriglohnbereich, der auch Formen einer informellen Ökonomie annehmen kann. Die ökonomische Restrukturierung dieser Städte, insbesondere der Deindustrialisierungsprozeß und der damit verbundene Rückgang von qualifizierten Tätigkeiten mit mittlerem Einkommen, produziert sowohl das Anwachsen einer hochqualifizierten und einkommensstarken Schicht von professionellen Dienstleistern, die mit den Kontroll- und Leitungsfunktionen in Verbindung stehen, als auch – parallel dazu – von schlecht bezahlten Jobs im unteren Produktions- und Dienstleistungsbereich.

Solche Entwicklungen rufen eine wachsende „soziale Polarisierung" der Besitz- und Einkommensverhältnisse innerhalb der städtischen Bevölkerung hervor, die zugleich von starken sozialräumlichen und ethnischen Segregationsprozessen begleitet wird. Allerdings verfügen – im Gegensatz zu den USA – Städte in Deutschland oder Österreich über ein weitaus umfassenderes sozialstaatliches Sicherungssystem, um dessen Abbau es jedoch seit einiger Zeit geht.

Alternative Stadtpolitiken

Stadtregionen können zwar als Teil des globalen Raumes aufgefaßt werden, sie gehen jedoch nicht in ihm auf. Auch wenn die Metropolen im hohem Maße von den Aktivitäten des globalisierten Kapitals geprägt werden, darf diese Entwicklung nicht als eine ausschließlich von „oben" verlaufende Steuerung durch multinationale Banken und Konzerne aufgefaßt werden. Deren Vorhaben müssen sich auch mit den jeweiligen lokalen Bedingungen als kompatibel erweisen. Die Aktivitäten der transnationalen Konzerne verändern auch die Handlungsoptionen des lokalen politischen Systems. Es geht nun verstärkt um die Herstellung und Absicherung örtlicher Produktions- und Reproduktionsbedingungen, die weder vom überlokalen Kapital noch vom Zentralstaat, sondern nur durch die lokale Politik organisiert werden können. Die spezifische Form der Einbindung von Orten und Räumen in die Weltökonomie ergibt sich im Wechselspiel mit lokalen Akteuren, die diesen Prozeß unterstützen oder behindern. Die Integration von Städten wie Frankfurt oder Wien in das internationale Städtesystem setzt das aktive Handeln von regionalen Wachstumskoalitionen voraus, die die Bewegungen der globalen Kapital- und Finanzströme den lokalen Bedingungen anzupassen versuchen. Zugleich entsteht dabei ein neues Aufgabenfeld für die städtische Politik.

Mit den veränderten Standortanforderungen der globalisierten Ökonomie verschärft sich die Rivalität zwischen den Städten, die wie konkurrierende Privatfirmen agieren. Stichworte aus der Managementphilosophie der Unterneh-

men wie „Flexibilisierung“ oder „Deregulierung“ tauchen nun auch in der Stadtpolitik auf. Dies betrifft einerseits die städtische Standortpolitik nach außen, andererseits die Reorganisation nach innen.

Zum einen versuchen die Städte ihre Position innerhalb der internationalen Arbeitsteilung durch die Ansiedlung oder die Expansion wachstumsstarker Industrien vor allem aus dem High-Tech-Bereich zu verbessern. Dazu werden in enger Kooperation mit der Privatwirtschaft oft besondere Wirtschaftsförderungsgesellschaften gegründet, die selbst privatunternehmerisch organisiert sind.

Zum anderen versuchen Städte, ihre Position durch die Anziehung einkommensstarker Konsumentenschichten, durch die Förderung der Ansiedlung von Bevölkerungsgruppen mit hohem Kaufkraft- und Besteuerungspotential zu verbessern. Die Konkurrenz um dieses Kaufkraftpotential veranlaßt die Städte zu aufwendigen Investitionen und Eingriffen in die bestehende Raumstruktur.

Dazu gehören u. a. Stadtteilaufwertungen von innerstädtischen Vierteln zu gehobenen Wohnbezirken. Aber auch mit Projekten der „Festivalisierung“, d. h. Messen, Weltausstellungen etc. versucht man staatliche Subventionen abzuschöpfen.

Schließlich rivalisieren vor allem die Metropolen um die Ansiedlung von Konzernzentralen, um die Hauptquartiere der Finanzindustrie oder um hochrangige Regierungs- und Verwaltungssitze. Dafür müssen die Infrastrukturen im Verkehrs- und Kommunikationsbereich ausgebaut werden, und die ungestörte Expansion von Büroflächen und Bürohäusern muß gewährleistet sein.

Eine Stadtpolitik, die sich ausschließlich auf die Förderung des hochwertigen Dienstleistungssektors konzentriert, forciert längerfristig die Desintegration des lokalen Produktions- und Dienstleistungssektors. Es bilden sich Archipele von spezialisierten Produktionsterritorien heraus, die mit dem lokalen Umfeld nur wenig verbunden sind. Dadurch wird eine wachsende Dualisierung der städtischen Arbeits- und Lebensverhältnisse vorprogrammiert.

Auf die Erosion der sozialstaatlich abgesicherten Arbeitsgesellschaft reagiert bislang die Politik vorrangig mit Konzepten, die auf Deregulierung, Flexibilisierung und angebotsorientierte Marktstrategien setzen. Zugleich versucht sich der Zentralstaat durch eine Verlagerung der finanziellen Folgekosten der sozialstaatlichen Absicherung nach „unten“ – sprich Individualisierung und Kommunalisierung – zu entlasten.

Auch wenn der gesamte Vorgang den Charakter eines Sachzwanges zu haben scheint, müssen regionale Entwicklungsstrategien nicht unausweichlich mit einer wachsenden sozialen Polarisierung verbunden sein.

Die Option einer qualifizierten Strukturanpassung versucht dieser Entwicklung in verschiedener Hinsicht entgegenzuarbeiten:

Zum einen zielt eine „arbeitsorientierte Stadtentwicklungspolitik" auf die Förderung von Wirtschaftsaktivitäten, deren Arbeitsplatzangebot mit dem regionalen Profil der Arbeitskräfte harmoniert. Zum anderen geht es um eine „bildungsorientierte Stadtentwicklungspolitik", bei der – anstelle des Aufbaus von Technopolen bzw. der einseitigen Förderung von High-Tech-Branchen – die Verbreitung innovativer Arbeitsbeziehungen angestrebt wird. Der Schwerpunkt liegt also auf der Ausschöpfung regional vorhandener Fähigkeiten und der möglichen Erhaltung und Modernisierung vorhandener Produktionsstätten; stadtstrukturelle Effekte dieser Option streben – im Gegensatz zu verselbständigten Dienstleistungszentren – eine enge Verknüpfung von lokalen Produktions- und Dienstleistungsaktivitäten sowie die Transformation von spezialisierten Distrikten zu einer diversifizierten Produktionsstruktur an.

Diese Entwicklungskonzeption will einer Spaltung zwischen sogenannten Innovationsgewinnern und Modernisierungsverlierern entgegenarbeiten. Es handelt sich um ein gesellschaftliches Interventionsmodell, in dem Produktion, Sozialstaat und Demokratie als aufeinanderbezogene und gleichwertige Elemente behandelt werden. ▲

Zitat aus:
Ihr seid's alle
im Oasch daham,
Text:
André Heller

Autorinnen und Autoren

Johannes Attems
Jahrgang 1947; Studium der Wirtschafts- und Sozialwissenschaften in St. Gallen und Wien, seit 1975 in der Österreichischen Kontrollbank Aktiengesellschaft tätig; seit 1988 Mitglied und Direktor des Vorstands der OEKB; Verfasser von Beiträgen zu Themen des Kapitalmarktes, der Exportförderung und des Portfolio-Managements.

Kurt Dalmata
Jahrgang 1950; Matura und Universität in Wien (Dr. jur.), MBA INSEAD, Fontainebleau. Tätigkeit bei internationalen Banken in München, Wien, Frankfurt und bei einer Investmentbank in London. Ab 1988 in Zürich im Vorstand eines Schweizer Konzerns. Seit 1992 als Managementberater in Zürich tätig.

Helga Fassbinder
Jahrgang 1941; Studium der Stadtplanung und Politologie, wissenschaftliche Mitarbeiterin an der TU Berlin; seit 1976 Professorin am Lehrstuhl „Stadterneuerung" der TU Eindhoven, seit 1990 Professorin für Stadtplanung an der TU Hamburg-Harburg und Leiterin des Arbeitsbereiches „Städtebau – Stadtplanung". Mitinitiatorin und Mitglied der Lenkungsgruppe des Berliner Stadtforums.

Michael Frank
Jahrgang 1947; Journalist; Korrespondent der Süddeutschen Zeitung in Österreich, in der Tschechischen Republik und der Slowakei; Verfasser zahlreicher Publikationen.

Michael Häupl
Jahrgang 1949; Studium der Biologie und Zoologie, 1975–1983 wissenschaftlicher Mitarbeiter des Naturhistorischen Museums; 1983–1988 Mitglied des Wiener Landtages und Gemeinderates; 1988–1994 amtsführender Stadtrat für Umwelt und Sport; seit November 1994 Bürgermeister und Landeshauptmann von Wien.

Elisabeth Hagen
Jahrgang 1954; Juristin und Ökonomin; bis 1985 Universitätsassistentin, danach Forschungstätigkeit am Massachusetts Institute of Technology (Cambridge, USA), seit 1985 selbständige Beraterin in Boston (USA), Beraterin in der Staatlichen Vermögensagentur in Budapest, Geschäftsführerin der GiroCredit East-Fund Management GmbH, seit 1995 Sekretärin des Bundesministers für öffentliche Wirtschaft und Verkehr, Dr. Viktor Klima.

Dieter Hoffmann-Axthelm
Jahrgang 1940; Studium der Theologie, Philosophie und Geschichte; Lehrbeauftragter in Kunsttheorie, Kunstdidaktik, Lernpsychologie und Kunstpsychologie; Redakteur und Mitherausgeber von „Ästhetik und Kommunikation", ständiger Mitarbeiter von Arch+. Als Publizist vorrangig mit städtebaulichen, stadtplanerischen und architektonischen Themen und mit der Stadt Berlin beschäftigt.

Kurt Puchinger
Jahrgang 1946; Studium der Architektur, Soziologie und Raumplanung; Forschungs- und Lehrtätigkeit als Universitätsassistent und Universitätslektor an der TU Wien, seit 1976 Zivilingenieur für Bauwesen; Mitglied des Wiener Fachbeirates für Stadtplanung und Stadtgestaltung.

Luigi Reitani
Jahrgang 1959; Studium der Germanistik und Romanistik in Bari und Wien; freier Mitarbeiter beim italienischen Rundfunk, Forschungs- und Lehrtätigkeit am deutschen Sprachinstitut an der Universität Udine; verschiedene Publikationen zur österreichischen Literatur und Überset-

zungen ins Italienische (Schnitzler, Bernhard); Schwerpunktorientierung: Urbanität – Integration und Identität.

Wolfgang L. Reiter
Jahrgang 1946; Studium der Physik, Mathematik und Philosophie; Mitarbeiter am Institut für Radiumforschung und Kernphysik in Wien sowie am Schweizer Institut für Nuklearforschung; seit 1980: Bundesministerium für Wissenschaft, Forschung und Kunst; Lektor am Institut für Wissenschaftstheorie u. Wissenschaftsforschung der Universität Wien; Vertreter Österreichs im „Megascience Forum" der OECD.

Klaus Ronneberger
Soziologe; wissenschaftlicher Mitarbeiter am Institut für Sozialforschung in Frankfurt mit dem Schwerpunkt „Stadtforschung" und „Stadtentwicklung" im Lichte ökonomischer Globalisierungsprozesse. Mitherausgeber der Publikationsreihe „Die Zukunft des Städtischen".

Werner Rosinak
Jahrgang 1946; Studium des Bauingenieurwesens und der technischen Wissenschaften, Forschungs- und Lehrtätigkeit als Universitätsassistent und Universitätslektor an der TU Wien, seit 1976 Zivilingenieur für Bauwesen; Mitglied in verschiedenen Wiener Fachbeiräten.

Peter Rosner
Jahrgang 1948; Studium der Wirtschaftswissenschaften; derzeit Assistenzprofessor am Institut für Wirtschaftswissenschaften an der Universität Wien; Arbeitsgebiete: Sozialpolitik, Geschichte ökonomischer Theorie, publiziert u. a. zum Thema wissenschaftlicher Fortschritt in der Ökonomie.

Anton Schütz
Jahrgang 1952; Ausbildung zum Juristen in Wien, Studium der Sozialanthropologie in Paris; Forschungs- und Lehrtätigkeit in Frankfurt (Max-Planck-Institut für europäische Rechtsgeschichte), in Paris (Collège de France, Ecole Pratique des Hautes Etudes, Ecole des Hautes Etudes en Sciences Sociales; Mitarbeiter von Michel Foucault), Florenz (Europäisches Hochschulinstitut); derzeit an der University of London (Birbeck College)

Josef Schweinzer
Jahrgang 1957; Studium der Psychologie und Publizistik, Journalist, seit 1983 Mitarbeiter des ORF; Chef vom Dienst in der Nachrichtenredaktion, seit 1990 tätig in der Wirtschaftsredaktion; Schwerpunktsetzung: Etablierung des Themas High-Tech in der Radio-Information.

Rolf Schwendter
Jahrgang 1939; Studium der Rechts- und Staatswissenschaften sowie der Philosophie in Wien; 1971–1974 Assistent am Institut für Politische Wissenschaften an der Universität Heidelberg, seit 1975 Professor für Devianzforschung an der Gesamthochschule Kassel; Beschäftigung mit „Theorie der Subkultur", „Geschichte der Zukunft" u. a. m. Tätig auch als Dramaturg, Regisseur und Liedermacher.

Michael Sorkin
Geboren in Washington/D.C., Studium der Architektur in Harvard und am Massachusetts Institute of Technology. Lehrtätigkeit an der Columbia, Harvard und Yale University. Professur für Städtebau an der Akademie für Bildende Künste in Wien. Aktuelle Projekte: Umwandlung von Militärbasen in Städte, Regionalplanung Leipzig, internationales Wohnbauexperiment Kagran Nord, Wien.

Hannes Swoboda
Jahrgang 1946; Jurist und Ökonom; 1976–1983 Leiter der kommunalpolitischen Abteilung der Arbeiterkammer Wien; 1983–1986 Wiener Gemeinderats- und Landtagsabgeordneter; 1986–1988 Klubobmann der SPÖ-Fraktion im Wiener Landtag und Gemeinderat; 1988–1991 amtsführender Stadtrat für Stadtentwicklung, Stadtplanung und Personal; 1991–1994 amtsf. Stadtrat für Stadtentwicklung, Stadtplanung und Verkehr; seit 1994 amtsf. Stadtrat für Stadtentwicklung, Stadtplanung und Außenbeziehungen der Stadt Wien.

Manfred Wagner
Jahrgang 1944; Hochschulprofessor, seit 1974 Vorstand der Lehrkanzel für Kultur- und Geistes-

geschichte an der Hochschule für angewandte Kunst in Wien; seit 1987 Lehrbeauftragter am Institut für kulturelles Management an der Hochschule für Musik und darstellende Kunst in Wien; Gastdramaturg an verschiedenen Opernhäusern und Theatern.

Helmut Wintersberger
Jahrgang 1940; Studium der Ökonomie und Betriebswirtschaft in Wien und Konstanz; Forschungs- und Lehrtätigkeit am Institut für Höhere Studien (IHS), an der Technischen Universität Wien und an der Università degli Studii di Bologna; Mitarbeiter des IHS, des Bundeskanzleramtes und des Europäischen Koordinationszentrums für sozialwissenschaftliche Forschung und Dokumentation; seit 1982 am Europäischen Zentrum für Wohlfahrtspolitik und Sozialforschung.

Interviewpartnerinnen und -partner Blue Danube Radio

Joanna Bostock
Geboren in Schottland, Französischstudium am King's College der Universität London; seit 1989 in Wien; nach kurzer Tätigkeit als Lehrerin nun bei Blue Danube Radio (ORF) für das Fremdsprachenprogramm u. a. verantwortlich.

Jane Duke
Geboren in Großbritannien, Studium der Anglistik an der Universität von Southampton; seit 1987 in Wien und seit 1992 als Journalistin bei Blue Danube Radio (ORF) beschäftigt.

Tilia Herold
Geboren in London, aufgewachsen in verschiedenen englisch- und deutschsprachigen Ländern; seit 1967 in Wien und bei den Vereinten Nationen tätig, seit 1979 Chefredakteurin von Blue Danube Radio (ORF).

Tasha Faltys-Linden
Geboren in Seattle, Washington; Studium für Marketing und Kommunikation; seit 1985 in Wien, als Journalistin bei Blue Danube Radio (ORF) sowie in ihrer eigenen Marketing- und Werbeagentur für österreichische und internationale Großkunden tätig.

Kate Farmer
Geboren in Surrey nahe London; studierte Psychologie und Ökonomie an der St. Andrews Universität in Schottland, war als Journalistin und Leiterin einer Werbeagentur tätig; seit 1992 in Wien bei Blue Danube Radio (ORF) beschäftigt.

Gennie Johnson
Geboren in Großbritannien, studierte an der Cambridge Universität Geschichte, arbeitete als Journalistin und Produzentin für BBC; seit 1992 in Wien und bei Blue Danube Radio (ORF) beschäftigt.

Andy Lee
Geboren westlich von London, studierte Musik an der Universität von Wales; zwischen 1975 und 1977 bei einer Hamburger Musikagentur tätig, sodann Journalist bei BBC; seit 1990 in Wien bei Blue Danube Radio (ORF) beschäftigt.

Angus Robertson
Geboren in Schottland, Studium der Politikwissenschaft und internationalen Beziehungen an der Universität von Aberdeen; seit 1991 in Wien bei Blue Danube Radio (ORF); arbeitet als Journalist auch für BBC und Zeitungen wie *Der Standard, Die Presse, News, Profil* u. a.

Interviewpartnerinnen und -partner ECHO

Sonja Mrasek
Österreichische Staatsbürgerin, Absolventin des Wirtschaftscollegs.

Bülent Öztoplu
Geboren 1960, türkischer Staatsbürger, seit 14 Jahren Streetworker in England, Deutschland und nun in Wien; Leiter des Projektes ECHO.

Funda Sel
1975 in Wien geboren, türkische Staatsbürgerin, Absolventin des Wirtschaftscollegs.

Mehmet Sel
Lagerarbeiter, österreichischer Staatsbürger, seit mehr als 20 Jahren in Wien.

Neslihan Turan
Türkische Staatsbürgerin, seit 4 Jahren in Wien, Raumplanerin.

Impressum

Herausgeber
Michael Häupl, Bürgermeister
Hannes Swoboda, amtsf. Stadtrat

Konzeption, Koordination und für den Inhalt verantwortlich
Eugen Antalovsky –
Europaforum Wien

Interviews, Recherche
Martin Adel

Koordination Stadt Wien
Hans-Jörg Hansely, MA 18
Manfred Schopper, MA 18

Bild- und Textnachweis
© Peter Waterhouse (S. 8)
© Deuticke Wien und Thomas Sessler Verlag (S. 18, 70, 87, 134)
© André Heller (S. 23, 146)
© Walter Engel (S. 28, 100)
© Georg Kreisler (S. 47, 67)
© H. C. Artmann (S. 106)
© Heinrich Riemer (S. 131)
© Georg Riha (S. 48/49, U1 und U4)
© Magistrat Wien (S. 88/89)

Fotografie, Collage, Videoprints, Illustration und Gestaltung
„Super Crew" – Studentinnen und Studenten der Meisterklasse für Grafik an der Hochschule für angewandte Kunst in Wien (Prof. Tino Erben):
Dorothea Brunialti, Bernhard Faiss, Siegmund Motter, Andreas Pawlik, Christoph Rastbichler, Christina Schönborn

Layoutkonzeption und -gestaltung
Cornelia Steinborn

Lektorat
Wolfgang Astelbauer

Koordination und Produktion
Susanne Schwameis (Falter)

Druck
Druckhaus Grasl GmbH, Bad Vöslau

ISBN 3-85439-155-2

1011 Wien, Marc-Aurel-Straße 9
Telefon 0222/536 60-0
Fax 0222/536 60-12 oder 35

Sehr geehrter Eugen!

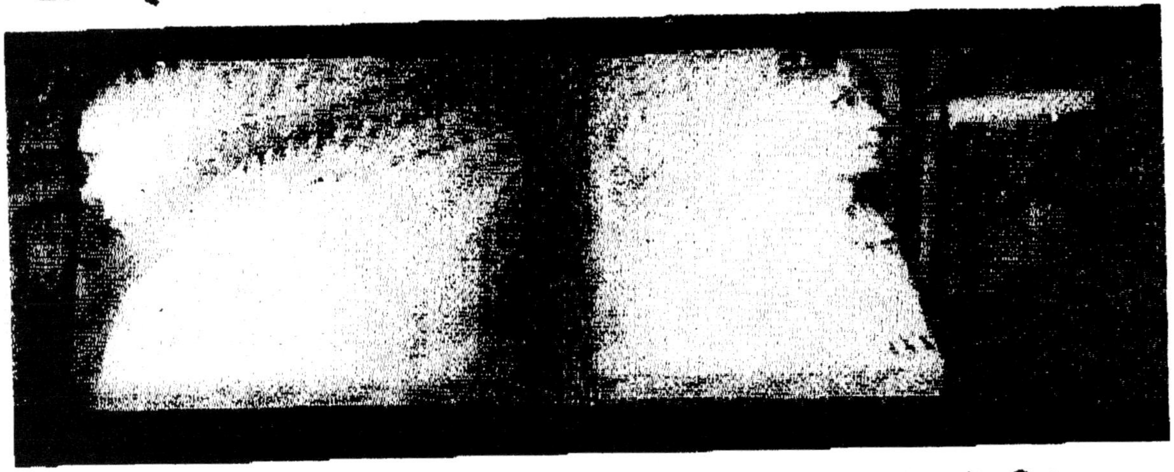

Wir haben, nach nächtelangen Unterredungen,
nun doch einen Termin für sie und uns
festlegen können.
Es ist: der Donnerstag, der der 22. des Juni ist.
Und zwar: um 10 Uhr (am Vormittag)

Wiederwisehn

Ihre

Supa - Crew